领导干部

眼界宽 思路宽 胸襟宽

研究

主 编◎李小三

副主编◎匡 胜 黄样兴

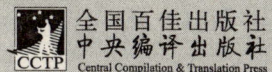

全国百佳出版社
中央编译出版社
CCTP
Central Compilation & Translation Press

图书在版编目(CIP)数据

领导干部眼界宽思路宽胸襟宽研究/李小三著.
—北京:中央编译出版社,2010.6
ISBN 978 - 7 - 5117 - 0378 - 1

Ⅰ.①领…

Ⅱ.①李…

Ⅲ.①领导干部 - 能力培养 - 研究 - 中国

Ⅳ.①D630.3

中国版本图书馆 CIP 数据核字(2010)第 106395 号

领导干部眼界宽思路宽胸襟宽研究

出 版 人	和 龑	
责任编辑	战 歌	
责任印制	尹 珺	
出版发行	中央编译出版社	
地　　址	北京西单西斜街 36 号(100032)	
电　　话	(010)66509360(总编室)	(010)66509365(编辑室)
	(010)66161011(团购部)	(010)66130345(网络销售)
	(010)66509364(发行部)	(010)66509618(读者服务部)
网　　址	www.cctpbook.com	
经　　销	全国新华书店	
印　　刷	北京瑞哲印刷厂	
开　　本	787 毫米 ×960 毫米　1/16	
字　　数	260 千字	
印　　张	15.25	
版　　次	2010 年 6 月第 1 版第 1 次印刷	
定　　价	38.00 元	

本社常年法律顾问:北京大成律师事务所首席顾问律师　鲁哈达
凡有印装质量问题,本社负责调换。电话:(010)66509618

目　录

努力为科学发展培养"三宽"型干部（代序） …………… 1

第一章　时代背景 …………………………………………… 1

一、实现中华民族的伟大复兴需要"三宽型"干部………… 1

二、深入贯彻落实科学发展观，需要"三宽"型干部 ……… 11

（一）深入贯彻落实科学发展观，需要各级领导干部
具有宽阔的眼界 ………………………………… 11

（二）深入贯彻落实科学发展观，需要各级领导干部
具有宽广思路 …………………………………… 13

（三）深入贯彻落实科学发展观，需要各级领导干部
具有宽阔的胸襟 ………………………………… 15

三、构建和谐社会需要"三宽"型干部 …………………… 16

（一）构建社会主义和谐社会战略的提出，本身就是用
马克思主义宽广眼界观察世界的认识成果，有着
自身的必然性和可能性 ………………………… 17

（二）构建社会主义和谐社会，需要各级领导干部用新
的眼光来审视社会的巨大变化 ………………… 19

（三）构建社会主义和谐社会，需要各级领导干部用宽
阔的胸襟树立和谐意识，营造和谐文化 ……… 20

（四）构建社会主义和谐社会，需要各级领导干部用创
新的思路来谋划社会事业的发展 ……………… 22

四、中国共产党的先进性建设需要"三宽"型干部 ………… 25

（一）保持党的先进性需要"三宽"型干部 ………… 26

（二）加强党的执政能力建设需要"三宽"型干部 …… 28

（三）"眼界宽、思路宽、胸襟宽"是领导干部健康

成长的内在要求 ……………………………………… 32

第二章 领导干部要眼界宽 ………………………………… 36

一、眼界宽的内涵 ………………………………………… 37

（一）宽阔的文化眼界 ………………………………… 37

（二）宽阔的历史眼界 ………………………………… 38

（三）宽阔的哲学眼界 ………………………………… 39

（四）宽阔的价值坐标眼界 …………………………… 39

二、领导干部眼界宽的主要内容 ………………………… 41

（一）宽广的马克思主义眼界 ………………………… 41

（二）宽广的科学文化眼界 …………………………… 45

（三）宽广的世界、历史眼光 ………………………… 49

（四）全国一体化的眼界 ……………………………… 51

三、领导干部要在不断提升素质中做到眼界宽 ………… 54

（一）理论武装 ………………………………………… 55

（二）历史眼光 ………………………………………… 62

（三）放眼世界 ………………………………………… 72

（四）端正心态 ………………………………………… 77

第三章 领导干部要思路宽 ………………………………… 83

一、思路宽的内涵 ………………………………………… 84

（一）思路的本质 ……………………………………… 84

（二）思路宽的内涵 …………………………………… 86

二、思路宽的内容 ………………………………………… 90

（一）科学发展的思路要宽 …………………………… 90

（二）改革创新的思路要宽 …………………………… 95

（三）尊重实践的思路要宽 ……………………… 100

三、在不断探索创新中做到思路宽 ………………… 107

　　（一）影响领导思路的几个主要因素 …………… 107

　　（二）在不断探索创新中做到思路宽 …………… 112

第四章　领导干部要胸襟宽 ……………………… 126

一、胸襟宽的内涵 …………………………………… 126

　　（一）胸襟宽的内涵 ……………………………… 126

　　（二）领导干部胸襟宽的内涵 …………………… 127

二、领导干部胸襟宽的主要内容 …………………… 132

　　（一）领导干部要有为民造福的胸襟 …………… 133

　　（二）领导干部要有求真务实的胸襟 …………… 135

　　（三）领导干部要有清正廉洁的胸襟 …………… 138

　　（四）领导干部要有驾驭全局的胸襟 …………… 139

　　（五）领导干部要有容人共事的胸襟 …………… 141

　　（六）领导干部要有任人唯贤的胸襟 …………… 144

三、领导干部在不断提升自身修养中做到胸襟宽 … 147

　　（一）从谏如流胸襟宽 …………………………… 148

　　（二）心底无私胸襟宽 …………………………… 151

　　（三）顾全大局胸襟宽 …………………………… 156

　　（四）心理和谐胸襟宽 …………………………… 158

第五章　努力做"三宽"型领导干部 …………… 168

一、"眼界宽、思路宽、胸襟宽"是一个辩证统一的有机
　　整体 ……………………………………………… 169

　　（一）"眼界宽"是基础 ………………………… 170

　　（二）"思路宽"是关键 ………………………… 174

　　（三）"胸襟宽"是保障 ………………………… 176

　　（四）"眼界宽、胸襟宽、思路宽"有机统一于加强党的
　　　　执政能力建设的总体要求之中 …………… 178

二、"眼界宽、思路宽、胸襟宽"是中国共产党对领导干部
　　的一贯要求 ··· 180

　　（一）毛泽东等老一辈无产阶级革命家坚持以宽阔的
　　　　　眼界、宽广的思路和宽阔的胸襟开创中国特色
　　　　　革命道路 ··· 180

　　（二）革命战争年代中国共产党坚持以眼界宽、思路
　　　　　宽和胸襟宽的标准培养干部、选拔人才 ········· 182

　　（三）新时期中国共产党把眼界宽、思路宽和胸襟宽
　　　　　作为干部队伍和领导班子建设的重要标准 ········ 184

三、"眼界宽、思路宽、胸襟宽"对领导干部成长具有决定
　　性意义 ··· 187

　　（一）只有"眼界宽、思路宽、胸襟宽"，才能胸怀
　　　　　大局，放眼长远 ·· 187

　　（二）只有"眼界宽、思路宽、胸襟宽"，才能开拓
　　　　　创新，锐意进取 ·· 192

　　（三）只有"眼界宽、思路宽、胸襟宽"，才能立党
　　　　　为公、执政为民 ·· 199

四、领导干部如何才能做到"三宽" ································· 204

　　（一）思想上充分重视 ·· 204

　　（二）加强学习，努力成为"三宽"型领导干部 ······· 208

　　（三）多加锤炼，在实践中提升"三宽"的境界 ········· 214

　　（四）弘扬传统，在继承中丰富"三宽"的内涵 ········· 219

后　记 ··· 224

主要参考书目 ··· 226

努力为科学发展培养"三宽"型干部（代序）①

王宪魁

　　2008年3月21日，李源潮同志在中国浦东、井冈山、延安干部学院春季开学典礼上对培养眼界宽、思路宽、胸襟宽的干部作了专题讲话，对新时期领导干部素质提出了新要求，对干部教育培训工作提出了新任务。2008年7月，中央召开了全国干部教育培训工作会议。会议对贯彻落实党的十七大提出的继续大规模培训干部、大幅度提高干部素质的战略任务，以改革创新精神做好干部教育培训工作，作出了全面部署，为我们做好教育培训工作指明了方向。贯彻落实全国干部教育培训工作会议精神，要从进一步推进培养"三宽"型干部工作入手，进一步深化认识，丰富教学内容，创新教学方法。加大力度，落实措施，使我们的干部教育培训更好地为科学发展服务、为干部健康成长服务。

---

① 作者系中共江西省委副书记、学院第一副院长。该文系作者于2008年8月16日在"学习贯彻全国干部教育培训工作会议精神、着力为科学发展培养'三宽'型干部座谈会"上的讲话。

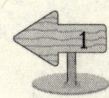

一、要着眼于新形势新任务，提高对培养"三宽" 型干部重大意义的认识

　　眼界宽、思路宽、胸襟宽是对干部素质和能力的综合要求，"三宽"型干部是实现党的思想路线、推动党的事业不断取得胜利的重要组织保证。我们党历来强调干部的眼界、思路、胸襟要开阔。毛泽东同志早就指出，"我们的眼力不够，应该借助于望远镜和显微镜。马克思主义的方法就是政治上军事上的望远镜和显微镜。"邓小平同志指出，"政治家的眼界要非常开阔"，"要从大局看问题，放眼世界、放眼未来、放眼一切方面"。江泽民同志也曾经说过："眼界开阔、胸襟宽广，对于领导干部来说极为重要。"进入新世纪新阶段，胡锦涛同志强调，要全面提高各级领导班子和领导干部领导组织经济建设、政治建设、文化建设、社会建设和党的建设本领，特别是要把提高各级领导班子和领导干部的开拓创新能力放在更加突出的位置抓实抓好。这就需要广大干部特别是领导干部要眼界宽、思路宽、胸襟宽。眼界宽，就是要有宽阔的马克思主义眼界、宽阔的科学文化眼界、宽阔的全国和全球眼界，能够用马克思主义的立场、观点和方法去分析和观察事物，把握事物的本质和发展规律；思路宽，就是科学发展的思路要宽、改革创新的思路要宽、尊重实践的思路要宽，能够尊重客观规律，科学决策；胸襟宽，就是要牢记宗旨，坚定信念，永葆共产党人的政治本色，按照为民、务实、清廉的要求开阔胸襟。习近平同志最近在全国干部教育培训工作会上要求着力开阔"一把手"领导各项事业科学发展的视野、思路和胸襟。各级党校、行政学院、干部学院负有培养"三宽"型干部重要职责。我们一定要从战略和全局高度充分认识培养"三宽"型干部的重要性和必要性。

　　一是新形势下我们党面对新的执政任务的需要。党的十七大报告明确指出："当今世界正在发生广泛而深刻的变化，当代中国正在发

生广泛而深刻的变革。机遇前所未有，挑战也前所未有。"从国际上看，随着我国参与经济全球化的程度日益加深，我们不仅要面对全球的经济、文化、军事竞争，而且要面对激烈的政治竞争。西方敌对势力对我实施西化、分化的政治图谋没有改变，国际形势错综复杂。国内形势方面，进入新世纪新阶段，我国发展呈现一系列新的阶段性特征，正在经历经济体制深刻变革、社会结构深刻变动、利益格局深刻调整、思想观念深刻变化。我们党担负着领导科学发展、促进社会和谐，引领中国发展进步、更好地代表和实现最广大人民的根本利益的历史使命。要实现这一崇高的历史使命，我们党就必须不断提高执政能力，领导干部就必须不断提高领导科学发展的能力。这就要求广大干部要眼界宽、思路宽、胸襟宽，能够以马克思主义的宽广眼界观察世界，以宽广的思路应对各种复杂局面，以宽广的胸襟凝聚人心，始终站在时代前列带领人民群众不断开创事业新局面。

二是实现科学发展的需要。科学发展观的第一要义是发展，核心是以人为本，基本要求是全面协调可持续，根本方法是统筹兼顾。贯彻落实科学发展观、实现科学发展要求广大干部必须要有开阔的眼界、开阔的思路、开阔的胸襟。只有眼界开阔，用马克思主义的立场、观点和方法观察问题、分析问题，才能把握经济社会发展的规律，才能全面推进经济建设、政治建设、文化建设、社会建设，才能更好地促进生产关系与生产力、上层建筑与经济基础相协调；只有思路开阔，才能从国际和国内形势的变化中敏锐发现和把握发展机遇，抓好统筹协调，推动科学发展；只有胸襟开阔，才能更好地坚持以人为本，调动方方面面的积极性，让广大人民群众共享改革发展成果。因此，着力培养眼界开阔、思路开阔、胸襟开阔的干部，是推动科学发展的客观需要，也是推动科学发展的重要保证。

三是干部健康成长的需要。党员领导干部要坚持"四个追求"：一要追求共产党人的理想，二要追求知识水平的提高，三要追求人格品德的完善，四要追求心灵的平衡和谐。这"四个追求"是干部健康成长的保证，也是干部健康成长的标志。在培训中，我们发现一些干

部面对层出不穷的新知识、新情况、新事物，遇到了对新知识学习不够，对新情况、新事物研究分析不够的问题，出现了程度不同的"知识恐慌"、"本领恐慌"；一些干部存在理想信念淡薄，计较个人权力大小、职位高低，不能以豁达的胸怀处理个人得失；有的干部缺乏干大事业的气魄和信心，本位主义思想严重，等等。要解决这些问题，促使干部健康成长，一个很重要的方面，就是必须在培养"三宽"型干部上下功夫，使广大干部既有广博的知识、开阔的思路、开拓创新的能力，又有理论素养、政治素养、高尚品格。只有眼界、思路、胸襟都开阔了，干部才能提高素质、健康成长。

二、要用马克思主义中国化的最新成果
教育干部、武装头脑

加强干部的理论学习，是培养"三宽"型干部的基础和前提；理想信念是共产党人的灵魂和方向，"三宽"是党员干部理想信念的外在表现。培养"三宽"型干部，首先要坚持用马克思主义中国化的最新成果武装干部头脑，指导实践。李源潮同志在井冈山干部学院召开的三所干部学院工作座谈会上，要求干部学院用独特的内容、独特的形式、独特的视角开展党的十七大精神的培训，取得独特的效果。学院、省委党校要坚持以邓小平理论和"三个代表"重要思想为指导，深入贯彻落实科学发展观，用各自的独特资源、形式、视角开展中国特色社会主义理论体系的教育培训，帮助广大干部学会用马克思主义的宽广眼界，把握事物的本质和发展规律。要认真开展"从井冈山道路到中国特色社会主义道路"、"改革开放30年的基本经验"、"井冈山精神及其时代价值"等内容的教学。尤其是要用老一辈革命家在艰苦环境中那种宽广的眼界和胸怀，帮助干部坚定理想信念，开阔观察事物的眼界，如当年在井冈山革命斗争时期，毛主席在极其艰难环境中，坚信"星星之火"可以燎原，眼界是那样的宽广；1935年10

月，当红军经过万里长征，甩掉了国民党军队的围追堵截，毛主席写下了"横空出世、莽昆仑，阅尽人间春色"的光辉诗篇，这又是何等宽阔的胸怀，等等。井冈山及周边地区这样的教学资源非常丰富，一定要用这种独特资源开展教育培训，开阔广大干部的眼界、思路、胸襟，达到让历史告诉现在、让历史启迪未来的效果。同时，还要从总结改革开放30年的历史经验中开阔眼界、开阔思路。比如，邓小平同志以无产阶级革命家的雄才大略、宽阔眼界、宽阔思路、宽阔胸襟，提出社会主义市场经济理论，实现了马克思主义经济理论的重大发展；比如提出"一国两制"的伟大构想等等，这些都是培养"三宽"型干部的最好最生动的教材。省委党校还要根据学制较长的特点，通过各种形式抓好马克思主义原著的学习研究，使学员能在解放思想、实事求是、与时俱进的思想路线引领下，系统认识中国特色社会主义理论体系的形成发展过程和内在联系，深化对马克思主义中国化最新理论成果的理解。要通过教学，使广大干部深刻认识中国特色社会主义是引领中国社会进步的旗帜，是实现民富国强的唯一正确道路，坚定走中国特色社会主义道路的自觉性和坚定性。

科学发展观是马克思主义关于发展的世界观和方法论的集中体现，是广大干部开阔眼界、开阔思路、开阔胸襟的强大思想武器。围绕培养"三宽"型干部，当前要重点抓好科学发展观的教育培训，使科学发展观这一马克思主义中国化的最新成果进教材、进课堂、进学员头脑。通过科学发展观的教育培训，不仅要帮助广大干部深刻理解和全面把握科学发展观的科学内涵、精神实质和根本要求，而且要帮助广大干部深刻理解和掌握科学发展观的思想方法，使广大干部的思想观念和思想方法适应时代的变化，与时俱进，做到以宽阔的眼光谋划发展，以宽阔的思路推动发展，把科学发展观转化为理想信念、思想方法和行为准则，转化为领导科学发展的能力，促进经济社会又好又快发展。

三、要着力提高干部的知识素养和实践能力，
帮助广大干部学习和掌握新知识

　　具备科学文化新知识是"三宽"型干部的内在要求。当今世界，科学技术突飞猛进、日新月异，特别是生物技术、信息技术、新材料技术、先进制造技术等发展迅速。比如在生物技术方面，基因组学和蛋白质组学研究正在引领生物技术向系统化研究方向发展。比如在信息技术方面，纳米科技、生物技术与认知科学等多学科的交叉融合，将促进基于生物特征的、以图像和自然语言理解为基础的"以人为中心"的信息技术发展，推动多领域的创新。领导干部只有具备较高的文化素养，并不断追求科学新知，才能始终保持宽广的眼界、具有宽阔的思路。对干部进行新知识的培训，是中央确定的干部教育培训的三方面内容之一，也是培养"三宽"型干部的基本任务。这里需要指出的是，中国井冈山干部学院和省委党校作为干部教育培训的主阵地、主渠道，所开展的知识培训不是一般的高等院校的知识培训，干部学院和党校进行知识培训的主要目的是帮助干部及时更新知识、完善知识结构、提高科学文化素养，开阔干部科学文化眼界、全国和全球的眼界，开阔干部科学发展的思路、改革创新的思路，提高干部的工作能力。所以，我们要围绕培养"三宽"型干部开展新知识的培训，首先要突出一个"新"字，即要进行前沿理论、最新知识的培训，包括现代经济、政治、科技、公共管理等多方面新知识的培训，重点抓好以下几方面知识的培训：抓好当代世界发展变化知识的培训，帮助干部以宽广的眼界认识世界；抓好社会主义市场经济知识的培训，帮助干部增强驾驭市场经济的能力；抓好科技和信息技术知识的培训，帮助干部掌握科学方法；抓好社会主义民主法制精神的培训，帮助干部提高民主管理、依法办事的能力；抓好社会管理知识的培训，帮助干部提高社会管理能力；抓好现代领导科学知识的培训，

帮助干部提高领导水平。其次，要管用，按照干什么、学什么，缺什么、补什么，学以致用的原则，着重提高干部胜任岗位职责的能力。从总体上来说，当前要重视对广大干部进行"突发事件的预警与应对"、"提高协调利益关系能力、管理社会事务能力"、"领导干部心理健康与调适"等专题的培训；就个体而言，要根据不同岗位的需要，开展履行岗位职责所需的职位培训。第三，要少而精，要根据干部教育培训以短期培训为主的趋势和干部学习的特点，围绕学员最想学到的新知识，来开设精品课程和精品专题，使学员在比较短的学习时间内得到所需的新知识。

四、要进一步丰富教学内容，不断创新教学方法

教学内容及课程设置是培养"三宽"型干部的重要基础和关键。丰富教学内容就是要贴近"三宽"型干部的需求，贴近发展实践。要按照习近平同志在全国干部教育培训工作会上关于中国井冈山干部学院加强对领导干部进行党史、党建理论、革命传统教育和基本国情教育的要求，深入挖掘和充分利用井冈山及周边地区丰富的革命传统教育资源，不断充实和丰富革命传统教育内容，调整课程结构，建立和完善特色鲜明的课程体系。要把老区的革命历史和现实发展变化结合起来，把发扬革命传统与弘扬改革开放的时代精神结合起来，研究总结改革开放 30 年的实践经验，特别是要用江西改革开放进程中涌现出来的科学发展的典型经验来丰富国情教育内容，开阔学员的视野。同时要将党史、党建、国情研究、领导科学四大学科建设的成果，以及干部渴望学到的新知识、新科技转化为各类教材、课程、教学专题，源源不断地为"三宽"型干部的培养提供新鲜的、有说服力的教学内容。

创新教学方法是培养"三宽"型干部的重要手段和载体。要根据干部学习培训规律和特点，进一步探索和改进教学方法。创新现场教

学、社会实践、专题教学的具体教法。开展有目的的体验式教学、问题探讨性的研究式教学、开启思路的案例式教学，激发学员学习的内生动力。学院的现场体验式教学已经初步形成品牌，下一步要继续优化教学设计，把每个教学点现场体验的目的设计得更加深刻、更加自然、更加贴近历史和现实，使学员在体验中受到深刻教育、在震撼中得到精神升华。如重走"朱毛"挑粮小道，就要通过学员亲身走完当年"朱毛"红军挑粮的 5 公里山路，重温历史，体验老一辈革命家为实现革命理想而不屈不挠的坚定意志，体验老一辈革命家艰苦奋斗的精神，体验老一辈革命家官兵一致的作风，从而达到开阔眼界、开阔胸襟的目的；又如在黄洋界集体朗诵毛主席诗词，就要让学员从"敌军围困万千重，我自岿然不动"的诗句中，体验当年毛主席那种革命乐观主义的豪情和胸怀，从而开阔眼界和胸襟。专题教学要以问题导向的研究式为主，要了解学员带来的问题，精心设计研究的形式，组织好学员讲坛和学员互动论坛，促进学员思考，促使学员挖掘和发挥内在潜力和优势，相互启发，达到开阔眼界、开阔思路的目的。案例教学是一种很能体现能力本位的教学方法，要增加案例教学的分量、提高案例教学的质量，要通过对案例的分析和讨论，加强学员理性思维锻炼，开阔解决各种复杂问题的视野和思路。

五、要树立办学的新理念，使教育培训达到新水平。

办学理念要围绕培养"三宽"型干部需求来确立，要在在培养"三宽"型干部实践中更新。要使"三宽"型干部的教育培训工作达到一个新水平，首先必须解放思想，以宽阔的视野谋划"三宽"型干部的培养，树立办学的新理念，既要有教，又要有学，还要有管。**要以需求为导向，增强培训的针对性**。要适应干部自主选学的趋势，通过深入的调查研究、主动向学员所在单位、学员本人征询培训内容，准确把握干部的培训需求，干部"三宽"需要什么，我们就培训什

么，使教材编写、课程"菜单"、教法运用、培训方式都围绕学员需求展开，不断增强培训的针对性、时代性、实践性。**要坚持专兼结合，继续提高师资水平**。培养"三宽"型干部，首先教师要具备"三宽"的综合素养。要通过外出进修、挂职锻炼、集体备课等方式提高专职教师水平，同时加大聘请优秀领导干部、成功企业家、科技专家、优秀专业人士和基层一线优秀干部来学院、党校授课的力度，不断提高师资水平和教学水平。**要建立教学质量以学员评定为主的评估体系，提高教学管理水平**。学员是否有收获，是否开阔了眼界、思路和胸襟，教学质量是否有提高，今后主要由学员来评定，要建立学员、专家、管理部门相结合的"三位一体"评价体系，不断促进教学质量的提高。**要树立科学发展的理念，提升治校办学的整体水平**。培养"三宽"型干部对学院、党校领导班子治校办学能力提出了新的要求，也是对班子眼界、思路、胸襟是否宽阔的考验。要求真务实，不断深化对办学特点和规律的认识，加强规范管理，加强统筹协调。要注重培训规模、质量和效益的统一，在扩大培训覆盖面的同时，努力提高办学质量和效益；要统筹教学、科研和行政后勤工作，坚持以教学为中心，推进各项工作协调发展；要整体推进教师、管理干部、后勤服务人员三支队伍建设，形成强大的工作合力；要既抓好硬件建设，又抓好软件建设，在完善办学设施的同时，不断提高队伍的整体素质；要把当前发展和长远发展结合起来，着力抓好急迫需要解决的问题，同时，要有整体和战略思维，从全局和长远出发，谋划好未来。

培养"三宽"型干部是时代的要求，是我们肩负的重大责任，使命光荣。我们一定要紧密团结在以胡锦涛同志为总书记的党中央周围，高举中国特色社会主义旗帜，深入贯彻落实科学发展观，开拓创新，扎实工作，努力提高教育培训水平，为干部教育培训事业作出应有的贡献。

第一章 时代背景

　　世界潮流，浩浩荡荡。今日中国，已融入了全球化的浪潮，已是世界舞台的重要角色，需要我们放宽视界，用全球视野审视自己。今日中国，正面临中华民族伟大复兴的历史时刻，实现民族的百年梦想、民族的腾飞需要我们具有宏大的胸襟和凌云壮志。今日中国，正处在发展的关键阶段，形势喜人，但也面临严峻的挑战，思路决定出路，错综复杂的矛盾和艰巨的任务，需要我们坚定信念、敢于创新，以非凡的勇气、科学的态度、务实的作风去战胜各种艰难困苦，实现新的发展。正如恩格斯在评价群星闪耀的文艺复兴时代时说过的一段话："这是一次人类从来没有经历过的最伟大的、进步的变革，是一个需要巨人而且产生了巨人——在思维能力、热情和性格方面，在多才多艺和学识渊博方面的巨人——的时代。"① 今日中国，也正处在一个最伟大的变革时代，涌现出一大批眼界宽、思路宽、胸襟宽的领导干部，是时代的要求、是时代的呼唤。

一、实现中华民族的伟大复兴需要"三宽型"干部

　　随着全球化的深入，世界的联系越来越密切，中国的前途命运日益同世界的前途命运联系在一起。当今世界，和平与发展仍然是时代主题，求和平、谋发展、促合作已经成为不可阻挡的时代潮流。同

---

　　① 《马克思恩格斯选集》第 3 卷，人民出版社 1995 年版，第 445 页。

时，世界正处在大变革大调整之中，世界仍然很不安宁。霸权主义和强权政治依然存在，局部冲突和热点问题此起彼伏，全球经济失衡加剧，传统安全威胁和非传统安全威胁相互交织，世所罕见的国际金融危机还在蔓延，影响仍在加深，世界和平与发展面临诸多难题和挑战。中华民族既面临着伟大复兴的重要战略机遇期，也面临着前所未有的挑战，这就需要各级干部必须具备宽阔的胸襟、宽广的世界眼光，具备系统思维、战略思维和创新思维，以应对日益复杂的国际局势。没有全球的眼光，没有对世界政治、经济、军事、文化、思潮等发展态势和趋势的把握，中国和平发展的战略目标就不可能实现，前进的航船就会触礁，中国就会在复杂的地缘政治，在日益激烈的能源、资源、人才、金融的争夺中失去先机，处于被动地步。

21 世纪，世界政治的一个重要特点就是中国的崛起或者说发展，它深刻地影响着世界的格局。日本专栏作家船桥洋一在《朝日新闻》上发表文章指出，中国崛起将是超过日本崛起的历史性事件，中国崛起将向世界昭示和平崛起的巨大魅力，大大增进人类的福祉。①

中国的发展正面临非常难得的战略机遇期，中华民族复兴正面临着绝好的机会。作出这个判断最重要的依据是：经过艰苦的探索，我们已经找到了一条正确的道路——中国特色社会主义道路。我们立足国情，大胆推进改革开放，勇于吸收人类一切优秀文明成果来充实自己。一个善于自我调整、自我完善的社会主义，其生机和活力将是无限的。改革开放 30 年来，我们已积累起一定的物质基础，中国经济已在世界占有一席之地。中国亿万人民追求幸福、创造财富的积极性，已成为推进国家现代化取之不尽、用之不竭的巨大力量。保罗·肯尼迪在《大国的兴衰》中指出，中国崛起具备两大条件：一是中国领导人形成了"一个宏伟的、思想连贯和富于远见的战略"；二是中国将"保持经济发展持续上升，这个国家可望在几十年内发生巨大变化"。

---

① 船桥洋一：《中国和平崛起论》，载《朝日新闻》，2003 年 11 月 27 日。

　　这条道路的正确性不仅仅在于其理论的科学性，更令人信服的是它已经被改革开放的伟大实践所证明。改革开放 30 年来，在中国特色社会主义理论体系伟大旗帜指引下，中国取得了举世瞩目的伟大成就，取得了经济增长的奇迹，综合国力不断增强，物质财富极大增长，中国正处在中华民族伟大复兴的重要关口，也处于最好的时机，积累了发展的坚实基础。我们确立了公有制为主体、多种所有制经济共同发展这一社会主义初级阶段的基本经济制度，实行了按劳分配为主体、多种分配方式并存的分配制度，社会主义制度焕发出新的生机和活力。社会主义市场经济体制已基本建立，市场在资源配置中的基础性作用显著增强，新的宏观调控体系框架初步形成。农村和城市的各项改革取得重大进展，城乡和区域经济、社会、文化等各项事业的统筹发展正在有序推进。经济增长方式正在由粗放型向集约型转变。我们实行对外开放的领域和规模不断扩大，已形成全方位、多层次、宽领域的对外开放格局。进出口贸易、国家外汇储备大幅度上升。我们坚定不移地实施走出去的战略，中国经济已经大踏步地走上了世界经济的大舞台。改革开放使中国的经济实力和综合国力不断增强，人民的生活水平和国民福利得到了实质性的提高。具体来说，这种坚实基础，体现在以下四个方面。

　　一是经济实现了持续快速增长，综合国力进一步提高。统计表明，1978 年至 2008 年的 30 年间，中国的 GDP 年均增长 9.67%，远高于同期世界经济 3.3% 左右的年均增长速度。与此同时，中国现已成为世界第一外汇储备大国，2008 年已突破 18000 亿美元。对外贸易成为中国经济发展的重要支柱。通过引进国外的资金、技术和管理经验，进行消化、吸收和再创新，大大提高了中国的生产力水平，缩小了与发达国家的差距。截止到 2008 年，中国经济总量和外贸总额均位居世界第三。

　　二是民生得到显著改善，人民生活总体上达到了小康水平。以收入和住房这两大最能反映生活水平的项目为例，从 1978 年到 2008 年，中国城镇居民人均可支配收入和人均住房面积都有大幅度提高。

3

尤其值得一提的是,在这30年间,中国农村绝对贫困人口数量从2.5亿下降到2148万,绝对贫困发生率由30%下降到2.3%。目前,中国是全球唯一提前实现联合国千年发展目标中贫困人口减半目标的国家。

三是基本建立了一个适应经济发展的市场经济体制,市场在资源配置中越来越起着决定性作用。目前,中国基本成为一个市场经济国家的共识开始形成。很多国家包括一些发达国家,相继承认中国的市场经济地位。这表明,中国市场经济的基本框架已经基本确立。

四是吸收世界文明成果,锁定了中国的发展道路。开放就是自主、自发地借鉴人类社会发展的优秀成果,并以此克服自身由传统或特殊规则而导致的缺陷,使其更好地推进国民福利的增加和国家的富强。而真正的对外开放,不仅要引进西方先进的技术,还要学习西方发展市场经济的经验,借鉴西方优秀文明成果,进行制度变革。从这个意义上说,开放的重要性有时要大于改革。尤其是加入WTO以后,我们更应该义无返顾地吸收人类发展的一切优秀的文明成果,以一个主权国家的承诺和信用锁定中国改革发展的道路。

但是,中国的崛起之路注定不可能平坦。"中国是主要大国中最穷的一个,同时所处的战略地位也许最不好"①,这是中国崛起的两大制约因素。要成为世界性的强国,任务还很艰巨。严格说来,强盛的世界大国必须具备以下四个条件:具有强大自我更新功能的社会制度;按当时经济发展水平,已经进入发达国家的行列;人民的生活水平也是当时世界一流的;对世界事务具有举足轻重的影响。这四个条件互相关联,缺一不可②。我们必须清醒地认识到,在前进的道路上还要克服许许多多可以想见的和难以预料的困难,迎接各种各样严峻的挑战。经济全球化、世界多极化、国际竞争激烈化和新科技革命日新月异的挑战,能源、资源、环境、科技、金融等领域的激烈争夺,与复杂的地缘政治,对领导干部的素质与能力提出了强烈挑战,网络

---

① 保罗·肯尼迪:《大国的兴衰》,国际文化出版社2006年版。
② 袁伟时:《大国盛衰的历史经验》,载《燕园评论》,2004年1月4日。

时代、软实力竞争的挑战，也给新时期我们的思维方式、工作方式提出了新的要求。

因此，今日中国要实现民族伟大复兴，走好和平发展之路，必须有一大批"三宽"型领导干部。综观人类历史上大国崛起的经验之一，就是必须有一大批走在时代前列的民族先进分子对国家民族未来的发展怀有强烈的使命感和胸襟，需要宏大的眼光和视野，需要高超的发展智慧和谋略。

历史是最好的老师。胡锦涛在中共中央政治局第九次集体学习时指出，浩瀚而宝贵的历史知识既是人类总结昨天的记录，又是人类把握今天、创造明天的向导。一部人类文明史就是人类不断在以往历史的基础上有所发现、有所发明、有所创造、有所前进的历史。在全面建设小康社会、加快推进社会主义现代化的新形势下，在深刻变化的国际环境中，我们要更加重视学习历史知识，善于从中外历史上的成功与失败、经验与教训中进一步认识和把握历史发展和社会进步的规律，认识和把握时代发展大势，提高治国理政的才干，不断开创中国特色社会主义事业的新局面。胡锦涛在主持学习时发表的讲话中指出，在新形势下，我们要更加重视学习历史知识，更加注重用中国历史特别是中国革命史来教育党员干部和人民。不仅要学习中国历史、还要学习世界历史，不仅要有深远的历史眼光、而且要有宽广的世界眼光。

在中华民族又一次与世界交汇，又一次面临崛起的重要时刻，我们回顾一百多年前中日两国的发展历程，分析两国的政治精英在当时的历史条件下对外部世界态度、对世界大势的判断、对本国发展战略的决断，并且考察这种胸襟、眼界、思路是如何影响各自国家和民族的命运，将会给我们许多警示，引起我们的深思，也将给我们许多启迪。

在19世纪60年代到90年代，中国与日本几乎是在大体相同的国际背景下和大体相同的时间里，同时发动了洋务运动和明治维新。因此这种比较很有借鉴意义。

　　首先，中日两国在对外部世界的认识和历史大势的判断上具有明显的不同。

　　19世纪40至50年代，由于西方列强的武力侵犯，东亚各国普遍产生对外危机意识，开始睁开眼睛看世界，并依据各自的眼界和文化传统，逐步树立新的世界认识。中国是东亚文化圈的核心，也是华夷意识的发源地，从先秦以来就逐渐形成了以华夷观念为核心的世界认识，包括以华夏为中心的地理观和华夏文化优越观，即认为中国是世界的中心，中国文化是世界最优秀的文明，而四周的藩属邻国以至海外列国则是落后野蛮的"四夷"（即东夷、南蛮、西戎、北狄）或"四裔"（裔即边也），都应该向中国朝拜进贡。明末清初，西方传教士尽管带来世界地图和地球仪，试图向中国人说明真实的世界情形，却遭到多数中国士大夫的怀疑批判，斥之为"邪说惑众"、"海外奇谈"。中国是西风东渐首当其冲的主要对象，最早遭到武力入侵并被迫打开门户。鸦片战争中战败以至丧权辱国的结局，说明了清朝对世界形势愚昧无知的可悲。受到鸦片战争刺激，中国士大夫中一批爱国开明之士产生了强烈的危机意识。他们开始睁开眼睛看世界，了解国际形势，研究外国史地，总结鸦片战争失败的教训，寻找救国的道路和抵制外敌的方法。但这种对外意识只是少数精英的先进认识，而作为最高统治者的清朝皇帝及权贵们却缺乏真正的危机意识，他们迷信和议，苟且偷安，依然文恬武嬉，麻木不仁。谁主张师夷长技、制炮造船，则必斥之"糜费"，谁主张翻译夷书、刺探夷事，则必曰之"多事"。有的守旧官员甚至鼓吹以"闭关自守"作为"善后之策"。

　　日本作为一个资源较贫乏的岛国，危机意识比中国强烈得多。早在19世纪初已有不少人为西方列强海上入侵与俄国势力南下威胁而感到忧虑，提出"海防论"与"北方危机论"。中国发生的鸦片战争更给日本敲响警钟，日本幕府官员、诸侯大名、武士儒生纷纷提出要以此为"前车之鉴"。德川幕府的首席老中水野忠邦认为鸦片战争"虽为外国之事，但足为我国之戒"。他们迫切要求了解世界形势和外国情况。因此中国的《海国图志》、《瀛环志略》等书在本国虽未得

到重视，但传入日本后，被誉为"天下武夫必读之书"，广泛流传。仅 1854 至 1856 年间，《海国图志》在日本被翻刻、训点和翻译的选本就达 21 种之多。

其次，当时日中两国对西方资本主义文明的冲击在精神上的准备也是大不一样的。

日本向来就是一个善于向外学习的民族，他们没有中国封建统治者那种天朝上国、天下第一的妄自尊大的心理。在没有与西方文明接触以前，他们一直把中国作为自己学习的榜样。从 16 世纪 40 年代开始，西方殖民主义者陆续来到日本，把西方的武器和消费品传到日本，后来基督教也传入了日本。对此，虽然德川幕府认为基督教的传入是幕府统治的一大祸患，但日本一些先进的知识分子在与西方文明的接触中打开了自己的眼界，热心学习传入日本的西方科学技术和文化知识。当时在日本先后兴起的"兰学"和"洋学"就是日本民族这种热切学习西方文明的最好证明。

中国曾经有着积极吸收外来文化的优良传统，这在封建社会早期和中期表现得尤为突出，佛教的东来和在中国与儒教、道教和平共处、互相补充就是再好不过的证明。不幸的是，中国灿烂辉煌的古代文明却越来越成为中华民族身上的历史包袱，历史越接近近代，中国在世界上就越落后，而其越落后，中国的封建统治者就愈抱定其"天朝上国、天下第一"的虚骄心理不放。这在心理上与先后把中国和西方看成学习榜样的日本是大不一样的。西方近代科学和基督教早在明朝就传入了中国，著名的意大利传教士利玛窦和他的中国支持者徐光启、李之藻曾为西方近代科学在中国的传播作出了巨大的贡献。但是，由于中国的封建统治者实行了较日本更为严厉的锁国政策，西方近代科技文化在中国的传播受到了严重的阻碍。日本人不仅向西方学习，并且在学习中找出了自己的不足，产生了对未来社会的向往，而中国人却认为"中国的文武制度事事远在西人之上"①，这就表明在

———————————
① 梁启超：《李鸿章传》，百花文艺出版社 2005 年版，第 112 页。

对自己和对西方的认识上中国远远地落后于日本了。

最后，两国精英面对西方文明冲击的反应态度和应对速度也截然不同。

尽管两国与西方文明最初遭遇的情景颇为相似，但由于精神准备特别是眼界的不同，决定了两国精英的反应态度和应对速度也截然不同。眼界决定态度，态度决定思路，思路决定谋略。正是由于对世界潮流的把握、对世界形势的判断的不同，决定了在应变的思路和应对的速度上也完全不同，成果也就不同，两国的国势和命运也迥然不同。

中国虽早就因 1842 年鸦片战争失败而被迫开国，但直到 1860 年第二次鸦片战争，英法联军打进北京火烧圆明园，清朝统治者的天朝迷梦才被彻底打破，才承认遇到了"数千年来未有之强敌"和"数千年来未有之变局，"并开始重新认识世界，着手推进改革——发动洋务运动。这是一场封建地主阶级的自救运动。推动这次运动的是手握清朝皇帝赐予的各种实权的朝廷重臣，他们对中国的封建社会制度不但没有任何怀疑，而且认为这种制度比西方人的制度好得多；他们之所以要推动一场洋务运动，是因为这"事事远出西人之上"的制度受到了西人的"坚船利炮"和"潜师洋法"的不肖之徒（农民起义军）的内外威胁，而中国"独火器万不能及"西人，所以他们才上下奔走，推动洋务运动，"取西洋人之长技，以成中国人之长技"，[①] 对外以御侮，对内以镇压那些"潜师洋法"的农民起义军。可见，洋务派标榜的"中学为体、西学为用"，道出了洋务运动的根本目的——借助西方的坚船利炮巩固"事事远出西人之上"的封建社会制度，维护和延续满清王朝的统治。

而日本的明治政府则表现出一种更为果敢的政治决断。其推行的明治维新是一场带有明显资产阶级革命性质的深刻变革，从一开始就有着明确的改变日本原有社会的要求，无论从明治维新运动的上层领

① 梁启超：《李鸿章传》，百花文艺出版社 2005 年版，第 112、113 页。

导者看，还是从投入运动的广大基层群众看，他们掀起那场运动的目的，都是为了对旧社会进行有利于新兴资产阶级的改革，而不是为了保留和完善原有的社会制度。1868 年明治维新，以天皇名义发布的《五条誓文》中提出要"求知识于世界"。1871 年又派出大批高级官员组成岩仓使节团赴欧美考察一年零十个月，进而明确了"以西洋文明为目标"，全面学习引进西方资本主义政治、经济、文化、教育制度的发展方向，制订了殖产兴业、文明开化、富国强兵三大政策，以1889 年颁布《大日本帝国宪法》、1890 年召开帝国议会为标志，日本基本上完成了向资本主义近代国家初步转型，使日本逐步走上了资本主义的富国强兵之路。

甲午战争的结局既是检验中日两国改革成果的重要标志，更是对国家民族的政治精英对外部世界态度、对世界大势的判断、对本国发展战略的决断，以及在其背后政治精英的胸襟、眼界、思路对各自国家和民族的命运的深刻影响的重要昭示。

"大清帝国"败在了"东夷小国"日本手下，并被迫签订割地赔款的《马关条约》。不仅使当时的中国人感到奇耻大辱，刺激了中华民族的觉醒。而且直至今日仍然给我们以深刻的启示。

首先，一个不了解世界形势、闭关自守的国家是无法走向现代化的，认清世界大势和顺应历史潮流是一个国家正确选择发展方向的基础。

其次，必须克服对外自大和自卑的意识，树立对外平等、独立、竞争的意识，不断革新进步、奋发图强，才能把握发展机遇，实现民族的发展与振兴。

再次，盲目排外和盲目崇洋或者全盘照搬外国发展模式，都是不可取的。应该从本国国情出发，顺应发展趋势，借鉴外国经验，继承发扬本国优秀传统，学习吸收外国先进成果，才能使本国自立于世界民族之林。

中国要实现民族的伟大复兴，走好和平发展之路，必须有一大批"三宽"型领导干部的另一个重要的原因，还在于今天一个国家的崛

起与传统的大国崛起相比，条件更为苛刻了，并且无论是从道义上，还是从现实可能性方面都无法重复西方列强崛起的老路。从西方列强崛起的路径看，都带有强烈的殖民色彩，都有侵占、掠夺等不光彩的历史。在当今世界，一个相互依赖和资源、能源、环境等竞争日益激烈的环境中，中国要做到既发展自己，又不掠夺侵害别国的利益，还要防止别人的遏制，甚至反华势力的阻挠、破坏，是一个重大而全新的课题。

和平共处，平等互利，加强交流合作，谋求共同发展，是新的历史时期处理国际关系的正确方向。我们的祖先在这方面给我们留下了许多宝贵的遗产。中华民族历来酷爱和平。"和而不同"，是中国古代思想家提出的一个伟大思想，具有极其深厚的文化内涵。和谐而又不千篇一律，不同而又不彼此冲突；和谐以共生共长，不同以相辅相成。用中国古代"和而不同"的观点观察、处理当今世界的各种复杂问题，不仅有利于我们善待友邦，也有利于国际社会化解矛盾。在我们民族强盛的时候，无论是大唐盛世，还是明朝郑和下西洋，输出的都是文化、宽容和道义。21世纪中国的崛起之路，一定是和平发展的道路，一定是在与世界其他国家、民族、文明"和而不同"中的相互学习和竞争中的和平之路。胡锦涛指出，我们一定要坚持和平崛起的发展道路和独立自主的和平外交政策，坚持维护世界和平、促进共同发展的宗旨，坚持在和平共处五项原则的基础上同各国友好相处，在平等互利的基础上积极开展同各国的交流和合作，在国际舞台上高举和平、发展、合作的旗帜，为人类和平与发展的崇高事业作出贡献。2003年，温家宝在美国哈佛大学发表题为"把目光投向中国"的演讲中指出，进入21世纪，人类面临的经济和社会问题更加复杂。文化因素将在新的世纪里发挥更加重要的作用。不同民族的语言各不相同，而心灵情感是相通的。不同民族的文化千姿百态，其合理内核往往是相同的，总能为人类所传承。各民族的文明都是人类智慧的成果，对人类进步作出了贡献，应该彼此尊重。人类因无知或偏见引起的冲突，有时比因利益引起的冲突更可怕。我们主张以平等和包容的

精神，努力寻找双方的共同点，开展广泛的文明对话和深入的文化交流。中国的崛起，中国的和平发展，中华民族的伟大复兴，注定是人类历史上最令人震撼的故事，因为这是我们这个星球上人口最多的民族的崛起，这是我们这个星球上文明最为悠久之一并且一直得到延续的伟大民族的复兴，这个伟大的故事的主人公，必定是具有宽广胸襟、宽阔眼界和宽阔思路的中华儿女。

二、深入贯彻落实科学发展观，需要"三宽"型干部

科学发展观是中国特色社会主义理论体系的重要组成部分，是中国经济社会发展的重要指导方针，是发展中国特色社会主义必须坚持和贯彻的重大战略思想。正确的政治路线确定之后，干部就是决定性的因素。要真正实现科学发展，就必须培养造就一支牢固树立科学发展观、善于推动科学发展的"三宽"型干部队伍。

（一）深入贯彻落实科学发展观，需要各级领导干部具有宽阔的眼界

在新的历史条件下，以胡锦涛为总书记的党中央站在时代的高度，深刻总结国内外在发展问题上的经验教训，立足于社会主义初级阶段的基本国情，深入分析当今中国发展的阶段性特征，总结中国发展实践，准确把握世界发展趋势，借鉴国外发展经验，适应新的发展要求，提出了"以人为本，全面、协调、可持续"的科学发展观，深刻回答了为何发展、怎样发展、发展什么等重大问题。科学发展观为我们观察、分析、解决现阶段中国发展问题提供了科学的世界观和方法论；科学发展观为我们在新的时期、新的阶段发展中国特色社会主义指明了方向。深入贯彻落实科学发展观，关键是全面把握科学发展观的科学内涵和精神实质。科学发展观作为马克思主义中国化最新成果，内容丰富，思想深刻。党的十七大报告指出："科学发展观，第

一要义是发展，核心是以人为本，基本要求是全面协调可持续，根本方法是统筹兼顾。"这一精辟论断，提纲挈领，切中实质，是对科学发展观思想内涵所作的最全面、最深刻而又最鲜明的概括。这四个方面辩证联系、有机统一，构成了一个完整、严谨的理论体系，准确把握了中国经济社会发展进入新世纪新阶段的新要求，充分反映了中国共产党在发展问题上的新认识，是对中国特色社会主义理论体系的丰富和发展，是马克思主义中国化的最新成果。

思想建设是党的建设的根本，理论武装是提升领导干部素质的前提。中国共产党历来是一个重视理论武装、善于理论武装的党。在党的事业发展的每一个重大历史关头，中国共产党都是首先提出理论武装的重大任务，建党 80 多年来党的事业所取得的每一个重大胜利，都同全党不断加强理论武装密不可分。这既是中国共产党的一个优良传统，也是中国共产党的一个重要法宝。进入新世纪新阶段，随着经济体制深刻变革、社会结构深刻变动、利益格局深刻调整、思想观念深刻变化，中国经济社会发展出现了许多新情况新问题，呈现一系列新的阶段性特征，可以说中国的发展正处于一个重要的历史关口。科学发展观作为与时俱进的马克思主义发展观，着眼于把握发展规律、创新发展理念、转变发展方式、破解发展难题，在发展道路、发展模式、发展战略、发展动力、发展目的和发展要求等方面提出了一系列新的思想观点。要落实科学发展观，首要的是各级干部在认识上对科学发展观完整理解，在思想上真正解决问题。现在有些领导干部讲科学发展观，只强调"发展是第一要义"，有的甚至把"发展是第一要义"同"以人为本"、"全面协调可持续"、"统筹兼顾"的要求割裂开来；还有的把"发展是硬道理"片面理解为"经济增长是硬道理"，把经济社会发展简单地归结为 GDP 决定一切。这些认识都不是正确的，说到底，是认识水平问题，是眼界问题，是看问题的高度、深度和角度问题。如果认识水平不到位，眼界不宽，脱离科学发展观这些内涵全面、要求明确的规定性去理解发展，就很容易继续传统的发展模式，很容易嘴上讲科学发展，实际工作中谋划发展思路往往还

是老一套，还是片面追求 GDP。所以，要推动科学发展，领导干部就一定要全面把握科学发展观，坚持以科学发展观审视过去、总结工作得失；以科学发展观武装头脑、转变思想观念；以科学发展观分析现实、查找突出问题；以科学发展观规划未来、完善体制机制，使深入贯彻落实科学发展观的过程真正成为推动经济社会又好又快发展的过程。

（二）深入贯彻落实科学发展观，需要各级领导干部具有宽广思路

"思路决定出路"，这是历史经验的总结。深入贯彻落实科学发展观，是一项庞大而复杂的系统工程，不仅涉及经济社会发展的方方面面，而且涉及经济活动、社会活动与自然界的复杂关系，涉及人与经济社会环境、自然环境的相互作用。这就需要各级领导干部采用系统科学的方法来分析、解决问题，从多因素、多层次、多方面入手研究经济社会发展和社会形态、自然形态的大系统。各级领导干部不仅要从科学理论上进一步明确科学发展观的内涵，而且要从科学的基层研究和应用研究、各学科研究和跨学科研究等方面来确定在经济社会发展的各个领域深入贯彻落实科学发展观的具体要求。要把自然科学、人文科学、社会科学等方面的知识、方法、手段协调和集成起来，不断认识和把握社会发展的客观规律，对科学发展观进行周密的科学解释，为科学发展观提供坚实的科学理论基础。

虽然科学发展观为经济社会的发展指明了方向，但要使科学发展观真正落实到各项工作中，还需要各级领导干部切实把科学发展观转化为谋划发展的正确思路、促进发展的政策措施、领导发展的实际能力。首先，需要辨识能力的支撑。各级领导干部对当前发展的环境和形势要有深刻的认识和正确判断，将各项事业的发展放在深刻发展变化着的国际、国内大环境下予以考虑，从而做到有的放矢地适应新形势、应对新挑战。其次，需要把握全局能力的支撑。领导干部要具有把握全局的能力，以宽广的眼界和胸怀分析全局，统筹兼顾地谋划全局、自觉地服从全局。第三，需要科学决策能力的支撑。领导干部的

科学决策能力，要求其能够运用科学的方法和手段、按照规范程序进行决策，确保决策的科学性。第四，需要创新能力的支撑。创新能力可以使领导干部在面对工作中出现的各种新情况和新问题时，能够解放思想、勇于探索，在思想认识上和工作实践中不断开拓进取，用新的思想和方法分析问题，以新的目标和新的措施解决问题，从而推动经济社会各项事业不断向前发展。

深入贯彻落实科学发展观，尤其需要各级干部的创新意识和创新能力。创新是一个民族进步的灵魂，创新是一个国家兴旺发达的不竭动力，是一个政党永葆生机的源泉。同样，创新也是领导干部保持生机活力、各项工作力求优质高效的关键所在。有创新就能创优，就能争先。深入贯彻落实科学发展观，一是要求领导干部要敢于创新工作思路。思路决定出路，领导干部要积极挖掘创造性思维，敢于打破常规，用敏锐的眼光洞察事物的发展方向，创造性、开放性地开展工作，使工作不断适应环境变化的需要。二是要求领导干部要敢于创新工作方法。要深入贯彻落实科学发展观、注重科学理论宣传、科学思想培育、科学知识普及，打破那种"祖传式"、"常规式"的工作方法，不断挖掘和掌握新的工作手段，广开门路，广纳博采，牢固树立新时期领导干部工作思路清晰、工作方式新颖的新形象。三是要求领导干部要敢于创新管理体制。建立科学有效的工作机制，健全完善各项制度，充分发挥利益导向、激励机制的作用，坚持物质文明和精神文明相结合，定性分析和定量分析相统一的原则，促进管理体制的不断创新。

这次从 2006 年春季开始逐步显现，2007 年 8 月开始席卷美国、欧盟和日本等世界主要金融市场，2008 年演变为全球性的金融危机。其过程发展之快，数量之大，影响之巨，人们始料不及。给正在深入贯彻落实科学发展观的中国也带来极大的挑战，它非常现实、充分地表明了在全球化时代，培养"三宽"型干部的极端重要性。正如美国人弗里德曼《世界是平的》一书所描述的景象，随着全球化的深入，世界联系越来越紧密，"地球村"已经成为现实。世界各国政治、经

14

济、文化、科技、军事之间的联系、交往、冲突越来越相互交织，越来越体现出"蝴蝶效应"，牵一发而动全身。在这种情况下，如何做到见微知著，把握事物的发展趋势和规律，未雨绸缪，十分关键。在当前的国际国内形势下，领导干部要维护国家利益，就必须具备世界眼光和战略思维，始终做到以稳定、安全、灵活、多元为思路来筹划我们的工作。稳定，就是各项工作都必须致力于维护政治上的安定团结和连续性，各项改革必须稳步推进，以确保国民经济稳定增长，避免出现大起大落。安全，就是要头脑清醒、居安思危，深刻认识新形势下维护国家政治安全、经济安全、国防安全和其他非传统安全领域的极端重要性和紧迫性，确保信息安全、金融安全和粮食、石油等重要战略物资的安全。灵活，就是既要坚持大政方针不变，又要善于抓住机遇，根据形势的变化适时调整政策，趋利避害。孙子兵法说"合于利而动，不合于利则止"，讲的就是这个道理。多元，就是要广泛加强同世界各国各地区的交流与合作，促进外贸出口市场的多元化、外汇储备结构的多元化、重要物资进口渠道的多元化。

（三）深入贯彻落实科学发展观，需要各级领导干部具有宽阔的胸襟

是否真正具有正确的事业观、工作观和政绩观，是各级领导干部能否真正深入贯彻落实科学发展观的关键所在。这就要求领导干部必须具有宽阔的胸襟。领导干部思想境界不到位，干部作风问题解决不好，科学发展观就很难落到实处。在实际工作中，一些领导干部因循守旧、不思进取的做法，违背规律、盲目蛮干的做法，只看眼前、不顾长远的做法，畸轻畸重、忽视协调的做法，热衷于做表面文章、搞花架子的做法，好大喜功、脱离实际的做法，都是与科学发展观的要求、科学发展的目标格格不入的。这种往往是因为领导干部胸襟狭窄而导致的错误政绩观，忽视经济社会的协调发展，盲目上项目、办企业、搞投资，尽管追求到了一时的经济增长速度等所谓的政绩，却造成了大量的低水平重复建设、资源的浪费和环境的破坏，给后任和一

方百姓留下沉重的包袱。有的领导干部甚至忽视发展必须以人为本的理念，以种种借口"挤占"群众的实际利益；还有一些领导干部忽视社会整体利益，盲目开发，人为地加大了发展的社会成本和资源成本。可见，不树立正确的政绩观，经济社会发展中存在的这些不科学、不协调的问题就难以从根本上得到解决。

"为官一任，造福一方。"作为一名领导干部，想出政绩是正常的。但政绩并不等于一组组令人眩目的数字、一个个富丽堂皇的工程。如果那些数字或工程是以损害群众利益、牺牲可持续发展能力为代价的，那它就不仅不是"政绩"，相反应该算是"政误"了。领导干部对政绩的认识应该是全面的，它既应该包括可感可触的"显绩"，也应该包括看不见摸不着的"潜绩"，比如生态环境的改善、民主法制的进步、精神文明的提高、人民群众的福祉增进，等等。相比之下，这种"润物细无声"式的"潜绩"更加可贵、更值得提倡。领导干部追求政绩，都要对历史负责、对人民负责、对事业负责；都要不计较一时的得失，不搞形象工程、政绩工程，不急功近利；都要扎扎实实工作，做基础性的工作，注重长远、注重发展的后劲；都要经得起实践的检验、历史的检验、群众的检验。

三、构建和谐社会需要"三宽"型干部

中国共产党第十六届六中全会通过的《中共中央关于构建社会主义和谐社会若干重大问题的决定》提出了构建社会主义和谐社会的目标，这既是对中国改革开放和现代化建设经验的科学总结，也是在新的国内外形势下中国共产党为提高执政能力、深入贯彻落实科学发展观、更好地推进中国经济社会发展提出的一项重大的战略举措。明确提出构建社会主义和谐社会，反映了中国共产党对中国特色社会主义事业发展规律的新认识，反映了中国共产党对执政规律、执政能力、执政方略、执政方式的新认识，为各级领导干部紧紧抓住和用好重要

战略机遇期、实现全面建设小康社会的宏伟目标提供了重要的思想指导。构建社会主义和谐社会，关系到最广大人民的根本利益，关系到巩固党执政的社会基础、实现党执政的历史任务，关系到全面建设小康社会的全局，关系到党的事业兴旺发达和国家的长治久安。

（一）构建社会主义和谐社会战略的提出，本身就是用马克思主义宽广眼界观察世界的认识成果，有着自身的必然性和可能性

"社会和谐是中国特色社会主义的本质属性"的重大判断，深刻揭示了社会和谐与社会主义的内在联系。安顺谓和，协调为谐。社会和谐、天下大同——这是人类社会数千年的梦想和愿望。从孔夫子到孙中山，从柏拉图到托马斯·莫尔，古往今来，无数圣人先哲、仁人志士提出了许多美好构想，勾勒出世界和谐、自由的美好画卷。"社会和谐是中国特色社会主义的本质属性"的重大判断，深化了对社会主义本质的认识，开辟了中国特色社会主义新境界。"代替那存在着阶级和阶级对立的资产阶级旧社会的，将是这样一个联合体，在那里，每个人的自由发展是一切人的自由发展的条件。"《共产党宣言》中的这段经典论述，深刻揭示了社会主义和社会和谐的内在联系。马克思、恩格斯、列宁关于社会主义社会的一系列重要观点深刻揭示：只有和谐的社会才是真正的社会主义，只有社会主义才能实现真正的社会和谐。

什么是社会主义、怎样建设社会主义？在革命、建设、改革的历史实践中，中国共产党坚持把马克思主义基本原理与中国具体实际相结合，开辟了中国特色社会主义道路，不断深化对社会主义本质的认识。

以毛泽东为主要代表的中国共产党人，带领人民取得了新民主主义革命的胜利，建立了社会主义新中国，为实现社会和谐开辟了现实途径。

以邓小平为主要代表的中国共产党人，深刻总结新中国成立以来正反两方面的经验，提出了"社会主义的本质，是解放生产力，发展

生产力，消灭剥削，消除两极分化，最终达到共同富裕"的论断，科学回答了社会主义本质这个根本问题，开辟了中国特色社会主义道路这一实现中国社会和谐的正确道路。

以江泽民为主要代表的中国共产党人，紧密结合新的实际，创立了"三个代表"重要思想，鲜明提出要"促进人的全面发展"，并把"社会更加和谐"列为全面建设小康社会的重要目标，孕育了构建社会主义和谐社会重大战略思想的最初萌芽。

以胡锦涛为总书记的党中央，坚持用发展着的马克思主义指导新的实践，准确把握中国经济社会发展的阶段性特征，把构建社会主义和谐社会更加鲜明、更加突出地提到全党全国人民面前。

社会和谐是中国特色社会主义的本质属性——这是中国共产党半个多世纪艰辛探索、不懈奋斗的实践和认识成果，是总结国内外社会主义建设特别是中国社会主义建设历史经验得出的重要结论，是构建社会主义和谐社会的理论基础，也是新世纪新阶段中国共产党治国理政的科学理念和富民兴邦的行动纲领。

中国共产党明确提出并积极推进构建社会主义和谐社会，不仅是一个先进政党的价值追求，同时，它又是社会规律的必然，是中国特色社会主义发展的必然，现阶段提出这个目标有着坚实的基础，可谓"瓜熟蒂落"、水到渠成。首先，中国共产党的领导和中国实行的社会主义制度，为构建社会主义和谐社会提供了最根本的保证。其次，经过新中国成立以来特别是改革开放以来的不断发展，中国社会生产力水平明显提高，综合国力显著增强，人民生活总体上实现了由温饱到小康的历史性跨越，中国已经具备了较为坚实的物质基础，可以为缩小社会差距、促进社会公平、完善社会保障、发展社会事业、加强社会建设和管理等提供更充分的物质保证。第三，在中国，各阶层、各党派、各民族、各团体政治上享有平等地位，根本利益是一致的。第四，马克思主义在党和国家工作中的指导地位已经确立并不断得到巩固，爱国主义、集体主义、社会主义思想深入人心，教育科技文化事业不断发展，全体人民的思想道德素质和科学文化素质不断提高，民

族凝聚力显著增强。这些都是有利于中国构建社会主义和谐社会最基本的前提条件。

总之，中国共产党提出构建社会主义和谐社会，符合马克思主义的基本原理，符合马克思主义关于社会主义社会的科学设想。中国共产党在社会主义社会建设理论和实践上取得的新进展，既是对党执政经验的总结，也是对国外一些执政党执政经验教训的借鉴；既是对中国社会主义建设规律认识的深化，也是对共产党执政规律、社会主义建设规律、人类社会发展规律认识的深化；既是对中国特色社会主义理论的丰富和发展，也是对马克思主义关于社会主义社会建设理论的丰富和发展。

（二）构建社会主义和谐社会，需要各级领导干部用新的眼光来审视社会的巨大变化

改革开放作为中国社会的一次深刻而全面的总体转型过程，使中国的经济体制、经济运行方式、社会组织形式以及群众生产生活方式等都发生了深刻的变化，而且这些变化还会随着改革的深化进一步展开。社会结构和功能上的变革引起了经济成分和组织形态的变化，过去相对单一的经济成分和组织结构向多样化转变，同时利益结构和社会阶层也出现了多样化格局。在此基础上，思想文化的多样性也就成为一种不可避免的现实，人们思想活动的独立性、选择性、多变性、差异性明显增强，社会思想空前活跃，价值观念呈现多样化趋势，各种思想文化相互渗透、相互激荡的形势更加复杂。从观念形态上来看，人们的经济价值观重心由过去的依赖政府向依靠市场转变，在计划经济体制时代，人们的经济行为几乎完全听从政府的指令，形成了较强的依赖心理，随着社会主义市场经济体制的建立和完善，政府的经济行为逐步被市场行为所取代，人们开始更多地从市场而不是从政府着眼，从而不断增加了经济行为上的自主独立性。社会发展如此巨大的变化，如果各级领导干部没有新的视野、新的视角，就必然困惑、迷茫，认识出现偏差，就无法适应社会的变化，更遑论领导和参

与和谐社会的构建。

（三）构建社会主义和谐社会，需要各级领导干部用宽阔的胸襟树立和谐意识，营造和谐文化

观念是行动的先导。构建社会主义和谐社会，一个非常重要的方面是必须深刻认识党的历史方位的变化，牢固树立和谐意识。中国共产党八十多年的光辉历程，经历了从革命到社会主义建设和改革开放的不同阶段，从领导人民为夺取全国政权而奋斗的党，成为领导人民掌握全国政权并长期执政的党。治国理政，从根本上来说都要讲秩序、讲规范、讲稳定，也都要在一定程度上讲妥协、讲合作、讲礼让。至于和谐，则是一种最高境界。所以，对于以全心全意为人民服务为宗旨的中国共产党，对于坚持立党为公、执政为民的执政党，在治国理政的全部过程中，当然要明确自己的价值取向，坚持维护社会的稳定、和谐、有序。尤其要把追求社会的和谐，当做一种不懈的目标，牢固树立和谐意识，培育和谐文化。

和谐意味着一种最惬意的生存、发展状态，是千百年来人们共同追求的理想。"天人合一"、"中庸"、"中和"等"和谐意识"，是中国古代先哲追求人与人、人与社会和人与自然关系和谐发展的突出表现。在现代社会，民主法制、公平正义、诚信友爱、安定有序、人与自然和谐相处是构建和谐社会的目标。在实现这一目标的过程中，需要处理好方方面面的关系，其中一个重要方面是要强化"和谐意识"。强化"和谐意识"，就是要把和谐的观念、和谐的价值取向内化为人们的思维方式和行为方式，形成和谐的社会心理和社会氛围。和谐是中国传统文化追求的理想境界和终极价值之一，主要表现在人与自然的和谐、人与社会的和谐、人与人的和谐等方面。在当前阶段，构建社会主义和谐社会要突出增强三种"和谐"意识。一是社会中的共生意识。在人类社会的发展过程中，人与人、人与社会、人与自然环境之间是共生共荣的。"我为人人，人人为我"，"一个篱笆三个桩，一个好汉三个帮"，这是人与人的依赖关系的真实写照。正视人与人的

依赖关系，实现互惠互利，进而实现人与人之间关系的和谐，这是构建和谐社会的基础。注重发展人与环境的友好关系。正确认识人与环境的友好关系，构建人与自然和谐发展的生态文明到了刻不容缓的地步。中国共产党十六届五中全会提出了加快建设资源节约型、环境友好型社会的战略任务。这就要求领导干部树立起环境友好型社会的理念，促使全社会都采取有利于环境保护的生产方式、生活方式、消费方式，实现人与自然的和谐共生关系。二是发展中的合作意识。经济全球化发展趋势使世界经济日益成为不可分割的统一整体，经济上的相互依存空前加强，形成了"一荣俱荣，一损俱损"的局面。它决定了世界各国以及国内各企业都不能游离于世界经济体系之外，只能走合作的道路。维护和平、促进发展是世界每一个国家、每一个企业、每一个人的共同目标。中国的和平崛起，得益于和平的国际环境；国内各企业的迅速发展，也得益于和平的国内竞争环境。和谐社会一定是诚实守信的社会。中国历来讲究诚信，恪守"一诺千金"、"君子一言，驷马难追"的准则。"双赢"是当今全球经济规律和经济关系的一大特征。世界市场竞争日益激化，但竞争不一定遵循你赢必然我输、我赢必要你输的简单规则，"双赢"已在越来越多的场合成为协调竞争的原则和追求的目标。人们应树立一种共同培育市场，即"把蛋糕做大"的互利合作的"双赢"理念，这也是构建和谐社会的必然要求。三是交往中的宽容意识。"严于律己、宽以待人"，是中华民族的优良道德传统。宽容是一种境界，是一种涵养，是一种美德，是互相理解和信任的桥梁，是人与人沟通和交往的润滑剂，是团结之本、和谐之源。宽容是和煦的春风，有利于营造自由、宽松、民主、和谐的氛围，能更好地促进人与人之间的交往。

　　构建社会主义和谐社会，必须建设和谐文化。和谐文化，就是崇尚和谐理念，体现和谐精神，大力倡导社会和谐的理想信念，坚持和实行互助、合作、团结、稳定、有序的社会准则。也就是以和谐理念贯穿于相关的文化形态和文化现象之中，以和谐作为该类文化的基本价值取向，并以此影响其他各种文化形式，促进整个和谐社会的建

设。建设和谐文化，就是要通过对和谐问题的研究和探讨，建立和发展以和谐为核心的价值体系，作为整个社会精神文化的思想内核；就是要大力倡导和谐的思想观念，促进人们对社会和谐的认知和理解，在全社会形成崇尚和谐的价值取向；就是要通过对和谐的肯定评价和相应的奖惩褒贬，形成以尊重和实践和谐为荣，以背离和破坏和谐为耻的社会风尚；就是要建立和健全各种制度体系以及法律规范、行为准则、道德标准等等，使之成为指导和约束社会各种行为的框架体系。当然我们建设和谐文化，并不是无视客观存在的各种矛盾，更不是要去掩盖和抹杀这些矛盾。恰恰相反，是要正视这些矛盾，鼓励人们用适当的方式去解决这些矛盾，在解决矛盾的基础上争取达到比较和谐的状态。在解决矛盾时，不激化和扩大矛盾，而是尽最大努力弱化这些矛盾的强度，通过寻找和扩大共同点，取得有利于矛盾各方的最佳结果，从而促成社会关系和人们之间的团结、和谐。

（四）构建社会主义和谐社会，需要各级领导干部用创新的思路来谋划社会事业的发展

今天的中国仍然处于并将长期处于社会主义初级阶段，生产力发展水平、教育科技文化水平还不高，建成社会主义和谐社会任重道远。同建设社会主义现代化国家要经历一个很长历史过程一样，构建社会主义和谐社会也是一个需要随着经济、政治、文化的发展而不断推进的很长历史过程。各级领导干部既要立足国情，根据已经具备的条件，积极主动地推进和谐社会建设，又要着眼长远，作好长期努力的准备，在推进社会主义物质文明、政治文明、精神文明发展的历史进程中，扎扎实实做好构建社会主义和谐社会的工作。

构建社会主义和谐社会，需要领导干部实现思维上的创新，尽快把过去革命的思维、运动的思维，转变为建设的思维和制度的思维。必须善于把握进入新世纪新阶段以来中国发展呈现出的阶段性特征，妥善处理各种社会矛盾，在发展和创新中提高执政能力。当前，社会主义和谐社会建设还存在许多突出问题：第一，由经济的二元性所产

生的城乡二元性和社会结构二元性，正被制度性地安排为人的社会主体身份的二元性；而主体身份的二元性又被区别为权利享有的二元性。其结果是，身份成为人们获得权利和利益的重要根据。"三农"问题，说到底是制度设计的二元性问题，主体的二元性与权利的二元性，是中国目前和谐社会构建中最严重的社会问题，不改善和消解这种结构，就不可能构建起真正的和谐社会。第二，以人民群众反映最为强烈的分配不公问题引发的矛盾越来越突出，成为当代中国最为突出的社会问题。不劳而获及少劳多获，是社会痛恨的分配不公；多劳少获，甚至劳而不获，是最大的社会不公；同劳不同获，是使人感到无奈的社会不公。其他如起点不公、机会不公、对待不公、规则不公、结果不公等现象，影响了社会不同群体对制度公平正义的信心。第三，人与环境之间的紧张，已成为人与人之间关系紧张的重要根源。以高投入、高耗费、高污染为支撑的经济快速发展，已使中国的环境、生态、资源和能源四大要素出现空前危机，并直接导致了人与环境、人与人之间的冲突。第四，在所有交换领域中发生的腐败，正侵蚀着国家制度的有效性。如何用民主的制度、法治的方式，构建科学的预防和遏制腐败的体制，将腐败降至最低限度，防止局部腐败演化为社会腐败，也是构建和谐社会亟须解决的问题。腐败问题如果不解决，将会严重损害改革的成果，甚至完全葬送掉改革本身。第五，社会规范的失效，使人无法预测行为后果，正影响人与人之间的和谐。每一个社会都有一个规范体系，处在基础地位的是道德规范，而道德规范的基础是诚信。制度的诚信是最重要的诚信。另一方面，中国的法律规范目前还未完全建立起应有的至上权威，有法不依、违法不纠现象仍然存在。这也加剧了社会的不可测和不稳定。

　　中共中央党校社会主义和谐社会研究课题组问卷调查了在中央党校学习的近300位地厅级及以上领导干部学员，调查结果表明："人民内部物质利益矛盾"是排在首位的突出矛盾（51%）。其次是"城乡矛盾"（45.5%）。"社会保障问题"被认为是构建和谐社会要重点解决的头号社会问题。关于哪些是当前和今后一段时期构建和谐社会

要重点解决的社会问题，从调查结果来看，被调查者对社会问题的看法则相对明显地区分为四个层次：第一层次是"社会保障问题"，51%的被调查者认为这是当前和今后一段时期构建和谐社会要重点解决的社会问题。第二层次是超过30%的被调查者所选择的社会问题，依次是"腐败问题"（35%）、"城乡差距问题"（32.5%）和"贫困问题"（31.1%）。第三层次是20%左右被调查者所选择的社会问题，依次是"居民收入差距"（26.9%）、"三农问题"（26.6%）、"地区发展差距问题"（25.2%）、"失业问题"（24.5%）和"社会风气问题"（19.6%）。第四层次是10%以下被调查者所选择的社会问题，除"社会治安问题"的选中率为9.8%外，其他社会问题的选中率均很低。[1] 这也说明，被调查者对当前和今后一段时期中国在构建和谐社会进程中必须重点解决的社会问题，主要集中在社会保障问题、腐败问题、城乡发展差距问题、贫困问题、居民收入差距问题等社会问题上。解决这些社会问题，也是构建社会主义和谐社会的主要着力点和突破口。

胡锦涛在省部级主要领导干部提高构建社会主义和谐社会能力专题研讨班上的讲话中强调指出，构建社会主义和谐社会必须切实保持经济持续快速协调健康发展、切实发展社会主义民主、切实落实依法治国的基本方略、切实加强思想道德建设、切实维护和实现社会公平和正义、切实增强全社会的创造活力、切实加强社会建设和管理、切实处理好新形势下的人民内部矛盾、切实加强生态环境建设和治理工作、切实做好保持社会稳定的工作。[2] 各级领导干部在切实做好以上十大工作中，必须认真思考如何有效整合社会关系，促进社会各种力量良性互动；如何建立健全有关社会建设和管理的法律法规，为构建社会主义和谐社会提供有力的法制保障；如何切实维护和实现社会公平和正义，保障全体社会成员共享改革发展的成果；如何在党的领导下更好地发挥城乡基层自治组织、人民团体、社会团体、行业组织、

---

① 《中国党政干部论坛》，2006 年第 12 期。
② 《人民日报》，2005 年 6 月 27 日。

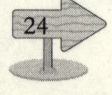

中介组织等的积极作用，形成社会管理的整体合力；如何加强全社会的思想道德建设，进一步形成良好的社会氛围和人际关系；如何认识和把握新形势下人民内部矛盾产生的特点和规律，形成正确处理人民内部矛盾的有效机制；如何建立社会协调机制，促进社会成员和组织的自我管理、自我服务；如何建立健全维护公共安全的有效机制，保障广大人民群众安居乐业；如何促进物质文明、政治文明、精神文明协调发展，促进人与自然和谐发展，等等。认真思考、解决这些问题，必须有新思维、新思路、新举措，注重把握新趋势、新特点、新动向，努力取得有分析、有见解的研究成果，为构建社会主义和谐社会提供科学的理论。

当前，民生问题日益突出。因此，在构建社会主义和谐社会的实践中，应特别关注民生问题，特别是要解决好劳动就业、收入分配、社会保障等群众关心、切身的问题，始终将改善民生、保障民生，着力解决民生大业作为关键问题。

四、中国共产党的先进性建设需要"三宽"型干部

中国共产党历经革命、建设和改革开放，已经从领导人民为夺取全国政权而奋斗的党，成为领导人民掌握全国政权并长期执政的党；已经从受外部封锁和实行计划经济条件下领导国家建设的党，成为对外开放和发展社会主义市场经济条件下领导国家建设的党。改革开放以来，中国共产党高举中国特色社会主义的伟大旗帜，探索了建设和发展中国特色社会主义的道路，形成了中国特色社会主义的理论体系。对什么是社会主义和怎样建设社会主义、建设什么样的党和怎样建设党、为什么发展和怎样发展的理论探索日益深化，党在思想上、政治上、理论上更加成熟。同时，中国共产党仍然面临着社会主义市场经济和改革开放的考验，必须着力解决提高党的领导水平和执政水平、提高拒腐防变和抵御风险能力这两大历史性课题。

（一）保持党的先进性需要"三宽"型干部

保持党的先进性，必须不断进行理论创新，而理论创新的关键是必须具有马克思主义的宽广眼界。一个政党，必须顺应时代的发展，在指导思想上与时俱进。胡锦涛指出："坚持以反映时代特征和实践要求的科学理论指导实践，并根据实践的新鲜经验不断推进理论创新，是马克思主义政党坚持先进性、不断推进事业发展的根本保证。"马克思主义是无产阶级及其政党的世界观和方法论，是关于自然界、人类社会和思维发展最一般规律的概括和总结。从马克思、恩格斯、列宁到毛泽东、邓小平、江泽民，他们之所以对马克思主义的创立和发展作出了巨大贡献，关键就在于他们都具有十分宽广的眼界，能够立足于每个历史阶段的革命、建设和改革的具体实践的基础之上，善于吸收当时全人类最新的文化科技知识和社会革命斗争的新鲜经验，进行卓有成效的理论创新。所谓马克思主义的"宽广眼界"，一是要有历史的深远眼光，一是要有世界的全局眼光。马克思主义是时代精神的精华，因此，"用马克思主义的宽广眼界观察世界"，首先就是要加强对时代问题的研究，历史地看待时代的发展，敏锐地把握时代的变化。这是进行马克思主义理论创新的客观要求。马克思主义理论诞生及其每一次重大的创新发展，都同一定时代的经济政治文化的发展趋势与特点有着十分密切的联系。毛泽东创立的新民主主义理论，是创造性地运用马克思主义历史唯物主义基本原理、无产阶级革命和无产阶级专政理论和列宁关于民族殖民地革命理论，实事求是地分析中国特殊国情，科学地总结近代中国资产阶级革命的历史教训，同时考虑到中国革命的时代背景和国际环境所创立的中国化的马克思主义革命学说。历史已经证明，在新民主主义革命理论指导下走出来的革命道路是完全正确的。新中国成立后，毛泽东运用列宁和平过渡理论，结合中国实际，第一次成功地实现了马克思曾经设想过的对资产阶级的和平赎买，创造了一系列由初级到高级的向社会主义集体经济过渡的实现形式，顺利实现了社会主义改造。社会主义改造基本完成前

后，毛泽东对如何建设社会主义进行了艰辛的探索，提出了一系列关于社会主义建设的宝贵思想，例如：社会主义社会的基本矛盾仍然是生产力和生产关系、经济基础和上层建筑的矛盾；中国的社会主义建设必须坚持独立自主、自力更生的方针，同时要大胆学习一切外国的先进经验；要根据中国的国情安排国民经济，以农业为基础，以工业为主导；改革企业管理制度，实行"两参一改三结合"；中国应该而且必须构建自己独特的社会主义政治制度；正确处理社会主义社会两类不同性质的矛盾；加强党的建设，反对官僚主义，防止西方和平演变，防止党和社会主义制度蜕化变质，培养和造就千百万无产阶级革命事业的接班人；反对霸权主义，维护世界和平，中国要对人类作出较大的贡献。可见，毛泽东不仅是马克思主义中国化的开拓者和奠基人，而且是实践马克思主义中国化的巨匠和典范。他在艰辛探索社会主义革命和建设过程中取得的思想成果及其积累的实践经验和教训，为后来形成比较系统、比较成熟的建设有中国特色的社会主义理论——邓小平理论奠定了重要基础。邓小平在深刻总结国际国内历史经验的同时，敏锐地发现和准确地把握了当时时代主题的重大变化，深刻地揭示了和平与发展这一当代世界发展最新动向和历史趋势，并将其作为制定一系列党和国家重大决策的重要根据。正是以这种"宽广眼界"和巨大的政治勇气及理论勇气，以邓小平为核心的党的第二代中央领导集体顺利实现了党的工作重心的伟大转移，并在复杂的国际国内形势面前，沉着冷静，始终紧紧扭住经济建设这个中心不放，开辟了一条具有中国特色社会主义建设道路。实践已经证明，邓小平对国际形势及时代主题的判断是完全正确的，这正是他创立建设有中国特色社会主义理论的重要前提。中国共产党第十三届四中全会以来，国际局势风云变幻，中国改革开放和现代化建设的进程波澜壮阔。中国共产党第三代领导集体的核心江泽民，在实践中努力探索和实践马克思主义的中国化，集中体现就是在世纪之交的新形势下提出"三个代表"重要思想。"三个代表"重要思想从根本上回答了在新的国内外条件下，在充满挑战的 21 世纪，把中国共产党建设成什么

样的党和怎样建设党的根本问题，反映了当代世界和中国的发展变化对党和国家工作的新要求，表明中国特色社会主义在稳步前进，马克思主义中国化的进程依然顺水顺风。中国共产党第十六次代表大会以来，以胡锦涛同志为总书记的党中央全面把握中国特色社会主义事业发展的全局，科学分析中国参与经济全球化和深入展开工业化、信息化、城镇化、市场化、国际化的情况与规律，从实际出发，总结实践经验，进行理论创新，提出了科学发展观等一系列重大战略思想。这是对邓小平理论和"三个代表"重要思想的继承和发展，是马克思主义中国化的最新成果，得到了全国人民的广泛赞同和衷心拥护，已经成为新世纪新阶段全国人民团结奋斗的重要思想基础和推动中国特色社会主义事业发展的强大思想武器。

新的实践不断发展，呼唤着理论的不断创新。马克思主义中国化是一个永无止境的过程，它永远要求理论创新。没有理论创新，马克思主义的力量就会丧失，马克思主义中国化的生命就会完结。中国共产党的一个伟大的历史责任就是适应当前实践的新变化，担当起马克思主义理论创新的时代使命，在实践中坚持并继续创造性地丰富和发展中国特色社会主义理论，继续把马克思主义推向前进。在中国与世界的关系更加紧密的今天，当代中国的马克思主义者要进行理论创新，必须自觉坚持"用马克思主义的宽广的眼界观察世界"，努力把握世界的新变化、新情况、新矛盾，紧紧抓住解放思想、实事求是、与时俱进这个理论创新的精髓，在新的形势下继续科学推进马克思主义中国化。

（二）加强党的执政能力建设需要"三宽"型干部

中国共产党十六届四中全会指出，加强党的执政能力建设，必须以建设高素质干部队伍为关键。进入新世纪新阶段，面对新形势新任务，中国共产党要担负起带领广大人民全面建设小康社会，实现继续推进现代化建设、完成祖国统一、维护世界和平与促进共同发展这三大历史任务，就必须加强执政能力建设，建设一支善于治国理政的高

素质干部队伍。

中国共产党第十六次代表大会对各级领导干部提出要加强"五种能力"建设，即不断提高科学判断形势的能力、驾驭市场经济的能力、应对复杂局面的能力、依法执政的能力和总揽全局的能力。十六届四中全会《决定》又在此基础上，进一步提出全党要不断提高"五个方面能力"，即驾驭社会主义市场经济的能力、发展社会主义民主政治的能力、建设社会主义先进文化的能力、构建社会主义和谐社会的能力、应对国际局势和处理国际事务的能力。十六大提出的"五种能力"主要是对领导干部提出的要求，侧重点在于各级党政领导干部应当具备什么样的执政素质和本领；《决定》提出的"五个方面能力"，则是针对党的总体执政能力提出的要求。十六大提出的"五种能力"中，"科学判断形势的能力"、"应对复杂局面的能力"和"总揽全局的能力"是从领导干部工作能力的角度来划分的；"驾驭市场经济的能力"是从经济、政治、文化等现代化建设的领域来划分的；"依法执政的能力"是从党的执政方式来划分的。而十六届四中全会提出的"五个方面能力"涵盖了治党治国治军、内政外交国防等党执政活动的全部领域。

虽然中国共产党的十六大与十六届四中全会强调能力建设的层面与角度有所不同，但从建设高素质干部队伍的要求来说，都离不开"眼界宽、思路宽、胸襟宽"。比如十六大把不断提高科学判断形势的能力列在五种执政能力的第一位，要求各级领导干部"必须以宽广的眼界观察世界，正确把握时代发展的要求，善于进行理论思维和战略思维，不断提高科学判断形势的能力"，这就需要各级领导干部具有宽广的眼界和宽阔的思路。正确认识和科学判断形势，始终是中国共产党制定和执行正确的路线、方针、政策的基本前提，是提高党的执政能力的首要任务。在进入全面建设小康社会、加快推进社会主义现代化新的发展阶段的时候，面对风云变幻的国际形势和艰巨繁重的国内建设和改革的任务，面对党员干部队伍的巨大变化，中国共产党特别强调和要求各级领导干部不断提高科学判断形势的能力，就具有十分鲜明的针对性和非常重要的现实意义。各级领导干部只有科学地判断形势，只有敏锐地把握国际国内和本地区本部门形势发展的趋势，才能提高自身的领导水平和执政水平。正确认识和科学判断形势，要求掌握科学的方法。要用马克思主义的辩证唯物主义和历史唯物主义基本原理去分析形势、判断形势，用马克思主义的宽广眼界全面观察和审视世界。作为领导干部，既要有深远的历史眼光，善于从历史发展的角度去观察和审视问题；又要有宽广的世界眼光，密切注视世界经济、政治、科技、文化、军事等方面的变化，善于在普遍联系中把握世界发展的大局，从事物的不断变化中掌握事物发展的内在规律。历史的眼光、世界的眼光，说到底是要实事求是，就是要客观地看待形势，以更加开放的眼光审视自己，以更加广阔的胸怀博采众长，从世界经济、政治、科技、文化、军事发展的大局中把握发展趋势，寻找发展机遇，不断增强工作的前瞻性、预见性。正确认识和科学判断形势，要求各级领导干部必须善于进行理论思维和战略思维。所谓理论思维，就是运用马克思列宁主义、毛泽东思想、邓小平理论和"三个代表"重要思想的立场、观点和方法观察世界、分析形势，透过现象看到事物的本质；所谓战略思维，就是在马克思主义指导下，立足现实，着眼未来，从政治上、战略上思考和认识重大问题，确立科学的政策和策略。掌握科学的方法，把握好形势的含义和内容，善于进行理论思维和战略思维，是科学判断形势必不可少的三个环节。没有科学的方法，谈不上对形势的正确把握；不了解时代特点和世情、国情和党情，就没有科学判断形势的针对性；不具备理论思维和战略思维，也不可能科学地判断形势。各级领导干部要不辱使命、不负重托，立党为公、执政为民，全心全意为人民服务，就必须针对新的实际，切实提高科学观察、正确分析和全面把握国际国内、本地区本部门形势的能力，使我们的各项事业与时俱进，在全面建设小康社会、加快推进社会主义现代化的历史进程中，体现时代性，把握规律性，富有创造性。

　　同样，不断提高驾驭市场经济的能力、应对复杂局面的能力、依

法执政的能力和总揽全局的能力、发展社会主义民主政治的能力、建设社会主义先进文化的能力、构建社会主义和谐社会的能力、应对国际局势和处理国际事务的能力，都必须把"三宽"的要求贯穿其中。比如，在中国建立社会主义市场经济体制，是前无古人的一大创举。要真正很好地将市场经济与中国的社会主义制度结合起来，不仅需要巨大的理论勇气和政治魄力，更需要科学的、高超的驾驭能力，更需要各级领导干部在实践中正确处理一系列复杂的关系，解决许多深层次的问题，在实践中推进社会主义市场经济体制的建立、完善和正常运转。社会主义市场经济固然存在一定的内在规律，但人们对它的认识和实践是需要时间的。因此，领导干部只有在实践尝试与理性思考的双向互动的进程中，才能不断提高自身驾驭社会主义市场经济的能力。又比如，应对复杂局面的能力，就需要"三宽型"干部。中国共产党在长期的革命、建设、改革实践中，积累了丰富的危机管理和应对复杂局面的经验。特别是中国共产党十三届四中全会以来，在中共中央的正确领导下，中国成功地抵御了苏东剧变、"法轮功"邪教组织的破坏活动、亚洲金融危机、1998 年发生的特大洪涝灾害、2003年防治非典、2008 年抗震救灾等政治风险、经济风险和自然风险。中国的改革已进入社会结构的全面分化时期，利益和权力正在不同的主体之间进行重新分配、转移，出现诸多不稳定因素，成为社会各类危机爆发的隐患，食品安全、生产安全、劣质工程、疾病传播、洪涝灾害、邪教活动、恐怖袭击等事件不断发生，再加之各类自然灾害的频繁出现，成为影响人民生命财产安全和社会协调发展的严重障碍。因此，妥善处理各类危机和突发性事件已成为各级领导干部面临的共同课题，危机处理能力亦成为领导干部公共治理能力的重要内容，并制约着其他能力的有效发挥，成为检验领导干部公共治理能力的一个重要尺度。提高应对危机和处理突发事件的能力，一是要提高危机管理意识和心理承受能力。面对各种危机和突发事件，各级领导干部一定要思想上高度重视，心理上沉着冷静，临危不惧，积极主动，从容应对。在应对危机的关键时刻和特殊时期，各级领导干部一定要成为处理危机和突发事件的顶梁柱，成为带领广大人民群众同舟共济、共渡难关的主心骨。二是提高科学判断和果断决策的能力。面对各种危机和突发事件，各级领导干部一定要见微知著，审时度势，迅速科学地判断形势，实事求是地分析危机和突发事件的状态、规模、形式、性质、强度和发展趋势等，认清造成危机和突发事件的根源，准确地找出处理危机和突发事件的焦点问题和关键环节，及时拿出切实可行的应对方案。三是提高及时控制和有效处理的能力。危机和突发事件发生后，各级领导干部一定要行动坚决，措施果断，迅速有效地加以控制，谨防事态扩大、升级、转化，力争将其控制在始发阶段，消除在萌芽状态，从而赢得有效化解危机和处理突发事件的主动权。要充分利用控制局势后赢得的有利时机，根据危机和突发事件的不同性质与特点，综合运用经济、法律、行政、科学、舆论和思想政治工作等各种手段和资源，创造性地解决危机与突发事件。没有宽阔的眼界、胸襟和思路，就不可能具备应对危机和复杂局面的敏锐的洞察力、快速的反应力、稳定的心理素质、高超的现场处理能力和深刻的反思能力。

（三）"眼界宽、思路宽、胸襟宽"是领导干部健康成长的内在要求

从领导干部自身发展和成长来看，必须具备相应的素质和能力。领导干部的素质是指领导干部所具备先天的心理和智力，和经过后天教育与实践所形成的领导者必备的价值取向、心理特点、文化修养、智慧、能力和品德的综合条件。领导干部的素质一般包括政治素质、文化素质、道德素质、心理素质、身体素质。领导干部的能力，主要包括抽象思维与决断能力、人际关系的能力、技术能力。现代领导学理论认为，组织赋予领导干部一定职权，要求其完成领导或管理任务，为此，领导干部在千变万化的复杂环境中必须使自己的管理工作卓有成效，而这在很大程度上取决于领导干部是否具备了其应该具备的基本领导技能，这些技能包括技术技能、人事技能和观念技能，即THC技能。

技术技能（Technical Skill），即 T 技能：技术技能是指正确地掌握了从事一项工作所需的技术和方法。它包括三个内容：（1）掌握专业技术；（2）掌握工作方法和程序；（3）掌握工作制度和政策。多数技术技能可以在学校教育和工作培训中获得。领导干部所处层次越低，对其技术技能的要求就越高。

人事技能（Human Skill），即 H 技能：人事技能是指在工作中与人打交道的技能。它包括三个方面的内容：（1）处理人际关系的技能；（2）识人用人的技能；（3）评价激励技能。处理人际关系的能力是领导干部应具备的基本能力之一。

观念技能（Conceptual Skill），即 C 技能：观念技能是指对事物的洞察、判断和概括技能。是最重要的技能。它包括三个内容：（1）预测技能。（2）判定技能。（3）概括技能。领导干部所处管理层次越高，对其观念技能的要求就越高。

如果把领导干部分为低、中、高三个层次，那么三种技能的结构比例如下：低层是 47：35：18；中层是 27：42：31；高层是 18：35：47。THC 技能可以通过管理教育——管理实践——管理教育的不断循环来获得。

可见，无论是从理论素质、能力素质、道德素质、心理素质等各方面考察，都与领导干部的眼界、思路、胸襟分不开，领导干部要健康成长，必须在"三宽"方面不断拓展和提升。

当前，随着干部队伍新老交替的持续推进和多年坚持不懈地开展干部教育培训工作，中国干部队伍的整体素质特别是文化素质明显提高。现在，干部队伍中五六十年代出生的干部和具有大专以上文化程度的干部成为主体，相当一部分干部学历层次比较高，思维比较活跃，综合素质比较好。同时，也有不少干部在素质和能力上还存在一些明显缺陷和不足。突出的问题主要是两个方面：一是许多干部面对层出不穷的新知识、新情况、新事物，遇到了老知识不管用、新知识不够用的问题，出现了程度不同的"知识恐慌"、"本领恐慌"。二是有些干部思想境界不高，精神状态不佳，作风比较飘浮，党性锻炼缺乏，在理想信念、大局观念、奉献意识、清正廉洁等方面需要大力加强修养。解决这些问题，迫切需要加强对各级干部的教育培训，使他们牢固树立马克思主义的世界观、人生观、价值观，带头实践社会主义核心价值体系，掌握做好领导工作、履行岗位职责所必需的各种知识，提升能力，努力成为德才兼备、眼界宽、思路宽、胸襟宽的领导。

领导干部必须带头解放思想，开阔眼界，放眼大局。"不审天下之势，难应天下之务"。眼界是前提、是基础，没有眼界，就不能把握大势、把握全局、把握规律，就抓不住核心、抓不住主流。眼界宽，才能看得远、想得深；眼界宽，才能懂大局、顾大局。眼界宽，才能思路宽、胸襟宽。

领导干部必须思路宽。思路宽是关键，好的理想、蓝图必须靠科学谋划来实现，工作中的难题必须靠有效的对策来破解。伴随着广泛而深刻的社会变革和突飞猛进的科技发展，知识更新的周期大大缩短，各种新知识、新情况、新事物层出不穷。据有关资料显示，在全球生产总值的高速增长中，知识份额已经由20世纪初的5%上升到今天的80%—90%。有专家考证，18世纪以前，知识更新速度为80—90年翻一番；19世纪60年代，知识更新速度为50年左右翻一番；20世纪90年代以来，知识更新加速到3—5年翻一番。近50年来，人类社会所创造的知识，比过去3000年的总和还要多。在农耕时代，一个人读几年书，就可以管用一辈子。在工业经济时代，读十几年的书，才能够用一辈子。到了知识经济时代，只有经常不断地抓紧学习、坚持不懈地终身学习，才能够使自己一辈子不落伍，这也就是人们常说的要活到老、学到老。因此，各级领导干部在认真学习马克思主义理论的同时，还要学习经济、法律、科技、文化、国际等方面的知识，特别要学习掌握做好领导工作、履行岗位职责所必需的各种知识，不断培养系统思维、辩证思维、战略思维、创新思维，使自己真正成为内行领导。

领导干部必须胸襟宽。胸襟首先是抱负、是事业心、使命感、责

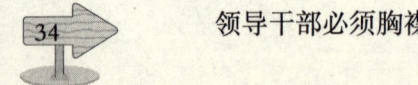

任感，是以德为先、德才兼备、为民造福的具体体现；胸襟是器量、雅量，容人容物，以事业为重，以原则为重，以团结为重。胸襟是人的才识、品德诸方面所达到的程度和水平的综合体现。对于领导干部来说，气量和胸怀是一种底蕴、一种境界，也是一种力量。一名领导干部，要担当决策、用人、协调甚至统帅全局的重任，更要有气量修养，要有临危不惧、处变不惊、善纳直言、能够容人、胸怀坦荡、顾全大局的大将风度。"将军肩上能跑马，宰相肚里能撑船"，说的就是领导干部应有的博大气量。胸襟能够反映出一个人的精神境界，胸襟越宽，往往见识越高，涵养越好。蔺相如不惧声威煊赫的秦王，却甘受本国大将廉颇的羞辱。他之所以一忍再忍、一让再让，并不是因为怕廉颇，而是因为他达到了"以先国家之急，而后私仇也"的境界。胸襟也是一种力量。胸襟是一个人取得成功不可或缺的内在力量。胸襟大者可成大事，小肚鸡肠者难成事，古今中外，概莫能外。刘邦善用部下之长，才使自己夺得天下；项羽虽武功盖世，却因"自矜功伐，奋其私智"，专横跋扈，结果自刎乌江。

拥有宏大的胸襟，就要求党员领导干部通过理论学习和党性修养，牢固树立"立党为公，执政为民"的思想，摆脱名缰利索的羁绊，开阔自己的眼界和胸怀，跳出名、利、欲的诱惑。"计利当计天下利，求名应求万世名"。不斤斤计较个人一时的利害得失，不斤斤计较自己享受的条件和待遇，不为世俗的看法所左右，始终保持一颗平常心。只要领导干部拥有宽厚的胸怀和气量，不计较个人得失，善于团结人一道工作，就一定会产生巨大的感召力和凝聚力。

第二章　领导干部要眼界宽

　　坚持用马克思主义的宽广眼界观察世界，就是以马克思主义的立场、观点和方法观察世界，认识世界。因此，马克思主义的宽广眼界，并非一个简单的视野空间，其实质是要有历史的深远眼光和世界的全局眼光，这是一种重要的辩证唯物主义的思想方法和大局思维。《中共中央关于加强党的建设几个重大问题的决定》对中高级领导干部及其接班人在思想政治素质方面提出，"他们应该具有开阔的眼界，熟悉国情、了解世界、解放思想、实事求是、务实创新、开拓前进"。井冈山斗争时期，毛泽东在黄洋界挑粮时曾经告诫红军将士眼光不能局限于井冈山，不仅要看到湖南、看到全中国，而且要看到全世界。邓小平曾语重心长地要求党的高级干部"眼界要非常开阔，胸襟要非常开阔"，强调"要从大局看问题，放眼世界，放眼未来，也放眼当前，放眼一切方面"①。江泽民进一步提出，全党同志一定要用马克思主义的宽广眼界观察世界，更加清醒和主动地掌握我们自己发展的命运，并在马克思主义思想史上，第一次把"用马克思主义的宽广眼界观察世界作为马克思主义理论创新的重要方法和思想机制"② 提出来。胡锦涛在中央政治局第十次集体学习会议上强调，要坚持以宽广的眼界观察世界、分析形势，清醒地看到激烈的国际竞争带来的严峻挑战，清醒地看到前进道路上的困难和风险，紧紧抓住并切实用好重要

---

　　① 《邓小平文选》第 3 卷，人民出版社 1993 年版，第 299、300 页。
　　② 奚洁人：《用马克思主义的宽广眼界观察世界》，载《党建研究》，2001 年第 10 期。

战略机遇期，牢牢把握中国发展的主动权，团结和带领全国人民不断夺取中国特色社会主义事业的新胜利。[①] 把握"用马克思主义宽广眼界观察世界"的深刻的思想性和实践性，对于加强新时期党的建设具有重要意义，对于领导干部洞悉世界风云变幻局势、搞好本地区、本部门工作具有重大的理论指导和现实意义。

一、眼界宽的内涵

眼界，有两方面意义，一是指人们所见事物的范围，即认知广度，这个意义与见识相同。一是指人们认识和判断事物的深度和高度。如眼界开阔、眼界狭窄、大开眼界等。只有从足够的思想高度来认识事物，才能形成对事物的深刻认识，只有建立在对事物深刻认识的基础上进行实践，才能取得成功。另外两个相关联的是眼光和眼力。眼光，一指视线；二指观察事物的能力，对事物的看法等，如眼光远大。眼力，一指视力，二指辨别是非、好坏、真伪的能力。

眼界宽的内涵，可以从以下几个方面进行阐述：

（一）宽阔的文化眼界

一般地讲，文化知识是领导智慧的基础。中国的传统文化历来重视政治家的博学，因为"多闻"才能"择其善者从之"，"多见"然后"识之"。现代社会是一个高度文明、科技发展一日千里、知识更新速度加快的社会，作为处于社会领导层面的政治家应该具有较高的文化素养和非常开阔的文化视野。这种开阔的文化视野首先要以多维度的结构合理的丰富的知识为前提。领导干部的专业化决定现代政治家不仅必须是从事某一专业的专门家，同时又必须具有较为广博的其他学科的一般知识，比如法律知识、管理学知识、经济学理论、科技

---

①　新华网 http：//news. xinhuanet. com/zhengfu/2004 – 02/25/content_ 1330365. htm。

发展知识。知识海洋浩渺无边、永无穷尽，一名合格的领导干部，不仅要有宽广的知识面，也要有深度的专业知识面。那么，领导干部该如何做到科学有效地汲取知识养料呢？一是要有接纳知识的热情和兴趣，从思想上认识到接纳新知识不仅是领导干部的一种素养，也是作为一名现代人所必须具有的能力。二是要高效率地利用时间，科学学习，认真汲取古今中外的一切先进文化营养，从中汲取有用的知识养料，不仅要向古人学，也要向今人学；不仅要向国内学习，也要向国外学习。要立足国内，放眼全世界，这才是领导干部的文化视野。正如培根所说："懂得事物因果的人是幸福的，有实际经验的人虽能办理个别性的事务，但若要综观整体、运筹全局，却唯有掌握知识方能办到。"

（二）宽阔的历史眼界

既放眼过去，又放眼现在、放眼未来，这就是历史地看问题，这就是宽阔的历史眼界，这就是马克思历史唯物主义的基本观点和基本方法。在政治家的眼中，现实绝不是孤立的"当下"，而是历史演进过程中联系昨天与明天的一个环节，因此，他们总是从历史发展规律的高度来把握现实和预知未来。也就是说，政治家的眼界具有深沉的历史感，这种历史感包含着丰富的历史经验，并具有对现实的深刻理解和面向未来、开拓未来的远见和胆识。江泽民在重申毛泽东关于"今天的中国是历史的中国的一个发展"的重要观点后强调指出："作为当代中国的领导干部，如果不了解中国的历史，特别是中国的近代史、现代史和我们党的历史，就不可能认识和把握中国社会发展的客观规律，继承和发扬我们党在长期斗争中形成的光荣传统，也就不能胜任领导建设有中国特色社会主义的职责"[1]，可见，江泽民倡导党政干部深入学习中国历史、世界历史的知识，认为这种学习对于他们历史知识的丰富、个人素养的提高、执政能力的增强、实践活动的

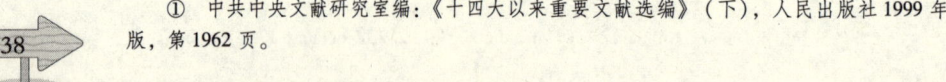

[1] 中共中央文献研究室编：《十四大以来重要文献选编》（下），人民出版社 1999 年版，第 1962 页。

成功都是至关重要的。认真地读一点历史，不仅要了解中国的历史，而且要了解世界历史。因为，中国的发展离不开世界，为了适应扩大国际交往的需要，还要更好地学习借鉴世界各国的长处。一名领导干部具有了历史的眼界，看事情、想问题才有可能站在历史的高度，深刻地理解当前的各项大政方针，在历史的发展中起推波助澜作用。

（三）宽阔的哲学眼界

"放眼于一切方面"，并"着眼于长远"，这是马克思主义唯物辩证法全面观点、发展观点及"重点论"的要义所在，也是领导干部成熟地驾驭全局，以政治家的水平与风度处理各种重大问题的重要前提和保证。这里包含了两层含义：一是要"放眼于一切方面"，即政治家必须要全面地看问题，切忌片面性，只见树木，不见森林，尤其是在研究重大问题、对重大问题进行决策的时候，必须考虑到事物间的千丝万缕的联系，并善于厘清其主次关系，果断决策，避免失误。要有宏观管理的观念，善于从大处着眼，小处着手，如果从小处着眼，哪怕做得尽善尽美，从大处看来，也不尽完美，有时甚至起反作用。二是"着眼于长远，着眼于大局"，唯物辩证法不仅要求研究处理问题时应该顾及事物的一切方面、一切联系，同时应该善于抓住事物内部的最关键、最本质的矛盾，领导干部只有具备全球眼光、全国眼光，做事情、想问题把自己的立足点提高到全局上来，不为眼前利益所动，不被眼前乌云蔽眼，方能做到驾轻就熟，举重若轻。

（四）宽阔的价值坐标眼界

所谓眼界的价值坐标，即观察问题的立足点的定位问题，也就是领导干部应该站在什么立场上，以谁的利益为最高原则来观察与处理问题。对此，毛泽东曾强调："应该使每一个同志明了，共产党人的一切言论行动，必须以合乎最广大人民群众的最大利益，为最广大人民群众所拥护为最高标准"。① 邓小平继承了毛泽东思想，指出"我们在新民主主义革命时期，就已经坚持用共产主义的思想体系指导整个工作；用共产主义道德约束共产党员和先进分子的言行；提倡和表彰'全心全意为人民服务'"。② 而且还强调在发展社会主义市场经济的今天，继承和发扬全心全意为人民服务思想的重要性，进一步规范了党和人民、党员和人民群众的关系，提出党是人民群众的工具，党员只是人民的公仆的观点。强调共产党员只是人民的公仆，是由于中国现阶段的生产力还不发达，不可能使人民同步、同等程度地富裕起来。这就要求在物质利益上承认竞争形成的个体差异及其合理性，也要求以人民的根本利益和长远利益为起点和归宿，正确处理国家、集体和个人三者之间的关系。这样才能调动人民群众的积极性，才能发展社会主义生产力。在新的历史时期，江泽民提出的"三个代表"重要思想，是中国共产党的立党之本、执政之基、力量之源，这个"本"、"基"、"源"，集中到一点便是人，即中国最广大的人民群众。中国共产党始终代表中国最广大人民群众的根本利益，这是"三个代表"重要思想的核心和归宿。在纪念中国共产党成立80周年的重要讲话中，江泽民指出：我们党要始终代表中国最广大人民的根本利益，就是党的理论、路线、纲领、方针、政策和各项工作，必须坚持把人民的根本利益作为出发点和归宿，充分发挥人民群众的积极性、主动性、创造性，在社会不断发展进步的基础上，使人民群众不断获得切实的经济、政治、文化利益。这一精辟论述阐明了人民群众根本利益的深刻内涵，丰富和发展了党群关系理论，为领导干部更好地坚持党的宗旨、为中国共产党始终代表最广大人民的根本利益指明了方向，标志着中国共产党对人民群众根本利益的认识提高到了一个新的理论水平。胡锦涛在中国共产党成立87周年纪念日前夕与抗震救灾先进基层党组织和优秀共产党员代表座谈时强调，中国共产党将始终把实现好、维护好、发展好最广大人民的根本利益作为党的建设的

---

① 《毛泽东选集》第3卷，人民出版社1991年版，第1096页。
② 《邓小平文选》第2卷，人民出版社1994年版，第367页。

核心价值。希望全党大力发扬抗震救灾的优良作风，保持同民众的血肉联系。广大党员特别是领导干部要心系民众，切实做到权为民所用、情为民所系、利为民所谋。各级领导干部要坚持实事求是、求真务实，努力创造经得起实践和历史检验的实绩。①

中国共产党的历史，是全心全意为人民服务、始终代表最广大人民的根本利益的历史，是为中国最广大人民的根本利益而不懈奋斗的历史。综观中国共产党走过的风雨历程，可以发现，始终代表中国最广大人民的根本利益，保持党同人民群众的血肉联系，是中国共产党战胜各种困难和风险，不断取得事业成功的根本保证。因此，眼界的价值坐标问题，最根本的和核心的问题就是如何对待人民群众的态度问题。这既是政治家眼界的价值坐标，也是判断与评价领导干部是否具有政治家素质的价值标准。

二、领导干部眼界宽的主要内容

（一）宽广的马克思主义眼界

马克思主义作为一种现代的科学世界观，是关于自然知识、社会知识和思维知识的概括和总结，是全部人类文明创造性积极成果的结晶。马克思、恩格斯和列宁、毛泽东之所以能够创立和创新马克思主义理论，就是因为他们具有十分宽广的马克思主义眼界，善于吸收最新的文化科技知识和社会革命斗争的新鲜经验，作为理论创新的丰富资源。领导干部要有宽广的马克思主义眼界，就是要善于运用马克思主义宽广眼界观察世界，即以马克思主义辩证唯物主义和历史唯物主义为指导，从世界大局、矛盾运动、发展战略的角度来审视世界、分析形势，对具有全局性、战略性、时代性的重大历史课题作出科学的

---

① 《人民日报》，2008 年 7 月 1 日。

回答。用马克思主义宽广眼界观察世界，对于增强领导干部的政治敏锐性、鉴别力，对于高级领导干部能否成为坚定的、清醒的马克思主义政治家，成为具有远见卓识的社会主义战略家，对于中国共产党和中国能否制定科学的内政、外交政策，乃至社会主义能否在与资本主义竞争共处中立于不败之地都具有十分重要的意义。①

毛泽东、邓小平等老一辈革命领袖在以宽广的马克思主义眼界观察世界方面作出了极其可贵的探索，他们也因此而成为以马克思主义宽广眼界观察世界的典范。毛泽东在领导中国革命的整个过程中，始终以宽广眼界观察中国和世界，观察中国革命与世界革命的关系，并适时地抓住历史机遇，把中国革命推向前进。新中国成立后，毛泽东坚持用马克思主义的宽广眼界观察世界，创造性地以经济、军事实力及对外战略作为划分世界的标准，密切关注世界形势的变化，深入分析世界各种基本矛盾的发展以及各种力量的分化和组合，先后提出了"中间地带"、"两类矛盾"、"三种力量"、"两个中间地带"等思想观点，最后形成了著名的"三个世界"的理论。

第二次世界大战结束后，世界逐步形成东西方两大阵营，以美国为首的西方资本主义国家，开始实施冷战政策，反苏反共。毛泽东在分析当时国际形势时指出：美国和苏联中间隔着极其辽阔的地带，这里有欧、亚、非三洲的许多资本主义国家和殖民地、半殖民地国家，在美国没有压服这些国家之前，是谈不到进攻苏联的。50年代中期，毛泽东认为，世界上除了帝国主义与社会主义之间的矛盾外，还存在着两类矛盾，即帝国主义之间的矛盾、帝国主义跟被压迫民族之间的矛盾；三种力量，即最大的帝国主义美国、二等帝国主义英法、被压迫民族。60年代，世界局势出现大动荡、大分化、大改组的局面，毛泽东不再把帝国主义看做铁板一块。同时，鉴于苏联对外推行霸权主义，美苏两个超级大国称霸世界的斗争愈演愈烈的现实，他又提出了"两个中间地带"的观点，即把要求独立和解放的广大亚非拉发展中

① 《人民日报》，2008年7月1日。

国家称为第一中间地带，把不愿打仗的西欧、日本等发达资本主义国家称为"第二中间地带"，70年代，毛泽东根据世界基本矛盾的发展变化和各种经济力量的分化组合提出了著名的"三个世界"的理论，系统地阐述了三个世界的相互关系、三个世界在历史进程中的地位、中国在三个世界中的定位以及第三世界面临的经济政治任务等问题。"三个世界"理论指出，美苏两个具有最强的军事和经济力量，在世界范围推行霸权主义的超级大国是第一世界，亚洲、非洲、拉丁美洲和其他地区的发展中国家是第三世界，处于这两者之间的资本主义发达国家是第二世界；美苏两个超级大国以大欺小，以强凌弱，以富压贫，推行霸权主义和强权政治，激起了第三世界和全世界人民的强烈反抗，也引起第二世界发达国家的强烈不满，从而使这些国家反对超级大国的斗争日益发展；作为第一世界的美苏两个超级大国是新的世界战争的策源地；第三世界是推动世界历史车轮前进的革命动力，是反对殖民主义、帝国主义特别是超级大国的主要力量；第三世界要与第二世界联合起来反对霸权主义；中国属于第三世界，中国现在不是、将来也不做超级大国。对于毛泽东的"三个世界"理论，邓小平曾高度评价说："毛泽东同志关于三个世界划分的战略思想，给我们开辟了道路"[①]，这一国际战略原则，对于团结世界人民反对霸权主义，改变世界政治力量对比，对于打破苏联霸权主义企图在国际上孤立我们的狂妄计划，改善中国的国际环境，提高中国的国际威望，起了不可估量的作用。

邓小平作为马克思主义的政治家和战略家，他坚持用马克思主义的宽广眼界观察世界，敏锐地把握时代发展的脉搏，深刻地认识到正在兴起的新科技革命引起的当今世界各类基本矛盾的发展变化，高瞻远瞩地对时代特征和国际大局及时作出了重要的科学判断。他指出："现在世界上真正大的问题，带全球性的战略问题，一个是和平问题，一个是经济问题或者说发展问题。和平问题是东西问题，发展问题是

---

① 《邓小平文选》第2卷，人民出版社1994年版，第127页。

南北问题。概括起来，就是东西南北四个字，南北问题是核心问题。"① 又说："当前世界上主要有两个问题，一个是和平问题，一个是发展问题。和平是有希望的，发展问题还没有得到解决。"② 80 年代末 90 年代初，东欧剧变，苏联解体，国际形势发生急剧而深刻的变化，邓小平密切地关注着这些变化，并透过这些变化紧紧抓住时代问题的本质，明确表示："我们过去对国际问题的许多提法，还是站得住的。……和平与发展两大问题，和平问题没有得到解决，发展问题更加严重。"③ 邓小平用马克思主义宽广眼界观察世界，除对当今时代特征的观察与判断外，还表现在对当今世界发展状况、对世界历史发展总趋势等问题的观察与判断上。邓小平在这诸多方面的理论探索和实践，既是对马克思主义的继承，更是对马克思主义的创新，为领导干部学习用马克思主义宽广眼界观察世界树立了光辉榜样。

回顾中国共产党自身发展的整个历程，可以看到，正是一代又一代共产党人以无限宽广的马克思主义眼界观察世界，判断形势、与时俱进，马克思主义才有了强大的生命力，社会主义事业才能够克服挫折，不断前进。

"用马克思主义的宽广眼界观察世界"与"解放思想、实事求是"是一致的。"解放思想、实事求是"是马克思主义的理论精髓，"用马克思主义的宽广眼界观察世界"是对"解放思想、实事求是"的具体运用。

中国社会主义革命、建设和改革的实践证明，实现马克思主义的理论创新，最核心的就是要根据新的历史条件及其实践要求，解放思想，实事求是。一方面坚持以马克思主义的思想方法论为指导，以此作为理论创新的根本方法；另一方面要进一步从理论上对马克思主义的思想方法论作出创新、丰富和发展。正如江泽民指出的，"马克思主义的发展史，告诉我们一个深刻的道理：社会实践是不断发展的，

---

① 《邓小平文选》第 3 卷，人民出版社 1993 年版，第 105 页。
② 《邓小平文选》第 3 卷，人民出版社 1993 年版，第 281 页。
③ 《邓小平文选》第 3 卷，人民出版社 1993 年版，第 353 页。

我们的思想认识也必须不断前进，不断根据实践的要求进行创新。"①
这包括两层含义：一方面，领导干部要始终坚持以马列主义、毛泽东思想特别是邓小平理论为指导，这一点丝毫不能动摇。另一方面，领导干部又必须根据新的实践不断进行新的探索，不断为实践提出新的理论指导。这正是面向新世纪的中国共产党人对于马列主义、毛泽东思想、邓小平理论所肩负的最重要的理论使命。

当代中国新的实践的基本特点和要求，概括地说，一是世界正处在重大而深刻的变化之中，世界各国经济政治文化之间的各种联系和相互影响将更加密切；二是中国要实现社会主义现代化建设第三步战略目标，就必须根据世界经济、科技发展的趋势和中国的国情，立足当前，着眼长远，既要为解决经济和社会发展的现实问题作出贡献，又要高瞻远瞩地筹划未来；三是中国共产党的干部队伍处在一个新老交替的重要时期，而现在这一代中青年领导干部，还需要在刻苦的学习和工作实践中不断提高，使他们对当代世界经济、政治、科技、法制、军事等有深刻的了解和把握，努力培育他们的世界眼光，使他们不断增强对世界的了解和分析判断能力。对于这种新的实践的基本特点及其对领导干部的严峻挑战。如果认识不清，甚至茫然无知，领导干部就可能把握不住时代的脉搏，难以有新的开拓。

（二）宽广的科学文化眼界

人类社会的发展是基于自然资源的利用和社会环境改善优化的具体发展过程。这种过程随着社会历史进程和自然及科技发展差异的积累，显现出不同的生存发展特色和差异。在人类发展的过程中，文化在其间起到了不可替代和不可磨灭的作用。文化既是人类社会发展的结果，又是人类社会发展的动力。文化是人类社会发展的特有现象，它伴随着人的产生而创造，伴随着人的进步而发展。文化是人类认识自然改造自然、改造社会并推进人类社会进步的强大武器，是人类本

---

① 江泽民：《江泽民同志在宁夏、甘肃考察工作时的讲话》，载《人民日报》，2000年6月22日。

身能够不断进步的精神源泉。文化又是一种极其复杂的社会现象，它无时不在影响着人的思想和行为，同时又透过人类的行为将其表现和发挥。

文化有广义和狭义之分。广义的文化可以说包罗万象，只要可以与物质区分开来的都可以列入广义的文化范畴。而狭义的文化则是指以价值和知识体系为核心的社会精神文化。在这其中，我们所强调的中国特色的社会主义文化，也就是先进文化，是文化的一个代表。先进文化是以中国的人文文化的精髓、思想道德文化体系和科学文化的交融为其主要内容的。科学文化是一种知识智力意义上的文化，它首先是一种超越民族、地域的文化，是一种以科学技术为主要特征的、不断更新进步的泛世界文化。其次它是以自然界为指向、基于严谨的科学知识、规范的科学方法、理性的科学思想而形成的文化体系。基础研究是科学之本与技术之源，技术的重大进展来自基础科学的不断进步，也就是说来自于科学文化的进步发展。科学文化是一个有机的综合体，对人类发展的真正意义在于科学的广泛普及、技术创新机制的运转，以及科学理性精神在社会整体文化中的高扬。

近代科学诞生之后，在解释世界的理论层面，科学逐渐取代了传统文化的地位，不仅科学知识成为人类解释世界的"标准答案"，科学对自然的理解如自然观、宇宙观、真理观也渗入到人类一般思想之中。科学已不再是单纯的知识体系，它超越了国界，超越了行业，已经成为全世界人民共有、共享的主流文化。科学文化具有如下特征：[①]（1）探索性特征。即科学的探索往往是从猜想开始，去对观察和实验事实进行归纳，得出普遍水平较低的理论，然后用演绎法加以检验，提出普遍水平更高的理论。（2）实验特征。即不断选择和开发新的实验，在实验基础上建造新的理论，又在理论的指导下进行实验，开拓人类认识视野，发现规律、应用规律。（3）模型化特征。即科学家们在科学研究的实践中，通过物理模型给人们以清晰的概括的图像，并

① 解世雄：《论科学文化的基本特征》，载《科学学研究》，2007 年第 4 期。

通过变量之间的数量关系，反映事物的本质。（4）数学化特征。即科学的知识体系通常由一系列的概念、定律和定理组成。而定律的表达通常选用数学形式，定理则是由定律出发，通过巧妙的数学推理得以导出。（5）系统特征。科学文化作为人类文化的一个亚系统，它有系统的特征，科学文化系统由三个子系统构成，即知识系统、方法系统、实物系统。（6）应用特征。科学的一切研究成果，都毫不例外地被运用到生产和生活领域。（7）竞争性特征。科学中最常见的一种竞争是各种不同的学术观点之间、各种不同的科学学派之间的争论。在科学争论中正确认识不断取代错误认识、全面普遍的认识不断取代片面局部的认识。（8）国际性特征。科学的研究对象是共同的，科学的研究也是开放的，科学发展过程中，始终存在着广泛的国际交流和合作。

生产力是由多种因素构成的，科学技术是第一生产力，因此，在发展生产力的过程中，必须把科学技术摆在第一位。在生产力诸因素中起着主导作用的劳动者一旦掌握了先进的科学文化，提高自身的思想道德素质和科学文化素质，必然会促进生产力的飞速发展。中国共产党始终代表中国先进社会生产力的发展要求，领导干部努力学习现代科技知识，不断提高自身的科学文化素质，是时代潮流和历史使命的要求。

学习现代科学技术知识是提高领导干部执政水平的要求。管理和科技是现代经济发展的两大支柱。朱镕基曾在全国科学大会上指出"企业发展只拿引进外资、做广告、发行股票筹资是远远不够的，依靠管理，依靠科学技术才是重中之重"。① 领导干部是党和国家政权的骨干力量，是建设中国特色社会主义事业的组织者、领导者和带头人。但现实情况是，相当一些领导干部掌握和应用现代科学技术以及科学决策、科学管理的水平还远远不能适应时代发展的需要，领导现代化建设的能力较弱。现在，一些领导干部，之所以领导水平不高，

① 朱镕基：《在国家科学技术奖励大会上的讲话》，载《人民日报》，2002 年 2 月 1 日。

决策能力、管理能力较弱，工作失误，甚至给改革和建设造成较大的损失，一个很重要的原因就是缺乏现代科学技术知识，只有尽快提高领导干部的科学文化素质和业务本领，才能破除愚昧落后的思想，不断开拓进取，才能按照客观规律办事，增强决策的科学性，才能有能力带领群众走上经济快速、协调发展的正确道路，完成发展中国特色社会主义的伟大使命。

目前，中国正处于并将长期处于社会主义初级阶段。得出这一重要判断的根据是多方面的，但最主要的是中国的生产力落后。客观现实告诉我们，只有解放思想、实事求是，尊重知识、尊重人才，依靠科学管理和科技进步，充分解放和发展科技这个第一生产力，进行科学决策和扎实的工作，才是唯一正确的道路。根据中国的发展现实，领导干部队伍最应"恶补"的知识、本领、能力主要集中在三个方面：在转变经济增长方式的环境下驾驭市场经济的能力；有效化解复杂矛盾、整合社会资源的能力；以国际视角把握机遇、应对风险挑战的能力。

首先是驾驭市场经济的能力。经过改革开放30多年的锻炼，当代中国的干部队伍从整体上已经具备了在世界经济形势良好的情况下，依靠加大出口和吸引投资来拉动经济增长的经验。但是当国际经济形势出现波动，特别是在中国从粗放型经济发展方式向科学发展转变的过程中，相当一部分领导干部缺乏驾驭复杂局面、提高经济增长素质、扩大内需的经验。

其次，随着社会不同利益群体边界的逐渐清晰，利益矛盾需要进行大量的疏导、协调时，迫切需要领导干部具备综合的协调矛盾、整合社会资源的能力。2008年发生的贵州瓮安事件和云南孟连事件，其背后"利益协调失当"的诱因在其他地区也同样存在。要避免如此大规模的群体性事件重演，降低各方损失，各级领导干部不仅要关注突发事件的应急处理，更要借鉴教训，在日常工作中建立利益表达的常规渠道，建立矛盾调处机制。

其三，随着世界多极化、经济全球化深入发展，围绕市场、科

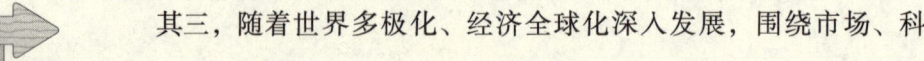

技、能源和资源的全方位竞争更趋激烈，以思想文化为基础的软实力竞争更加突出，世界范围内各种思想文化交流、交融、交锋更加频繁。中国的国内问题正在与国际问题相互联动。此时，各级领导干部更需要具备从国际视角下观察和解决国内问题的能力。

（三）宽广的世界、历史眼光

在中国共产党第十七次代表大会的报告中，胡锦涛以马克思主义政治家的宽广眼界，全面分析了中国发展面临的国际环境，系统阐述了中国现代化建设的战略部署，体现出以胡锦涛为总书记的党中央鲜明的国际意识和战略思维。

所谓世界眼光是指用国际视野来观察和分析世界，从世界的大背景、大环境中寻求准确定位，依据国际形势的基本态势、基本特征以及发展趋势来把握自身发展命运、制定自身发展战略的一种观察角度和思维方式。具体而言，世界眼光具有以下几层内涵：

其一，世界眼光是一种国际全局观念。领导者能够在统揽、驾驭国际大局的基础上把握自身，在国际环境中争取有利的发展条件，把握本民族、国家的前途和发展方向。这就要求领导者始终立足宏大的国际视野进行全局性谋划，准确把握时代的主题和潮流，认清国际形势发展的大方向和大趋势，将本国的发展与外部世界的发展紧密联系起来，更加主动地面向世界、走向世界、融入世界，积极寻求与外部世界之间形成良性互动的关系。

其二，世界眼光是一种国际竞争意识。即把本国的发展放在国际竞争的大环境中，通过与其他国际行为主体的比较发现自身的差距，并通过充分利用国际环境中的机遇，积极应对挑战，谋求自身发展，提升自身的国际地位，追求在国际竞争中取得相对主动的地位。

其三，世界眼光是一种包容心态。海纳百川，主动并善于吸收外部世界一切优秀的文明成果为我所用，不断充实和发展自己，促进自身的发展和进步。这就要求领导者摒弃盲目自大意识和对抗意识，理解和尊重世界的多样性和差异性，重视不同文明之间的对话、融合，以达到相互取长补短，共同进步。

其四，世界眼光是一种国际规则意识。在无政府状态的国际社会中，国际秩序有序运行依赖于世界各国对公认的国际规则和国家法的遵守。尽管世界上不同文明、民族和国家对世界的看法存在差异，但国际上还是存在一些为多数文明、民族和国家所接受和认同的价值观念与准则，比如对人权的重视、对民主的追求，对公平正义的肯定等。以世界眼光观察和处理对外关系就必须重视对公认的国际规则的遵守和价值观念的肯定和认同。

其五，世界眼光是一种国际责任感。这种国际责任感既表现为对世界的和平发展作出应有的贡献，努力与外部世界之间构成一种互利共赢的合作关系，还表现为对世界未来发展的高度关注以及对人类命运的终极关怀。

随着全球化的深入发展，世界愈来愈成为一个相互联系的整体。科学发现、技术创新、艺术创造以及环境污染、金融风暴、战争风云、恐怖事件、疾病传染……无不与各地区、国家的人们息息相关。这就十分需要放眼世界，摆脱民族局限和地域局限，用世界历史之镜，看到自己的不足和长处；借助世界历史平台，利用全人类的创造能力，充实自己，提高自己，加速发展自己。狭隘保守、故步自封、孤芳自赏、妄自尊大，只能作茧自缚、落后挨打。在深化改革、扩大开放的今天，各级领导干部更应该具有放眼世界的胸怀和眼界，以科学的世界观为指导，在同世界不同社会制度、思想文化和各种多元主体的交往、碰撞中认识世界，认识自身，吸取养分，加速实现中华民族的伟大复兴。

唯物史观与"世界历史眼光"密不可分。在马克思看来，超越与历史实际隔绝的历史哲学的唯物主义历史观，不过是对于人类历史的观察中抽象出来的最一般结果的综合，"这些抽象本身离开了现实的历史就没有任何价值"。① 所谓"现实的历史"，主要是指人们生活于

① 《马克思恩格斯全集》第 3 卷，人民出版社 1960 年版，第 31 页。

其中的"世界历史"。为此，马克思在创立唯物史观取得对社会一般规律的认识后，更为重视运用其方法于现实世界历史的研究，从中验证、发展唯物史观，深化、拓展其"世界历史"眼光。19世纪50年代，马克思计划写一部经济学巨著，在拟定的纲目中准备写"生产的国际关系"、"国际分工"、"国际交换"、"输出和输入"、"汇率"等，然后再集中写"世界市场和危机"。马克思积40年心血写成的"资本论"及晚年专心研究人类学，无不体现着马克思"世界历史眼光"的宏大视角。可以说，马克思创立唯物史观，从纵向上揭示了人类社会由低级阶段向高级阶段有规律的发展过程，横向上则侧重揭示了狭隘的、分散的、地域性的历史向统一的、各民族相互依存、相互制约、有机联系的世界历史的形成过程、本质特征、历史走向等等，由此形成了特有的世界历史眼光。唯物史观与"世界历史眼光"的不可分割性，使唯物史观有着以往任何历史理论都无法比拟的现实针对性和强大生命力，也使马克思的视野超过了以往和同时代的所有思想家。

在马克思的著作中，经常使用"世界性的"、"全球的"、"普遍的"、"宽广的""全面的"等概念，以同"氏族的"、"民族的"、"狭隘的"、"地方性的"等概念相区别，强调"无产阶级只有在世界历史意义上才能存在"，"它的事业——共产主义一般只有作为'世界历史性'的存在才有可能实现"。① 确立世界历史的胸怀和眼光，是富有远见、目光远大的无产阶级及其政党的本质所在，唯有确立世界历史的眼光，无产阶级才有可能真正以主体的姿态投身世界历史大潮，推进世界历史性事业。

（四）全国一体化的眼界

眼界宽，就是要大力倡导讲党性、讲大局，坚决克服无党性或党性不强的不顾大局的种种表现，要澄清不顾大局的模糊认识。胡锦涛

---

① 《马克思恩格斯全集》第3卷，人民出版社1960年版，第40页。

在中国共产党第十七次代表大会的报告中强调的要以求真务实作风推进各项工作，多干打基础、利长远的事，具有很强的针对性和指导性，实际上是向广大党员干部提出了以深刻的视角分析问题，以长远的思路谋划发展，做到顾全大局、令行禁止的战略要求。顾全大局是中国共产党的优良传统和作风，是中国共产党不断取得胜利的优势所在。各级领导干部必须认真贯彻胡锦涛重要讲话精神，提高对加强顾全大局重要性和紧迫性的认识。

党的三代中央领导集体和以胡锦涛为总书记党中央在理论和实践中都为顾全大局的作风建设作出了杰出贡献。抗日战争时期毛泽东在《照顾全局，照顾多数及和同盟者一道工作》一文中指出："共产党员必须懂得以局部需要服从全局需要这一个道理。如果某项意见在局部的情形看来是可行的，而在全局的情形看来是不可行的，就应以局部服从全局。反之也是一样，在局部的情形看来是不可行的，而在全局的情形看来是可行的，也应以局部服从全局。这就是照顾全局的观点。"[①] 重点强调在处理局部和大局关系时，要顾全大局，以大局为重。十一届三中全会后，邓小平从改革开放的实际出发，强调要使党站在改革和现代化建设前列，成为一个勇于改革、充满活力的党，纪律严明、公正廉洁的党，选贤任能、卓有成效地为人民服务的党。要教育全党同志发扬大公无私、顾全大局、艰苦奋斗、廉洁奉公的精神，坚持共产主义思想和共产主义道德。十三届四中全会后，以江泽民为核心的党的第三代中央领导集体高度重视加强党的建设，着力推进党的建设新的伟大工程，把顾全大局纳入"三讲教育"、"八个坚持，八个反对"等党的作风建设中，成为"三个代表"重要思想的有机组成部分。他强调"讲顾全大局，是对各级领导干部的基本要求"。[②] 十六大以来，胡锦涛把作风建设作为提高党的执政能力、巩固党的执政地位的一项重要任务。尤其是在中纪委第七次会议上明确把

---

① 《毛泽东选集》第 2 卷，人民出版社 1991 年版，第 525 页。
② 江泽民：《江泽民论有中国特色社会主义（专题摘编）》，中央文献出版社，第 75—76 页。

顾全大局作为加强党的作风建设八个方面的重要内容提出并加以全面论述。

科学发展观要求关注民生，以人为本。以人为本是科学发展观的本质和核心。要做到以人为本，就必须顾全大局，以大局为重，以整体利益为重。首先要正确认识局部和全局的关系。相对于全党全国工作大局来说，各地方各部门都是局部，如果全局利益受到损害，最终局部利益也保不住。要维护全党全国工作大局，办成一些大事，保持社会团结和谐，必须统一意志、统一行动。如果各自为政、各行其是，出现一盘散沙的局面，那就不仅什么事情也办不成，而且会给党和国家带来严重后果。领导干部在事关大局和自身利益的问题上，要能够以宽广的眼界审时度势，以长远的眼光权衡利弊得失，把握当前，透视未来，必要时勇于牺牲个人和眼前利益，服从长远和整体利益。顾全大局，以大局为重，就要让服从大局成为自觉行为。顾全大局，以中国的发展为重，就要真抓实干，确保大局目标的实现。

科学发展观要求领导干部进一步增强大局意识。领导干部无论是在地方工作还是在中央领导部门工作，都负有维护全党全国工作大局的政治责任，都必须自觉地与以胡锦涛为总书记的党中央保持高度一致，都必须自觉维护中央权威和中央大政方针的统一性和严肃性，坚持少数服从多数、下级服从上级、局部服从全局、小道理服从大道理，确保党的理论和路线方针政策的贯彻落实，确保党和国家工作部署的贯彻落实。努力维护改革发展稳定的大好局面，这是党和国家工作的大局，是国家的长远利益和人民的根本利益所在。有些领导干部只顾自己不顾大局，只顾团体不顾整体，不适当地强调本地区、本部门工作的特殊性，希望全局利益服从他们的局部利益，因而给全局造成了损害。对每个领导干部来说，能不能做到顾全大局，令行禁止，说到底是一个政治态度问题、党性原则问题。进一步讲，领导干部只有顾全大局，才能真正落实科学发展观，最后达到不断满足人们的多方面需求和促进人的全面发展的目的。

从统筹协调区域经济社会发展来说，领导干部更要有全国一体化的眼光。当前中国的经济社会发展水平还很不平衡，东部沿海地区经济社会发展比中西部地区快。因此，邓小平早在上个世纪80年代就提出了"两个大局"的思想，即：一个大局，东部沿海地区要加快改革开放，使之较快地发展起来，中西部地区要顾全这个大局。另一个大局，当发展到一定的时期，比如本世纪末达到小康水平时，就要拿出更多的力量帮助中西部地区加快发展，东部沿海地区也要服从这个大局。① 党中央正是根据邓小平提出的发展战略特别是"两个大局"的思想，作出了西部大开发的决策。后来又提出了构建社会主义和谐社会等一系列重大战略思想以及相关的方针政策。然而，东中西部地区之间差距逐步扩大的趋势并没有得到根本性的改变。面对日渐扩大的地区差距问题，中共中央认真研究了东西部发展关系，在理论上进一步深化了邓小平的这一战略思想。邓小平提出的"两个大局"思想是一个有机联系的整体，"第一个大局"的着力点是让条件较好的地区先富起来，以便示范、带动和帮助其他地区。"第二个大局"的着力点是要逐步缩小地区差距，最终实现共同富裕。两者包含着部分先富和逐步实现共同富裕的辩证统一关系。共同富裕是社会主义的根本目标，部分先富是实现共同富裕的有效途径。因为中国地域辽阔，人口众多，生产力不发达，要在一个时期实现同步富裕、同等富裕是不现实的，必然会有的先富起来，有的后富。领导干部如果没有大局意识，东中西部地区经济社会发展差距越来越大，怎么建设社会主义和谐社会？由此可见，构建社会主义和谐社会，领导干部必须具备顾全大局的全国一体化眼光和政治素质。

三、领导干部要在不断提升素质中做到眼界宽

世界多极化与经济全球化在曲折中发展，科技进步日新月异，这

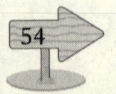

① 《邓小平文选》第3卷，人民出版社1993年版，第277—278页。

使得国与国之间的经济、文化联系日益紧密其相互依赖、相互影响的程度大大增强，任何国家和民族如果自我封闭，不但难以发展，甚至无法生存。随着中国改革开放的不断深化与社会主义市场经济的迅速发展，新情况、新问题层出不穷，社会经济成分、组织形式、就业方式、利益关系和分配方式日益多样化，无论是谁，如果闭目塞听，就不能进步，甚至会被时代淘汰。在这样的形势下，各级领导干部要把握正确的方向，确保工作的成效，就必须具有开阔的眼界，具有全局眼光和世界眼光，既从整个国家的大局和自身情况出发，又从世界经济、政治格局的变化出发，自觉运用联系的、发展的观点去观察、认识和处理问题。正如习近平同志于2009年3月1日出席中央党校春季学期开学典礼时所强调，积极应对国际金融危机冲击、保持经济平稳较快发展，维护社会和谐稳定，关键在党，关键在人，各级领导干部要按照德才兼备的要求加强自身修养，不断提高综合素质。

（一）理论武装

一个政党要走在时代的前列，一刻也离不开理论指导。中国共产党之所以能够成为领导13亿人口大国的执政党，并带领中国人民取得社会主义革命、建设和改革一个又一个的胜利，其中一个非常重要的原因就是十分重视理论武装工作，自觉地以先进理论作为党的行动指南。改革开放以来，中国共产党先后形成了邓小平理论和"三个代表"重要思想这两大理论成果，实现了两次与时俱进的跨越，特别是党的十六大以来，党又提出科学发展观等重大战略思想，为党的理论武装工作提供了新的理论武器，形成了中国特色社会主义理论体系。中国特色社会主义理论体系作为马克思主义中国化最新成果，是中国共产党励精图治、开拓进取、探索真理、把握规律的结果，在马克思主义和社会主义发展史上具有极其重要的历史地位。在当代中国，学习马克思主义理论，必须重点学习中国特色社会主义理论体系。这是在错综复杂的国际、国内形势中保持政治上清醒和坚定的根本保证，是推动经济又好又快发展、加快建设富裕文明和谐社会的迫切需要，

是提高广大干部素质和领导本领、工作水平的必然要求。深入开展中国特色社会主义理论体系的学习教育，其中最重要的一项任务就是要结合实际深入学习实践科学发展观。在着力解决领导干部的思想问题、提高领导干部的理论思维和实践能力上下功夫，让领导干部深刻理解和全面把握科学发展观的科学内涵、精神实质和根本要求，做到"真学、真懂、真信、真用"，着力转变不适应不符合科学发展观的思想观念，着力解决影响和制约科学发展的突出问题，把全社会的发展积极性引导到科学发展上来，把科学发展观贯彻落实到经济社会发展各个方面。在学习理论当中，领导干部要自觉联系自己在党性修养方面存在的突出问题，致力于提高党性修养、道德品行和精神境界，自觉用中国特色社会主义理论体系指导自己主观世界的改造，始终保持共产党人的本色，更加自觉地高举中国特色社会主义的伟大旗帜，成为实践社会主义核心价值体系的模范，做共产主义远大理想和中国特色社会主义共同理想的坚定信仰者、科学发展观的忠实实践者、社会主义荣辱观的自觉实践者、社会和谐的积极促进者。

加强和改进理论武装工作，是加强中国共产党的执政能力建设的重要内容。经过几十年的探索和发展，中国共产党已经是一个长期执政的党，已经是一个在市场经济条件下领导国家建设的党。党的执政地位、环境和党所肩负的任务，都对党的执政能力提出了新的更高要求。党的兴衰存亡从根本上说取决于能否坚持与时俱进。不断加强自身建设，不断通过各种途径来提高执政能力，其中很关键的一条，就是要通过不断加强思想理论建设来加强党的执政能力建设。改革开放以来，中国共产党为在执政的条件下加强党的执政能力建设特别是党的思想理论建设，作出了艰辛的探索，积累了丰富的经验。但是也要看到，与新的形势和任务的要求相比，中国共产党在执政能力和领导水平上还存在差距和不足，迫切需要不断提高和改进。因此，中国共产党要提高执政能力，更好地担当起历史和时代赋予的庄严使命，就必须切实把科学理论和先进知识运用于当代中国的实际，通过加强思想理论建设来提高党的执政能力，提高党的战斗力和凝聚力，进而推进党的事业不断发展。面对执政条件和社会环境的深刻变化，各级领导干部只有适应新形势、新任务的要求，在实践中掌握新知识、积累新经验、增长新本领，才能有效增强自己的思想理论素质。因此，各级领导干部一定要跟上时代的步伐，适应新形势、新任务的要求，不断加强思想理论建设，带头加强和改进理论武装工作，不断加强学习、更新知识、积累经验、提高素质，努力使自己成为具有战略思维和世界眼光，把握发展规律，能够开拓创新、善于驾驭全局的现代型领导者。

加强和改进理论武装工作，是构建和谐社会的迫切需要。构建社会主义和谐社会，既是对中国改革开放和现代化建设经验的科学总结，也是在新的国内外形势下提高中国共产党的执政能力、深入贯彻落实科学发展观、更好地推进中国经济社会发展的战略举措。应该看到，这几年坚持物质文明、政治文明和精神文明一起抓，经济实现跨越式发展，先进文化健康发展，城市管理新体制有效实施，社会建设和管理得到加强，中国共产党的自身建设坚强有力。但从整体上看，中国正处于加速工业化、城市化和结构调整带来的各种社会矛盾集中时期，区域发展不平衡，经济与社会事业运行不同步，经济发展方式没有实现根本转变，推进城市化、改造城乡面貌的任务还很艰巨，社会的热点难点问题还没有得到很好解决，公民的文明素质还相对不高。这些问题已经成为构建和谐社会的主要瓶颈。构建和谐社会，离不开理论的指导，在理论研究和实践探索上还有大量工作要做。如何使经济与社会事业同步运行，如何实现经济发展方式的根本转变，如何早日完成推进城市化、改造城乡面貌的任务，如何进一步解决社会的热点难点问题，如何提高公民的文明素质，这一切，尤其需要各级领导干部在实践的基础上加强理论研究。因此，必须进一步加强思想理论建设，改进理论武装工作，坚持以邓小平理论和"三个代表"重要思想为指导，深入贯彻落实科学发展观，坚持以人的全面发展为核心，按照民主法治、公平正义、诚信友爱、充满活力、安定有序、人与自然和谐相处的总要求，牢固树立与和谐社会相适应的新思想、新观念，解放思想，与时俱进，从理论和实践的结合上不断研究新情况、解决新问题，自觉地把思想认识从那些不合时宜的观念、做法和体制的束缚中解放出来，善于运用马克思主义的立场、观点、方法科学地分析问题和解决问题，从而不断为构建和谐社会打开新的工作局面。

加强和改进理论武装工作，是提高干部群众学习力的内在要求。一个地区的发展、公民素质的高低及经济活力的显现，取决于这个地区干部群众学习力。加强和改进理论武装工作，很重要的一条，就是要不断提高领导干部的学习力。这是由中国共产党所处的执政地位决定的，是由领导干部所肩负的历史重任决定的，是由构建和谐社会的实际决定的。在构建和谐社会的伟大事业中，领导干部对待学习的问题，不能仅从个人习惯和爱好上来看待，必须上升到精神状态和事业成败的高度来认识。评价一个领导干部的精神状态好不好、事业心强不强，很重要的一个方面，就是看其对待学习的态度，看其是否有较强的学习力。要让领导干部明白，学习不仅仅是个人行为，更重要的是一种社会行为；学习不仅仅是自己生存和发展的需要，更重要的是一种历史重任和社会责任。因此，要通过加强和改进理论武装建设，使领导干部把学习作为一种神圣职责来担负，把提高学习力作为一种精神境界来追求。

在充分肯定理论武装工作取得很大成绩的同时，必须看到理论武装有效性缺失的问题也比较突出。具体表现在以下几个方面：一是"不愿学"。相当一部分党组织缺乏组织理论武装的积极性，相当一部分领导干部缺乏接受理论武装的兴趣和热情，理论武装搞形式、走过场，不学或假学的问题相当普遍。二是"学不进"。有些领导干部虽然可能一次不落地参加了单位组织的各种理论学习，但是往往是左耳朵进右耳朵出，并没有真正学到什么东西，有些领导干部虽然学到了一点理论知识，但是并不能转化为自己的信念和能力，学用脱节，言行不一，在群众中造成不良影响。三是"用不上"。有些领导干部虽然在一定程度上通过理论学习提高了自己的认识能力和工作能力，但是觉得跟自己的工作关联不大，造成英雄无用武之地。

新形势下加强和改进理论武装工作，应从以下几个方面入手①：首先要从解决思想问题入手，切实提高对理论武装工作重要性的认识。切实加强和改进新形势下领导干部理论武装工作，首要的是必须从根本上解决领导干部理论学习中存在的"学习无用"、"知识无用"特别是"理论无用"等错误的思想认识问题。只有下决心纠正和克服这些错误、片面的认识，进一步提高领导干部对理论武装工作重要性的认识，变"要我学"为"我要学"，才能使理论武装工作不流于形式，收到预期的效果。提高领导干部对理论武装工作的认识水平，一是要靠教育引导。要通过卓有成效的教育，使广大领导干部充分认识到，面对全球经济一体化和市场经济激烈竞争的新形势，只有坚持不懈地学习理论，完整准确地掌握理论，自觉科学地运用理论，才能胜任本职工作，在激烈的市场竞争和改革大潮中立于不败之地，从而自觉地把理论学习与自己所肩负的历史重任结合起来，与实现全面建设小康社会的宏伟目标结合起来，与经受住各种风险和考验结合起来，与中国共产党永葆生机和活力结合起来。有了这种使命感、责任感和紧迫感，理论学习就有了压力，有了动力，就有了自觉性、主动性和积极性，就会本着对党、对人民、对社会和时代高度负责的精神来加强学习。二是要靠制度约束。提高领导干部对理论武装工作的认识水平，就要在进一步完善理论武装工作机制上狠下功夫，尤其要认真贯彻落实中央《党政领导干部选拔任用工作条例》，全面总结以往"一推双考"、"竞争上岗"等被实践证明卓有成效的选拔任用干部的成功经验，真正把是否重视理论工作、理论素养是否高、运用理论分析研究解决实际问题的能力是否强作为选拔使用干部的重要条件，纳入干部选拔使用考核过程中，使其成为重要依据。

其次要创新方式方法，探索有效途径，努力增强理论武装工作的实效性。加强和改进新时期理论武装工作，就必须适应经济成分、利

---

① 成敬君：《对新形势下加强和改进理论武装工作的几点思考》，载《理论研究》，2008 年第 4 期。

益主体、社会组织和社会生活方式多样化的要求，不断创新工作方式方法，积极探索有效途径，在增强理论武装工作针对性和实效性上狠下功夫。具体要抓好以下几点：一是抓骨干。各级领导干部不仅是理论武装工作的领导者，也是理论学习的骨干和"天然"教员。只有领导干部率先垂范，先学一步，切实发挥表率作用，才能影响和带动整个理论武装工作的开展。二是抓阵地。要进一步强化阵地意识，把加强阵地建设当作理论武装工作的基础工作来抓。要充分利用电视教学、网络技术和其他先进技术手段，充分利用会议、培训、宣讲、知识竞赛、文艺宣传等形式，更加有效地加大理论武装工作的力度。三是抓载体。要以重大理论学习教育活动为契机，通过开展理论知识竞赛、理论征文、理论研讨等活动，把理论学习不断引向深入。要区别不同行业和层次，分类施教，寓教于乐，寓教于丰富多彩的文化活动之中。四是抓队伍。要切实加强理论武装工作队伍建设，选拔和培养一批政治坚定、思想敏锐、知识渊博、理论功底深厚、能够为理论武装工作提供宣讲辅导服务的高素质的专兼职宣讲队伍，以切实担负起组织实施理论武装工作的重任，从而推动理论学习的不断深入。

第三，要创新工作机制，为理论武装工作的有效运行提供制度保障。要保证理论武装工作的目标和任务真正落到实处，必须进一步建立和完善协调、灵活、高效的理论武装工作运行机制。一是要进一步建立健全理论武装工作的激励机制。要通过制定和完善理论学习的规章制度，引导和激励领导干部去主动学习。强化干部理论学习情况在干部考察中的分量，真正使理论学习考核结果与评先树优挂钩，与年度考核挂钩，与干部选拔任用挂钩。健全公平竞争的人才培养和选拔机制。还要大力宣传通过理论学习促进工作创新的先进典型，努力营造重视理论学习、自觉学好理论的良好氛围。二是要进一步建立健全理论武装工作的推进机制。要进一步落实领导、部门责任制，切实形成"一把手"负总责，宣传理论教育部门具体负责，各有关部门通力协作，齐抓共管的领导机制。在各部门分工负责的基础上，密切配

合，协同作战，形成理论武装工作的整体合力。三是要建立和完善投入机制。应不断加大对理论武装工作的投入，用于党员干部学习培训、购置理论书籍和音像资料及配置必需的教育设备等。只有进一步建立和完善理论武装工作的投入机制，才能为理论武装工作的顺利开展提供物质保障，创造必要条件。

最后，要弘扬理论联系实际的优良学风，切实做到学以致用。在实际工作中要着重从四个方面努力：一是要紧密联系当今国际和当代中国的实际。领导干部学习理论，不是为学习而学习，也不是从书本到书本，更不是为了装点门面，而是为了解决中国革命和建设的实际问题。因此，各级领导干部学习理论，首要的是必须坚持理论与实践的统一，紧密联系当今国际的大背景、大格局、大变化、大趋势，用马克思主义的立场、观点和方法分析、研究和把握国际社会的新特点和总的走向；不断增强应对国际局势、驾驭复杂局面的能力。尤其要紧密结合中国改革开放和现代化建设的实际，通过理论学习不断提高自己，增强运用科学理论分析、解决实际问题的能力和科学决策的水平，更好地进行实践，推动改革开放和现代化建设。二是要紧密联系个人思想实际，注重加强主观世界的改造。理论学习的过程实质上是一个自我提高、自我完善的过程。要自觉地把理论学习同加强主观世界的改造紧密结合起来，坚持用马克思主义的观点、共产党人的历史使命和根本宗旨，对照自己的主观世界，看自己的理想信念是否坚定，宗旨观念是否强，能否坚持人民的利益高于一切，能否自觉抵制个人主义、本位主义、"一切向钱看"的思想和行为，能否保持思想的警醒、行为的廉洁等，在这种对照中，做到坚持对的，改正错的，加强不足的，从而进一步提高领导干部自身的政治素质和品德修养，自觉经受住金钱、物欲的诱惑，增强拒腐防变、抵制腐败行为的能力。三是要紧密联系工作实际。理论学习的最终目的是用来指导实践，推动工作。因此，各级领导干部，要自觉把学习同工作实际密切结合起来，同推进改革和建设的各项工作紧密联系起来，同解决当前经济社会生活中的突出矛盾和问题结合起来，努力寻求解决矛盾的有效办法和途径，创造性地开展工作。

（二）历史眼光

领导干部的"历史眼光"，是指在领导实践过程中，要把历史事件、历史人物放在特定的历史环境中去认识，要历史地、客观地、辩证地看问题。领导干部要具备历史眼光，就是要求领导干部用马克思主义观点，实事求是地评价历史事件、人物，必须具体问题具体分析，领导干部不能以今人所处的历史环境、阶级立场、思想意识去苛求古人，而应当把具体的历史人物、事件放在特定的历史条件下进行评价，要从当时的历史条件去看待其思想观点产生的历史必然性，并分析其进步性和局限性，体现社会存在决定思想意识的观点。历史眼光还要求领导干部从历史发展的整体出发去理解具体的历史概念、历史现象、历史事件及历史人物的活动，形成对历史发展过程的整体认识，建立起有序的立体知识结构。

在领导中华民族革命和建设的伟大实践过程中，中国共产党的领袖都十分重视学习历史、研究历史，汲取历史的智慧，展现出了一种睿智的历史眼光和深邃的历史思维。邓小平用马克思主义的世界历史眼光，对中国实现社会主义现代化进行战略思考。其基本精神就是要把中国的现代化，放在人类历史发展的大趋势中来考察。他敏锐地看到当代世界的全球一体化增强的趋势，指出中国的发展离不开世界。要求各级领导干部自觉地做到把对"国情"的认识与对"世情"的认识有机地结合起来，既不脱离"国情"抽象地谈"世情"；也不离开"世情"孤立地谈"国情"。认识"国情"是为了立足中国大地，认识"世情"是为了找到准确的国际定位。当代世界是越来越国际化的世界，历史设定的逻辑是：每一个国家的发展，都必须以对国际社会和国际大环境的透彻理解和科学判断为前提。

邓小平的世界历史眼光，还表现在他时刻追踪全球范围内历史发生的重大变化，从中得出规律性的认识，制定中国的社会主义现代化

发展战略。具体来说有以下几个方面:①

第一,邓小平把马克思主义关于世界历史观的原理,运用于分析当代世界历史的基本走向和发展大势,提出和平与发展是现时代的主题,制定了以经济建设为中心的发展战略。他指出:世界和平力量的增长超过了战争力量的增长。在较长时间内不发生大规模的世界战争是有可能的。"现在世界上真正大的问题,带全球性的战略问题,一个是和平问题,一个是经济问题或者说发展问题"。② 和平与发展是当代世界的两大问题的论断,改变了过去长期以来形成的战争不可避免,战争引起革命,革命制止战争的思维定势。邓小平科学地揭示时代的主题,其主旨是中国必须抓住机遇,以经济建设为中心,促进经济社会的发展,实现中华民族的现代复兴。

第二,邓小平把马克思的世界历史观原理,运用于观察和分析世界范围的新科技革命的大潮,提出科学技术是第一生产力,确定了"科教兴国"的战略。邓小平十分敏锐地注视着现代科技革命的大潮,正是这场现代科技革命,使世界市场、全球信息的历史作用大大增强,使科学技术成为第一生产力、第一致富源;邓小平把马克思主义基本原理和现实发展趋势相结合,做出了"科学技术是第一生产力"的崭新理论概括,确定了"科教兴国"的战略。科教兴国,就是要全面落实科学技术是第一生产力的思想;坚持教育为本,把科技和教育摆在经济、社会发展的重要位置,增强国家的科技实力及向现实生产力转化的能力,提高全民族的科技文化素质;把经济建设转移到依靠科技进步和提高劳动者素质的轨道上来,加速实现国家的繁荣强盛。

第三,邓小平把马克思的世界历史观原理,运用于分析 20 世纪后期的时代特点,提出现在的世界是开放的世界,将对外开放确定为中国的基本国策。第二次大战尤其 20 世纪 80 年代以来,在世界科技进步的推动下,各国之间的国际分工愈益紧密,不仅国际贸易有了新

---

① 徐卫国:《马克思的世界历史思想与邓小平的世界历史眼光》,载《马克思主义研究》,2004 年第 5 期。

② 《邓小平文选》第 3 卷,人民出版社 1993 年版,第 105 页。

的巨大的发展，其速度超过了各国生产发展的速度，而且在生产要素大规模国际流动的基础上，国际直接投资和跨国公司有了空前的发展，这些发展所蕴含的各国经济之间的更加紧密的相互往来和依赖，在经济全球化的趋势中得到了淋漓尽致的表现。对此，邓小平作出了新的判断：现在的世界是开放的世界，中国必须对外开放。邓小平还从全球史观、世界史观的角度，总结了新中国曲折发展几十年的历史经验，把是否对外开放、融入世界一体化时代潮流，作为决定兴衰起伏的重要历史契机。他认为：资本主义已经有了几百年的历史，在资本主义制度下各国人民所发展的科学和技术，所积累的各种有益的知识和经验，都是我们应该继承和学习的。他指出："我们要向资本主义发达国家学习先进的科学技术、经营管理方法以及其他一切有益的知识和文化，闭关自守、固步自封是愚蠢的"。①

　　第四，邓小平把马克思的世界历史观原理，运用于对世界上其他社会主义国家的成败以及发展中国家谋求发展的得失进行分析，从中总结出经验和教训。如他在总结苏联解体、东欧社会主义国家剧变的经验教训时指出，"不坚持社会主义，不改革开放，不发展经济，不改善人民生活，只能是死路一条"。② 强调坚持党的"一个中心、两个基本点"的基本路线不动摇。他关于社会主义本质的科学论断，"三个有利于"的判断标准以及社会主义市场经济理论等，都是在总结20世纪社会主义的经验教训的基础上提出来的。又如，他在总结世界上一些发展中国家照搬西方工业化国家的发展模式，奉行单纯经济增长的发展观而导致社会畸形发展的经验教训时指出，社会主义是全面发展、全面进步的社会，社会主义现代化事业是物质文明和精神文明协调发展的事业；我们在建设高度物质文明的同时，必须建设高度精神文明；必须坚持两手抓，两手都要硬；尤其要高度重视人的全面发展，培养有理想、有道德、有文化、有纪律的社会主义新人；两个文明都搞好了，才是有中国特色的社会主义。同时，他还深刻指

① 《邓小平文选》第3卷，人民出版社1993年版，第44页。
② 《邓小平文选》第3卷，人民出版社1993年版，第370页。

出：没有高度的民主和健全的法制，就没有社会主义，就没有社会主义现代化；与经济改革和经济、文化相适应，必须积极稳妥地推进政治体制改革，建设有中国特色的社会主义民主政治。邓小平的这些重要思想为我们全面地推进社会主义现代化建设，提供了深邃的理论指导。

江泽民倡导从历史的角度看问题，进而认识社会发展规律。他在《努力建设高素质的干部队伍》一文中指出：如果不了解中国的历史，特别是中国的近代史、现代史和我们党的历史，就不可能认识和把握中国社会发展的客观规律。作为一个政治家，江泽民还敏锐地看到中国历史中蕴含着丰富的治国安邦的历史经验，对于这个历史宝库，他要求各级领导干部运用历史唯物主义的观点不断地加以发掘，在前人研究的基础上不断地作出新的总结。

江泽民善于从中国历史与传统文化中提炼、升华出民族精神，特别是爱国主义，以此教育、陶冶人民群众，使之成为中华民族实现伟大复兴的向心力、凝聚力和精神支柱。他认为，一个民族、一个国家，如果没有自己的精神支柱，就等于没有灵魂，就会失去凝聚力和生命力。爱国主义就是一个民族的精神支柱或灵魂，而这种民族精神也是综合国力的重要组成部分。正是依据对以爱国主义为核心的民族精神的科学把握，江泽民以历史的眼光预见了中华民族的光辉未来，他确信：21世纪对中华民族来说，将是全面振兴的世纪，而中华民族的复兴，必将对人类作出更大的贡献。

江泽民极为重视历史学习与历史教育。他认为，了解历史，是一个民族的优秀传统和文化能够继承和发展的关键。他尤其重视对青年人进行历史教育与历史知识的普及工作，帮助青年一代牢固树立爱国主义精神和正确的世界观、人生观、价值观，激励他们为中华民族的伟大复兴而贡献力量。

江泽民倡导各级领导干部深入学习中国历史、世界历史的知识，认为这种学习对于他们历史知识的丰富、个人素养的提高、执政能力的增强、实践活动的成功都是至关重要的。他指出：希望我们的各级

领导干部，认真地读一点历史，首先要了解中国的历史。中国的发展离不开世界，为了适应扩大国际交往的需要，更好地学习借鉴世界各国的长处，还要了解世界的历史。江泽民还十分关注历史研究。他在1989年3月25日召开的上海党史工作会议上专门就党史研究发表了重要讲话。1999年，当白寿彝主编的22卷本《中国通史》出版之际，他发去了热情洋溢的贺信。平时，江泽民悉心学习和研究历史。20世纪90年代中期，他还就当时人们关注的九个历史问题，请八位历史学家进行讲述，并共同讨论、研究。

领导干部要具备历史眼光，就要顺应历史大势，抓住以下几个主题，提高自身的世界历史战略眼光和思维能力：[①]

第一，对时代主题变化的认识。

19世纪末20世纪初，资本主义进入帝国主义时代。列宁对这个时代进行了马克思主义的研究，提出资本主义发展不平衡的规律，指出帝国主义必然引发世界战争，战争给无产阶级革命提供了机遇，只有革命才能制止战争。第一、二次世界大战的爆发以及在战争中俄国和中国革命的胜利，都与列宁对时代主题的分析和把握紧密相关。这是必须充分肯定的。同时，人们也由此形成了一种思维定势，始终把"战争＋革命"当做永恒不变的时代主题。于是，斯大林拼命与美国搞军备竞赛，中国则一度忙于深挖洞、广积粮和搞"三线"建设。固守"战争＋革命"的时代主题，曾导致中国共产党在国内搞"以阶级斗争为纲"，直至发动"无产阶级专政条件下的继续革命"，中国社会主义建设受到严重冲击和破坏。

然而，不依人们的意志为转移，时代主题却在逐渐进行着转换。1945年第二次世界大战的结束提供了时代主题转换的前提，20世纪50年代出现了主题转换的先兆，到了70、80年代时代主题大体实现了转换。促使时代主题转换的历史因素有：西方资本主义还没有完全陷入绝境；虽然战争的危险依然存在，但世界和平力量也在发展；社

---

① 余源培、沈玉梅：《新时期马克思主义中国化的世界历史眼光》，载《毛泽东邓小平理论研究》，2008年第12期。

会主义国家只有强大起来才能具有吸引力；苏联和美国冷战状态的结束；等等。1985 年，邓小平经过深思熟虑后，指出：我们的看法有了变化，"现在世界上真正大的问题，带全球性的战略问题，一个是和平问题，一个是经济问题或者说发展问题。和平问题是东西问题，发展问题是南北问题。概括起来，就是东西南北四个字。南北问题是核心问题"。① 他强调："应当把发展问题提到全人类的高度来认识，要从这个高度去观察问题和解决问题"②；中国的主要目标是发展，"发展才是硬道理"。③ 确定时代主题用"和平与发展"代替"战争与革命"，标志着中国共产党人观察问题宏观坐标系的变化，注意力的重心从"革命"和"阶级斗争"转变到"发展"和"经济建设"。从这个意义上说，没有对时代主题转换的科学认识，就不可能有中国特色社会主义理论的提出。正因此，在推进中国特色社会主义建设的伟大事业中，"和平与发展"是时代主题一直为江泽民和胡锦涛反复予以肯定。

在时代主题转换的大前提下，可贵的是中国共产党领导层不断追踪这一主题的发展变化，又得出一系列新的判断。其一是综合国力竞争。其实，在以"和平与发展"为主题的时代，天下并不太平，国际竞争越来越激烈，主要表现形式就是综合国力竞争。这是一种以经济实力、科技实力、国防实力、民族凝聚力等为基础的全面竞争。只有着眼于把中国的综合国力搞上去，才能做到"任凭风浪起，稳坐钓鱼台"。其二是世界多极化。当今世界正处在大变动的历史时期。两极格局已经终结，各种力量重新分化组合，世界正朝着多极化方向发展。发展需要和平，和平离不开发展。霸权主义、强权政治的存在始终是解决和平与发展问题的主要障碍。因此，中国共产党致力于主张和平的社会主义，通过和平发展，中国正在成为世界多极化格局中的重要一极。

---

① 《邓小平文选》第 3 卷，人民出版社 1993 年版，第 105 页。
② 《邓小平文选》第 3 卷，人民出版社 1993 年版，第 282 页。
③ 《邓小平文选》第 3 卷，人民出版社 1993 年版，第 377 页。

第二，对当代科学技术作用的认识。

20世纪50年代，现代科技革命兴起。西方资本主义国家率先利用了这一革命，不仅发展了生产力，而且促进了体制和机制调整。毛泽东在1955年说，我们进入了"开始要钻原子能这样的历史的新时期"①，号召向科学进军。但是，后来的"反右斗争"和"大跃进"中断了这种认识。在如何看待科学技术的作用问题上，邓小平既拨乱反正又创新观念。他明确提出："马克思讲过科学技术是生产力，这是非常正确的，现在看来这样说可能不够，恐怕是第一生产力。"他还预见："下一个世纪是高科技发展的世纪。"② 这是一个马克思主义的新概括。强调科学技术是第一生产力具有重要的意义，它将科学技术的发展和应用置于经济建设的统率地位，尤其是重视对尖端技术和高科技的研究，体现了中国共产党代表先进生产力发展的根本要求，并使中国后发的现代化事业有可能实现"跨越式"发展。

面对科学技术的日新月异，中国共产党不断深化认识，揭示出这一趋势的主要特点：一是以信息技术为主要标志的高新技术革命来势迅猛，高科技向现实生产力的转化越来越快，高新技术产业在整个经济中的比重不断增加；二是经济与科技的结合日益紧密，国际间科技、经济的交流合作不断扩大，产业技术升级加快；三是科技革命创造了新的技术经济体系，产生了新的生产管理和组织形式，推动了世界经济的增长；四是各国更加重视科技人才，教育的基础作用愈益突出。基于此，中国共产党确立了"科教兴国"的发展战略，及时将经济结构调整的任务提上日程，更加重视抢占科技和产业的制高点，强调只有紧跟科技革命的时代潮流，才能使中国走向繁荣昌盛，走向文明进步。事实证明，如果对当代科学技术的发展趋势和重大作用认识不清，甚至茫然不知，就不能把握住时代的脉搏，就难以有新的开拓。经济文化相对落后的国家依靠什么来实现社会主义现代化？具有决定性意义的一条，就是把经济建设转到依靠科技进步和提高劳动者素质的轨

---

① 《毛泽东文集》第6卷，人民出版社1999年版，第395页。
② 《邓小平文选》第3卷，人民出版社1993年版，第275、279页。

道上来。

通过对当代世界科技进步的科学分析，中国共产党得出重要论断：创新是一个民族进步的灵魂，是国家兴旺发达的不竭动力。一个没有创新能力的民族，难以屹立于世界先进民族之林。在科技竞争的舞台上，中国是一个发展中的社会主义大国，在学习外国先进技术时，不能一味靠引进，不能跟着别人亦步亦趋，必须拥有自主创新能力和自主知识产权。在中国共产党第十七次代表大会报告中，胡锦涛在谈到"促进国民经济又好又快发展"时，第一点就是强调"提高自主创新能力，建设创新型国家"，并指出："这是国家发展战略的核心，是提高综合国力的关键"。①

第三，对经济全球化的认识。

马克思和恩格斯最早在《共产党宣言》中运用世界历史眼光分析了世界市场的形成。他们指出，资本的本性驱使资产阶级奔走于全球各地，"由于开拓了世界市场，使一切国家的生产和消费都成为世界性的了"；"过去那种地方的和民族的自给自足和闭关自守状态，被各民族的各方面的互相往来和各方面的互相依赖所代替了。物质的生产是如此，精神的生产也是如此。"② 这是一种客观的历史趋势，谁也回避不了。然而，斯大林在这个问题上却作出了错误的判断，他在《苏联社会主义经济问题》中认为，由于世界资本主义体系总危机不断加深，统一的世界市场已经瓦解。这一观点长期左右着各社会主义国家的领导人。中国新时期最鲜明的特点就是改革开放，结束了长期封闭和半封闭的状况。邓小平反复指出："现在的世界是开放的世界"；"中国的发展离不开世界"；"任何一个国家要发展，孤立起来，闭关自守是不可能的"。③ 改革开放以来，中国共产党一直把实行对外开放视为一项基本国策，并使其与国内改革相辅相成，相互促进。

---

①　胡锦涛：《高举中国特色社会主义伟大旗帜为夺取全面建设小康社会新胜利而奋斗》，人民出版社 2007 年版，第 22 页。

②　《马克思恩格斯选集》第 1 卷，人民出版社 1995 年版，第 276 页。

③　《邓小平文选》第 3 卷，人民出版社 1993 年版，第 64、78、117 页。

经济全球化是当今世界经济和科技发展的产物，给世界各国带来发展的机遇，同时也带来严峻的挑战和风险。它是一把"双刃剑"，一方面，有利于促进资本、技术、知识等生产要素在全球范围内的优化配置，给发展中国家带来了发展的机遇；另一方面，由于现在的经济全球化是由西方发达国家主导的，这些国家借经济全球化加紧对发展中国家的渗透和扩张，给广大发展中国家的经济主权和国家安全带来了严峻挑战和威胁。在这种势态下，如何才能做到趋利避害？存在决定思维，意大利学者 M. I. 康帕涅拉认为："全球化是特定条件下思考问题的方式。"① 这在中国集中表现在姓"资"还是姓"社"的问题上。

马克思当年在提出俄国跨越"卡夫丁峡谷"的设想时，明确提出了"占有资本主义制度所创造的一切积极的成果"的重要意义。社会主义只有在继承和利用资本主义已经创造出来的全部社会生产力和全部优秀文化的基础上才有可能。然而，在过去相当长的一个历史时期内，人们在如何对待资本主义的问题上陷入认识上的片面性，看到或更多看到的往往是社会主义同资本主义对立和斗争的一面，很少看到同时还有社会主义向资本主义学习、借鉴和与资本主义合作、利用资本主义的一面，甚至将许多有利于发展生产的东西都当做资本主义予以批判。为了冲破传统思维，邓小平率先指出，科学技术本身是没有阶级性的，资本家拿来为资本主义服务，社会主义国家拿来为社会主义服务；后来他又不止一次地指出，计划经济不等于社会主义，市场经济不等于资本主义，社会主义和市场经济之间不存在根本矛盾。当然，中国共产党在领导克服"左"的时候，又总是提醒必须防止右的倾向抬头——将西方的政治价值观念当做"普世价值"，鼓吹"全盘西化"，企图改变中国的社会主义的根本社会制度，强调必须坚持改革开放和现代化建设的社会主义方向，提高驾驭资本和市场的能力。

第四，对发展模式的认识。

中国是一个发展中国家，作为执政党的中国共产党必须科学地制

① 　康帕涅拉：《全球化：过程和解释》，《国外社会科学》，1992 年第 7 期。

定治国的发展目标。周恩来最早在 1954 年的一届全国人大一次会议上的《政府工作报告》中提出"四个现代化"。"文化大革命"结束后邓小平反复告诫："我们当前以及今后相当长一个历史时期的主要任务是什么？一句话，就是搞现代化建设"，"社会主义现代化建设是我们当前最大的政治"。① "社会主义现代化"包含着"社会主义"和"现代化"两个有差异的方面。这两个有差异的方面的结合深刻地反映了中国社会发展历史辩证法的要求。一方面，肯定现代化的目标选择，确认只有实现现代化，才能使中华民族重返人类世界历史发展的主潮流；另一方面，扬弃资本主义道路，坚持通过社会主义道路实现现代化。将这两个方面相结合，其本身就要求运用世界历史眼光谋划中国发展问题。

中国的现代化事业，性质是社会主义的，时间是后发的，类型是"赶超"型的。这就要求在学习和借鉴资本主义现代化经验的时候，更要重视吸取其深刻教训，做到合规律性与合目的性的统一。由于单纯追求经济增长，传统发展模式带来一系列严重的经济、社会、生态问题。20 世纪 60 年代以来，要求突破传统发展范式的呼声日渐高涨。联合国 1986 年《发展权利宣言》认为："发展是经济、社会、文化和政治的全面进程，其目的是在全体人民和所有个人积极、自由和有意义地参与发展及其带来的利益的公平分配的基础上，不断改善全体人民和所有个人的福利。"② 1987 年在《我们共同的未来》的报告中，联合国世界环境发展委员会明确提出可持续发展概念，将其定义为"既满足当代人的需要，又不损害后代人满足其需要的发展"。1995年哥本哈根社会发展世界首脑大会通过的《宣言》和《行动纲领》提出："社会发展的最终目的是改善和提高全体人民的生活质量"，应当致力于"建立一个以人为中心的社会发展框架"。在这样的全球大背景下，中国共产党十分关注实现什么样的发展、怎样发展的问题，

_____

① 《邓小平文选》第 2 卷，人民出版社 1994 年版，第 162—163 页。

② 余源培、沈玉梅《新时期马克思主义中国化的世界历史眼光》，载《毛泽东邓小平理论研究》，2008 年第 12 期。

不断完善指导发展的宏观理念。

科学发展观的提出具有重要的现实意义和深远的历史意义。传统发展观造成人类面临经济增长的极限。面临自然资源的逐步衰竭，人们看到了"人类依然拥有没有束缚的想象力、创造力和道德能力等资源。这些资源可以被动员来帮助人类摆脱它的困境"；同外部极限相反，人的"内部界限在我们自身中存在着并孕育着无可比拟的发展潜力"。① 中国拥有 13 亿多的人口，为世界之最。但是，在中国现代化的进程中，人口再生产与物质再生产之间的矛盾、自然资源的生产价值与生态价值之间的背离、对环境容量的无偿占有与对环境质量的自觉养护之间的失衡、追求数量和速度与质量和效益之间的不协调越来越严重。对这些矛盾和问题的解决直接关系到中国特色社会主义事业的未来。科学发展观倡导"以人为本"的发展，既体现了社会主义的本质要求，又有利于这些矛盾和问题的解决、应对发展的挑战、摆脱发展的困境。

（三）放眼世界

人们已经逐渐认识到，全球化是一个不可阻挡的客观趋势，每一个国家必须在参与全球化进程中作出变革和回应；同时，一个国家只有在提高相互依存程度的情况下才能获得安全与利益。面对新的国际国内形势，中国共产党第十七次代表大会把党的执政能力建设提高到全球政治力量较量和变化的大背景下来思考，使执政党的能力建设有了更宽阔的世界眼光。中国共产党要提高驾驭国际形势的能力，必须领导和推动国家更深入地参与全球化，全方位地参与国际生活，尽快积累更丰富的国际交往经验，这就要求各级领导者应该具有全球眼光，了解世界发展动态，把中国的发展问题放在国际这个大环境中思考和解决。要拥有世界胸怀，具备宽广的世界眼光，正确把握时代发展的要求。

---

① ［美］W. 博特金等：《回答未来的挑战》，上海人民出版社 1984 年版，第 5、8 页。

领导者有无世界眼光对于一个国家和民族的发展至关重要。在17、18 世纪交替的年代，中国和俄国几乎同时出现了两个皇帝，一个是中国的康熙，一个是俄国的彼得。两个人有许多相似之处：少年登基，博学勤政。但是，由于两个人看待世界的眼光不同，其结果对后世的影响也大为不同。彼得大帝看到了落后的俄国与先进西欧的差距，搞改革开放，使落后的俄国与先进发达的世界对接、与先进的欧洲工商业沟通血脉，使俄国摆脱了落后的局面。而康熙大帝则闭关锁国夜郎自大，沉湎于大清帝国的"繁荣"之中。康乾盛世变成了落日的辉煌。其原因错综复杂，但两位皇帝的世界眼光方面的差距无疑是最重要的原因之一。

古人讲："不谋全局者不足谋一域，不谋万世者不足谋一时"。全球化已经影响到中国的每一个地区、每一个领域。领导干部具备宽广的世界眼光，提高国际交往的本领，不仅仅是对中国共产党的执政能力受到国际复杂形势的考验、国家的生存和发展受到国际社会的挑战与压力作出的被动回应，而且是本质上为人民执好政、为人民谋福祉的内在需求。把思维定位在"全球眼光、世界胸怀"上，不被各种纷繁复杂的矛盾和困难束缚，是提升领导干部的战略思维能力，迎接经济全球化、信息网络化和科技革命迅猛发展的需要。可以这么认为，以全球化的眼光多角度、全方位审视大千世界，把中国的问题放入世界发展的大环境中考虑，是对每一位领导干部提出的基本素质要求。为了提高中国共产党的执政能力，领导干部应坚持用宽广的眼界观察世界，以提高科学判断国际形势和进行战略思维的水平。

在经济全球化背景下，每个国家都离不开与其他国家互利互惠的贸易往来和科技文化的合作，在国际合作解决全球性问题、实现全球共治的趋势下，中国如果不积极主动地参与国际事务、不发出自己的声音，就不能确保自己的国际利益，就不能在建立国际新秩序的过程中表现出一个大国对国际事务应有的责任。面对复杂多变的国际环境，能否抓住机遇、应对挑战，能否把稍纵即逝的机遇变为现实，能否把风险和挑战转化为机遇，首先在于中国共产党能否准确把握国际大势，在于各级领导干部是否拥有全球眼光和世界胸怀。

世界眼光是一种机遇意识。"机不可失，时不再来"。世界眼光要求各级领导干部积极寻求、发现和把握机遇，以施展抱负和才智，为国家、为民族建功立业。机遇的形成和出现有其客观性，它只钟情于那些具有敏锐的战略眼光和具有充分的精神准备的人。对于领导干部来讲，机遇还往往同历史责任相联系。历史把责任赋予谁，也就把机遇和舞台提供给谁，而且责任本身往往既是机遇又是挑战。领导干部一定要牢固把握目标，大胆借鉴先进文明成果，吸收人类社会包括资本主义社会创造出来的全部文明成果，开创工作新局面。

世界眼光是一种创新意识。世界眼光就是普遍联系和发展的眼光。从世界历史发展看，反映历史规律的理论创新、制度创新和科技创新是推动历史进步的关键，历史发展的每一步都是从富有生命力的创新开始的。当今世界正在发生深刻变化，各种思想文化相互激荡，在这种形势下，必须强化中国共产党的创新意识。只有坚决贯彻解放思想、实事求是的思想路线，从一切不合时宜的观念、做法和体制中解放出来，从对马克思主义错误的和教条式的理解中解放出来，从主观主义和形而上学的桎梏中解放出来，才能不断突破各种束缚，达到对客观世界的真理性认识。

世界眼光是一种驾驭能力。世界眼光，在实践中表现为领导干部运筹帷幄的决策思维活动，以及在错综复杂的矛盾中趋利避害、处理各种复杂关系、谋求有利态势的驾驭能力。要大力克服经验主义、事务主义和地方主义倾向，自觉在国家的整体大局下行动，把对上与对下负责、对党与对人民负责有机统一起来。要努力学习世界先进文化，掌握先进管理理论与经验，学会综合运用政治、经济、法律和其他方法处理面临的各种复杂问题，在经受新世纪变革的洗礼过程中居于主动地位，并在实践中不断及时总结经验，丰富、提炼、上升到理论层次，作为对今后工作的指导。

培养和增强世界眼光，要有一种积极的学习态度。在中国进行社会主义现代化建设，实现中华民族的伟大复兴，是一项前无古人的事

业，需要学习的东西很多。当前，最重要的是继续深入学习马列主义、毛泽东思想、邓小平理论和"三个代表"重要思想，深入贯彻落实科学发展观，学会用马克思主义的立场、观点、方法认识和处理问题。同时还要努力学习掌握反映当代世界政治、经济、文化新发展的各种知识，用人类社会创造的一切优秀文明成果武装自己，使自己的思想水平和知识水平适应时代前进的需要。伴随着经济全球化的浪潮，中国同世界各国之间的经济贸易、文化交流及其交流合作中的矛盾、甚至纠纷将会大大增加。因此，领导干部必须尽快学会运用法律、世贸组织规则、例外条款和过渡期安排等各种有效的方法和手段，解决中国经济发展和对外合作交流中的种种问题。

培养和增强世界眼光，要努力把握中国和世界历史发展的逻辑。学会用世界眼光看问题，就要学会立体地、全方位多角度地观察问题。既要从大局的角度即横的方面观察问题，也要从历史的角度，即纵的方面观察问题。因为当代世界是从历史中走来的，只有在对历史规律的不断认识和把握中找到前进的正确方向和道路，总结历史教训与经验，才能不断开辟通向未来发展的新境界。追寻人类社会和中华民族的发展轨迹，从世界历史的角度来看，最紧要的是应该从历史经验教训中获得一份醒悟、一份警觉。这就是对当前和未来世界历史大变动、大发展、大转折要有清醒的认识，对中国的国情、长短、优劣及走向要有充分的把握，以更博大的胸怀面对世界、走向世界。与此同时，领导干部还要从历史和现实相结合的基础上认真研究和思考世界发展的总趋势，研究和思考未来的世界应该是一个什么样的世界，中国应该为建设这样一个世界作出什么样的贡献。

培养和增强世界眼光，要大力克服故步自封、夜郎自大、不思进取的保守意识和狭隘的经验主义。实际上，领导干部日常工作中出现的一些问题，在决策中造成的一些失误，往往都与缺乏世界眼光、视野不开阔、知识陈旧、思想闭塞有很大关系。从根源上分析，都是因为缺乏对当代世界的了解，认识上落后于世界形势的发展和变化。对于中国的现代化建设事业来说，这种倾向十分有害。培养和增强世界

眼光，应当成为领导者的毕生追求。

　　经济全球化已经成为一种不可抗拒的潮流，未来领导者应该具有全球化要求的宽广眼界、战略意识和领导能力。首先领导干部眼界要开阔，不能闭塞，要对世界上发生的事情高度关注。作为今天的领导干部，学习是时代赋予我们的第一任务，也是我们做好工作的第一需要。我们处在一个开放的世界，一个日新月异的世界，世界多极化和经济全球化的趋势在曲折中发展，新理论、新知识、新技术层出不穷，许多新事物需要我们去学习、去探索、去实践，许多问题等待我们去研究、去回答、去解决。要实现一个地方的发展跨越，关键的问题是人，要看有没有人干事，有没有人创业。没有掌握新知识、新理论、新技能，谈发展，谈跨越，都是一句空话。干部出国培训，是一种基本素质的培养。组织干部出国培训，学习西方发达国家在经济、政治、法律、公共管理等领域的知识和经验，极大地改变了中国领导干部的视角，显示出各地立足国情、放眼世界的胸襟，是中国对外开放的需要，是落实中共中央人才工作会议精神、利用国外资源培训人才的有效方式，是实施人才强国战略的重要补充和战略措施，这必将给未来中国的政府管理和经济发展模式带来深刻的影响。

　　大批领导干部出国培训的背景，除中共中央人才工作会议召开外，还包括中共中央作出的大规模开展干部培训的决定。中共中央提出：利用 5 年时间，将全国县处级以上党政领导干部普遍培训一遍，他们在 5 年内必须参加累计 3 个月以上的脱产学习。早在 2002 年 1 月，国务院发展研究中心与哈佛大学肯尼迪学院、清华大学三方签署合作协议，确定中国领导干部将成批到哈佛接受培训。这项计划被称为是针对中国领导干部的"最大规模的海外培训计划"。该计划的主要内容是：三方将在以后的 5 年内，共同持续开办针对中国政府领导干部的"公共管理高级培训班（MPA）"，每年一期，每期为中国政府培训 60 名左右的中央和地方的领导干部。目前，在职的省部级干部 90% 以上有在国外受训的经历，一些省部级领导就在第一批赴哈佛大学肯尼迪学院受训的中国高级领导干部之列。人力资源与社会保障

部的一份计划显示，未来几年，中国将通过加大出国培训力度，在东部地区县级和西部地区市级以上政府中，实现拥有一定数量了解国际惯例和规则、具有国际交流能力的公务员的目的。为达到这一目的，今后公务员出国培训工作要着力实现五个转变：由分散选题向统筹规划转变，由一般性培训为主向专业性培训为主转变，由照顾平衡向按工作需要严格挑选转变，由方式单一向形式多样转变，由培训成果少数人受益向成果共享转变。目前，培训内容已涉及公共行政、市场经济、现代科技、财政金融、外经外贸、农业、城建、环保、计算机等20多个领域，在外培训机构已遍布东南亚、北美、欧洲的20多个国家和地区。干部出国培训开阔眼界，是一个迫在眉睫的问题。中国成为世贸组织成员国之后，各级领导干部必须懂得为官为政的现代思维方式和操作规范。当然，干部跨出国门还有许多制度要规范，比如，干部出国的规模控制问题，出国培训的程序公开化问题，培训效果的考核机制问题等等。但不可否认，改革开发以来大批干部跨出国门看世界，造就了一批眼界开阔、懂领导、会管理的干部。领导干部走出国门之路还得坚持，闭目塞听只能造成落后。

（四）端正心态

心态，就是指心理状态。指人的头脑反映客观现实的过程，如感觉、知觉、思维、情绪等，也泛指人的思想、感情等内心活动的态势。现代社会竞争十分激烈，人人都在追求成功，在实现社会价值的同时，也在追求个人价值的实现。然而，追求成功是需要知识、身体、智能、心态等资本的，在这些资本中，心理资本是最重要的资本。只有积极上进的心态，才能使身体健康、生活快乐、工作投入、事业成功。特别是领导干部，有着良好的从政心态，不但有利于个人潜能和才力最大化的发挥，而且对一个地方和单位有着暗示和引领的效应。可见，心态对领导干部提高执政能力和建功立业起着十分重要的作用。无数事实证明，领导干部心态好，就能正确对待进退留转，正确对待所从事的事业和肩上的重任，其从政风格和执政成效，就越

能得到人民群众的认可，否则，心理阴暗，情绪低落，就会使领导干部事业受挫、形象受损，甚至成为人民的罪人。

华伦达是美国一个著名的高空走钢索表演者，在一次重大的表演中，不幸失足身亡。他的妻子事后说：我知道这次一定要出事，因为他上场前总是不停地说，这次太重要了，不能失败，决不能失败；而以前每次成功的表演，他只想着走钢索这件事本身，而不去管这件事可能带来的一切。后来，人们就把专心致志于做事本身，不去管这件事的意义，不患得患失的心态，叫做"华伦达心态"。

心理学上有个类似实验：在给绣花针引线时，越全神贯注，手抖动得越厉害，越不容易成功。现代医学称之为"目的颤抖"——目的性越强，越不容易成功。太想缝好针的手会颤抖，太想踢进球的脚会颤抖，太想做大创意的脑会颤抖。

有位教授做过一个实验，他把九个人领到一个黑屋子里，然后说，你们九个听我指挥，走过这个曲里拐弯的小桥，千万别掉下去，不过掉下去也没关系，底下就是一点水。九个人听明白了，哗啦哗啦过去了。过去以后，教授打开一盏灯，大家往桥下一看，原来桥下不仅仅是一点水，还有几条鳄鱼在游动！大家吓坏了。教授再问：现在谁敢走回去？没人敢走了。经过教授诱导了半天以后，有三个人说可以试试，其中只有一个人顺利过去了，但时间多花了一倍。教授打开了所有的灯，原来鳄鱼是真的，但在鳄鱼和桥之间有一层网。大家一看有网，胆子就大了，哗啦哗啦过去了八个人。剩下一个人还不敢过，他说担心那个网不结实。这个案例揭示的就是心态影响能力的发挥。

有人说细节决定成败，而科学实验表明心态同样决定成败。人生岂能没有目的？然而目的是引领你前行的，如果将目的做成沙袋捆缚在身上，每前进一步，巨大的牵累与莫名的恐惧就赶来羁绊你的手脚，那么你将如何去约见那个成功的自我？"目的颤抖"是因为心在颤抖。心态太低，远处的胜景便不幸为荒草杂树所遮蔽；平庸的眼，注定无福饱览那绝世的秀色。而太在乎了，太看重了，其结果，则是

恐惧蛀蚀了勇敢，失败吞噬了成功。

应该说，当代中国的绝大部分领导干部都以自己的出色表现和良好的政绩，忠实履行了立党为公、执政为民的信条，带领人民群众努力实践着中国特色社会主义事业，推动着事业的发展和社会的文明与进步。然而，也确有为数不少的领导干部因为缺乏良好的执政心态，导致执政能力的弱化，严重影响着事业的发展，与中共中央提出的关于加强党的执政能力建设和先进性建设要求很不相符。有学者认为，目前部分领导干部存在着下列十种不良执政心态：[①]"官本位"心态、浮躁心态、"看客"心态、攀比心态、功利心态、懒惰心态、麻木心态、妒忌心态、报复心态、"贪腐"心态。

领导干部的执政心态，受多种因素的影响，既与他本人的德才素质有关，又与他的生活经历和成长际遇有关，同时，与社会发展环境和工作环境有关，也与外界影响和偶发事件有关。而目前，最能影响领导干部执政心态的，则是领导干部的职务升迁和工作压力。领导干部对自己职务升迁问题的正确态度是，既要勤奋努力，以求获得新的发展平台，为党和人民更好地贡献出自己的聪明才智，又要随遇而安，知足常乐。领导干部对自己工作压力问题的正确态度是，要学会用科学发展观来应对工作压力，用科学的工作方法，破解工作中的各个难题，决不能碰到问题就情绪低落、狂躁不安和心态不稳，那是领导干部不成熟的表现，要学会理性地分析和解决问题。那么，领导干部究竟要怎样培养良好的从政心态呢？

首先，领导干部要努力提高自己的素质。领导干部的从政心态问题，从根本上说，是领导干部的综合素质问题。很显然，一个综合素质较高的人，一个把党和人民的利益看得高于一切的人，一个胸怀坦荡，无私无畏的人，其从政心态一定是健康良好的，相反，很难想象一个综合素质低劣的人会有着良好的从政心态。因此，作为领导干部，一定要注意在学习和实践中，在与人民群众的交往中，在风和雨

① 彭国春、刘小平：《领导干部要培养良好的从政心态》，载《湖南行政学院学报》，2008 年第 1 期。

的洗礼中，培养高尚的情操，净化自己的灵魂，磨炼自己的意志，锻炼自己的能力，真正做到德才兼备，全面发展，方能永远保持一种良好的执政心态。

其次，要具备积极向上的人生态度。一个人的心态如何，直接取决于这个人的世界观、价值观和人生观。有什么样的价值观和人生观，就会有什么样的心态。一位学者指出，只有对自己提出高标准的人，只有诚实和忘我劳动的人，只有表现出主动性和努力勤奋的人，才能赢得成就、赞赏和威信。生活中成功的、幸运的人士，一定都是积极的思考者。有了积极主动的心态，主动而得体地去与别人交谈，克服"清心寡欲"的心理，大胆地去争取自己该得到的利益，勇敢地去干自己想干的事，就会赢得别人的尊重和赞赏，在生活中为自己争得一席之地。著名学者和商人李践也认为，"人的成功，关键是心态的成功"，并说："积极的心态像太阳，照到哪里哪里亮；消极的心态像月亮，初一十五不一样。"中国改革开放的总设计师邓小平三落三起，无论境况如何，总能保持着一种坚韧、豁达、进取、自信的人生态度，为中国社会主义现代化建设事业立下了不朽功勋，也为各级领导干部培养良好的从政心态树立了光辉榜样。领导干部受党和人民的委托，肩负着领导政治、经济、文化和社会事业发展的重任，其责任重于泰山。为官一任，就要发展一方、平安一方、教化一方，要把维护好、发展好、实现好最广大人民群众的根本利益，当做第一要务，淡化名利，心系群众，不论是顺境，还是逆境，不论是事业兴旺发达，还是工作困难重重，不论是提拔，还是留任，都要有积极进取的良好心态。中国的圣贤先哲尚且有"达则兼济天下，穷则独善其身"，"居庙堂之高则忧其民，处江湖之远则忧其君，是故进亦忧，退亦忧"的积极为官心态，何况是受党和国家培养教育多年的领导干部呢？既然中国共产党干部的天职是"全心全意为人民服务"，那还有什么资格为功名利禄而不安、而愤懑、而浮躁、而麻木呢？百折不挠，积极进取，才是各级领导干部应具备的良好执政心态。

第三，学会通过扎实的工作排解不良情绪。领导干部与普通人一

样，同样有七情六欲，会为事业的成功与否或心花怒放，或焦躁不安，这无可厚非。但领导干部之所以为领导干部，其情绪和素质理应不同于普通百姓。只要各级领导干部全身心地投入到推进经济和社会事业发展的伟大实践中，把自己的聪明才智全部投入到建设中国特色社会主义的伟大事业中，想人民群众之所想，急人民群众之所急，把握时代脉搏，顺应时代要求，心中装着群众，一心一意谋发展，定会感到心里充实，心底无私天地宽，就一定会有所建树，会有充盈的成就感；稍有失误，也会认真总结经验教训，扬长避短，迎头赶上，那就不会唉声叹气，不良情绪就会被工作排解得一干二净，安然处之，心地泰然。

第四，要提高自身的学习、思考和实践能力。内因是事物变化的依据，干部健康心理的锤炼关键取决于个人。一要善于学习。学习是领导干部加强心理素质修养的重要途径。要不断强化学习意识，从书籍中要营养，从学习中要知识，努力避免"知不抵位，识不符职"，防止"知识透支、本领恐慌"。通过学习，增强运用发展的、联系的、全面的、系统的观点和方法分析思考问题的能力。二要勤于思考。要在学习中思考，多思、勤思、善思、深思，要悉其内涵、悟其要义、觅其规律、汲其精髓。要在工作中思考，始终关注上情、内情、外情和下情，准确把握热点、难点和焦点，找准工作的"结合点"、"兴奋点"和"着力点"，提高工作的积极性、主动性和创造性。三要勇于实践。学识、见识、胆识，都要在实践中丰富和完善，也只有付之实践才能彰显其价值，转化为财富。各级干部要在丰富多彩的实践中历练自己，始终保持良好的心态，淡泊名利，追求上进，摆正位置，不争权力大小，不争角色轻重，不争待遇薄厚，不争功劳多少，虚怀若谷、宽以待人，听到赞扬不窃喜，遇到诋毁不失志，容得了非难误解，咽得下酸甜苦辣，始终保持一种平和、成熟的心态，经得住各种风浪的考验。

领导干部眼界要宽，就是要把目光放得远一些，让生命恬淡成一泓波澜不惊的湖水，告诉自己：水穷之处待云起，危崖旁侧觅坦途。

"羽扇纶巾，谈笑间，樯橹灰飞烟灭"，如此潇洒气势固然风光无限，而"小舟从此逝，江海定余生"却也并非一般人所能体会到的。有人说，天使能够飞翔，是因为把自己看得很轻。领导干部应该带着一种好心情去竞争，学会自我调节、自我解压、自己解放自己。要有"不以物喜，不以己悲"的淡泊，要有"明月松间照，清泉石上流"的宁静，更要有"宠辱不惊，看庭前花开花落；去留无意，望天外云卷云舒"的胸襟。

第三章　领导干部要思路宽

　　思路决定出路。领导者的思路直接影响领导者的工作水平和工作效率，影响他所在的地区或部门的稳定和发展。孙子早就说过："多算胜，少算不胜，况无算乎？"这个"算"，指的就是一个思路的问题。毛泽东曾经指出："马克思说人比蜜蜂不同的地方，就是人在建筑房屋之前早就在思想中有了房屋的图样。我们要建筑中国革命这个房屋，也须要先有中国革命的图样。不但须有一个大图样，总图样，还须有许多小图样，分图样。而这些图样不是别的，就说我们在中国革命实践中所得来的关于客观实际情况的能动反映。"[①] 毛泽东所说的图样，实际上也就是人们的思路。思路是人们行动的依据，正确的思路导引理想的结果；思路是人们对于事情发展的运筹和谋划。在革命实践中，毛泽东等老一辈无产阶级革命家的思路十分清晰，从而保证了中国革命的胜利。在改革开放的伟大历史实践中，邓小平作为总设计师，为改革开放绘就了美好的蓝图，构建了正确的思路，所以才有今天的辉煌成就。在经济全球化、世界一体化的今天，在建设中国特色社会主义事业的伟大实践中，领导干部必须具备宽广的思路。

---

① 《毛泽东文集》第2卷，人民出版社1993年版，第344页。

一、思路宽的内涵

（一）思路的本质

思路，是人们在实践中通过分析、综合、判断、推理等形式认识事物、解决问题的轨迹，是对前进方向和目标的一种理性思考，对事物发展的一种预先设计。思路是一种智力活动，与人类社会改造主观世界的行为息息相关。就领导者而言，在领导活动过程中，领导者不仅要能够透析纷繁复杂的事物，拿出自己的主见，而且还必需制定出基本的和具体的应对措施，也就是要有解决问题的思路。比如，实行经济结构的战略性调整，推动两个根本性转变，保持国民经济持续快速健康发展，这就是新世纪之初中国经济发展的大思路。

从本质上来说，思路属于思维方式的范畴，面对同一问题，每个人、每个集体都会有不同的思路，都希望按自己的方法去解决。

思路有思维主体和思维客体之分。领导思维的主体是指领导者，领导思维的客体是指进入领导者思维视野的所有对象。思维的主体与思维的客体形成一个思维系统。领导者的思路不仅受到领导者这一思维主体自身素质的影响，而且受到思维客体的影响。思维客体的发展变化，要求领导者必须转变领导思维和方法。随着经济社会的深刻变化，人民群众的素质也在不断提高，他们的市场经济意识、民主法制意识和科技意识明显增强，对领导者的领导方式和方法的要求也越来越高。面对着变化了的领导对象群体，领导干部如果再用老眼光来看问题，用老思路老办法来解决矛盾，必然影响施政效果，影响与群众的关系，影响执政党的形象。比如，过去由于经济社会结构比较单一，领导者习惯于经验思维，凭借直接经验也能做好工作。但随着经济体制、经济运行方式、社会组织形式以及群众的生产生活方式的发展和变化，特别是经济全球化、社会信息化步伐的加快，科学技术和

知识经济的迅猛发展，依法治国方略的全面实施，民主法制建设的日臻完善，利益主体多元化、社会矛盾复杂化、多样化，在这样的社会历史背景下，领导干部如果还一味地沿用传统的思维方式，套用陈旧的领导思路，其领导行为就会步入误区，就会造成领导成效违背工作初衷，就会被迅速发展的时代所抛弃。可见，在思路形成的过程中，思维的主体与思维的客体都必须受到应有的重视。

思路主要有以下几个特点。

超前性。由于思路是对事物运动方向的一种理性思考，以及对事物发展目标的一种预先设计，因此，从时间上来讲，领导干部的思路带有超前性。这种超前，可以是一天、一个月、一年，也可以是更长的时间。所以，在领导工作过程中，我们时常可以看到，有解决某一具体事情的工作思路，有某个部门或者某个地区年度工作思路，有国家或者地区未来几年的发展思路。领导干部在制定工作思路或者发展思路时，虽然离不开对过去和现在的分析，但是重点仍然是要面向未来，提前对事物的发展路径作出判断，并采取相应的措施和手段对事物发展过程进行控制，最终使事物的发展朝着预期的目标前进。

县委书记的好榜样焦裕禄，在兰考任职时间只有一年半，但在这短短的时间之内，他却集中精力去解决长期困扰兰考发展的三大问题：内涝、风沙、盐碱。焦裕禄要在兰考啃历朝历代都没有人敢啃、没有人啃下的硬骨头，身体力行地治理风沙、水涝和盐碱地，这些都不是立竿见影的事，甚至有可能出力不讨好。但是，这就是兰考人民当时所面临的生存和发展的最基础的事，是能使当地经济可持续发展的根本性问题。焦裕禄通过植树造林治风沙、挖沟渠治水涝、深翻土地治盐碱，正确的思路取得了很好的效果。

独特性。由于思维的主体和客体不同，个人在处理不同的问题时，思路必然不尽相同，体现出思路的独特性。也就是说，思路的形成可以通过借鉴成功者的经验，但不是照抄照搬，不是人云亦云，而是显示出思维主体独特的分析、综合、判断和推理能力。

香港问题的成功解决，一个十分重要的原因就是邓小平对于中国统一问题的深入思考和他提出的独特的思路。"一国两制"的伟大构想，可以说是前无古人的创举，为国际社会和平解决历史遗留问题提供了一个全新的思路。"一国两制"最早为解决台湾问题而提出，首先在香港问题上实施。中国以"一国两制"方式对香港恢复行使主权，可以说是世界现代历史上的一个奇迹。英国首相撒切尔夫人说过，"一国两制"的构想是没有先例的，它为香港特殊的历史环境提供了富有想象力的答案。联合国秘书长也称赞此举为其他国家树立了一个成功解决困难问题的榜样。

稳定性。思路形成之前有选择比较的余地，经过对多种选择的权重之后，形成坚定不移的思路，即目标思路。在思路付诸实施过程中，有多样性的路径同步实施，形成稳定的过程思路。因此，思路一旦确立以后，就具有相对的稳定性和连续性，不能随心所欲加以变更，否则，将导致事物的发展目标和方向出现混乱。

（二）思路宽的内涵

领导干部的思路宽，是指领导干部在处理问题的时候，能够在多样性的价值体系基础之上，提出多种可供选择的方案，最终形成具有科学性、预见性、系统性、创造性的目标思路。换句话说，就是指考虑问题的范围要宽，考虑问题的角度要广，解决问题的办法要新。领导工作中，无论是长远决策，还是具体部署，领导干部都必须事先进行认真的思考，形成切实可行的思路。如果不谋而断、不思而行，必然要造成失误。这种思考，必须建立在全局观、长远观、科学的发展观、正确的政绩观的基础之上，建立在遵循时代趋势、把握发展规律的基础上。

思路宽主要具有以下几个方面的特点。

科学性。领导者思路的形成过程离不开分析、综合、判断和推理，离不开对客观物质世界的正确认识，因此，思路宽，并不是说只要拿出若干种解决问题的办法和意见就行，而是指领导干部的思路能够客观准确地反映事物的本质和规律，对前进的方向有一个准确的判

断，对发展的目标有一个合理的定位，对实现目标的方式和途径有严密的论证，充分体现出思路的科学性原则。

1935 年 1 月，中共中央政治局在遵义召开了具有划时代意义的一次重要会议。遵义会议集中全力解决了当时具有决定意义的军事问题。政治上则只是在组织上作了一些调整。毛泽东开会一向是先听别人发言，而这次他却例外地没等到最后发言。他在发言中点名批评了李德和博古，但是他只谈军事问题，只字不提及政治问题，有意绕开两条路线的对立。在会上有人提出批判和纠正六届四中全会以来的政治错误。毛泽东机智地制止了这种做法。在当时，有不少人对这次会议决议感到不满意，认为会议只批判了军事方面的问题，对危害至深的"左"倾路线没触及，好像留了个尾巴。会后有人问毛泽东，你早就看到了他们那一套错误，也早在反对他们，为什么不在会议上给予坚决的反对呢？事实上，毛泽东很清楚军事和政治之间的微妙关系，也看到了"左"倾路线的危害。但在当时军事工作是重心，压倒一切，还没到挑明政治问题的时候；毛泽东深知对手是有来头的，他们打着共产国际的旗号，当时如果要讨论政治问题，很可能使党发生分裂；毛泽东非常注意团结更多的人投身革命，给犯过错误的人以改正错误的机会，如果不采取恰当的方法，就会把一些人推到对立方面去，不利于革命队伍的发展。毛泽东对问题的全面考虑，对党内斗争的正确态度，处理问题的科学思路，保证了遵义会议的胜利召开。

实践性。领导干部因其所处的地位、所承担的职责，使他同社会实践活动发生更加紧密的联系。他的思维活动，思维的动力直接来源于社会实践，其思维的成果又直接作用和影响社会实践。领导干部的思路，作为其思维活动的直接体现，必然富于实践性。任何一种思路的出台必须建立在对实践进行深入调查研究的基础之上，同时还要能够切实用来指导实践，不能用于解决实际问题的思路，只能是幻想、空想，不能算是真正的思路。

系统性。世界是一个大的系统，现代化建设是一项巨大的系统工程，其中每个行业、每个部门、每个项目又都自成系统和互成系统，现代社会是多维、多向、多因素、多层次纵横交错的立体网络大系统。系统性是客观世界的一个重要属性。正是由于思维对象的这种系统性，决定了系统性是思路宽的一个重要原则。思路宽的领导者，常常能够以系统观点来考察事物，不仅考虑事物发展的局部，而且考虑事物发展的全局；不仅考虑眼前，而且考虑到长远；不仅考虑到事物内部各个要素之间的联系，而且考虑到事物本身与周边环境的关系，因此，这样的领导干部在处理问题时，能够左右兼顾，能够纵横捭阖，极力避免头痛医头、脚痛医脚的现象。

宋神宗熙宁年间，担任权都水监丞（掌管水利方面的官）的侯叔献征发民工，在潍阳县境内掘开汴河河堤，引用汴河中的大量泥沙淤灌田地。谁料这一年，洪汛特大，汴河水突然暴涨，洪水从掘开的河堤缺口汹涌而出，顿时堤防崩溃了。侯叔献决定，只有想办法泄洪，减缓凶猛湍急的水势，才有可能修复堤防，堵住决口。往哪里泄呢？侯叔献早就想好了：在离潍阳几十里的上游，在汴河河边，有一座废弃的古城，里面虽无人居住，房屋也都早已毁坏，但那几尺厚、几丈高的城墙却还是基本完好；用它来临时泄洪储水再合适不过了。侯叔献一声令下，带领民工们火速奔向上游那座古城边，连夜掘开了汴河河堤，把水引到古城里。第二天，下游的水量大大减少，侯叔献马上带领民工堵塞住了汴河河堤上的缺口。当古城里的水储满，又往汴河里流的时候，原来塌陷的堤已修复了。百姓的生命财产保住了，农田也免遭淹没。

创造性。创新是推动人类社会发展的巨大动力。思维能力欠缺的领导干部，面对困难和问题时，首先想到的会是前人的做法，自己先前的经历，因此，在工作中很难有所突破。思路宽的领导干部，突出的表现是不受定势影响，不受他人暗示，而是能够根据客观情况的变化，不断调整思考问题的角度，寻求解决问题的新办法、新途径，体现出独立的思维能力和创新品质。

日本索尼公司成功的原因在于它实行了提早重视国际市场的发展思路。索尼公司不同于传统的日本公司，它首先在国外打开市场，之

后才回国发展业务。以 60 年代为例，索尼的出口额已经超过了本国的销售额，产品畅销欧美。索尼先后在欧美等地成立了分公司，加快国际化的步伐。在 80 年代，索尼以"全球本地化"概念改革了索尼的企业结构，所谓"全球"，是指以索尼的东京总部作为管理及研发中心，管理日本公司及监管全球经营，在全世界各个市场上共享公司管理哲学、关键的核心技术和战略。索尼东京总部负责确保区域与总部之间可以互相合作。所谓"本地化"是指给予地区部门和分公司营销、广告、促销和产品执行权，使他们拥有充分的自主权和主动权，以适应当地市场的需要。

动态性。思路的确立受制于时空条件的变化。思路本身具有稳定性，但是对于思路宽的领导干部来说，思路的稳定性是相对的，一旦思维的客体发生了明显变化，解决问题的思路必须加以变化，否则就会犯形式主义和主观教条主义的错误。因此，思路宽的领导干部注意遵循"人事无常，世事无常"的法则，具有深刻反思过去的品质和能力，时刻把握着时代变化的脉搏，及时审视并调整自己的思维轨迹，使一切运行规范和行动计划始终处于动态控制之中。

中国共产党第十七次代表大会明确提出"又好又快发展"，与过去"又快又好发展"的经济发展思路有所改变。"好"字当头，又好又快，树立了中国经济发展新标杆。这个"好"字，既讲求经济发展的效益好，经济增长的质量高，又要求节能降耗的效果好，环境保护的成效大；既要经济发展的宏观效益好，又要让人民群众从中得到的实惠多。这个"好"字，又特别注重发展中的"协调"二字，即实现速度、质量、效益相协调，消费、投资、出口相协调，人口、资源、环境相协调。"好"字当头，又好又快发展，是在总结既往经验基础上发展理念的创新，是对科学发展观认识的深化和内涵的丰富。当然，强调发展的"好"，不是不要"快"，而是为了实现持续长久稳定的"快"。中国经济保持较快的发展速度是必要的。也正是多年的持续高速发展，让中国的国力空前强盛，为中国积累和创造了求"好"的条件。审时度势，抓住时机，及时实现经济发展从"又快又好"向"又好又快"转变，下大气力清除制约经济发展的种种"路障"，才能保障中国经济的列车又稳又快地奔驰向前。"好"字当头，又好又快发展，既是发展思路的调整，更是实际工作重点的变化。求"好"，就要把调整经济结构、转变发展方式放在更加突出的位置，把节约资源、保护环境、节约用地放在更加突出的战略位置，强化节能降耗和污染减排指标的约束；就要努力实现速度、质量、效益相协调，消费、投资、出口相协调，人口、资源、环境相协调；就要更加注重解决人民群众的切身利益，让群众享受经济发展的成果和实惠。

二、思路宽的内容

思路宽是一个具体的、历史的概念。不同的历史时期、不同的发展阶段，领导干部思路宽的内容并不相同。新时期，领导干部思路宽的主要内容包括以下几个方面：

（一）科学发展的思路要宽

科学发展观是中国共产党总结中国社会主义建设的经验和教训，从新世纪新阶段党和国家事业发展全局出发提出的重大战略思想，是对中国共产党三代中央领导集体关于发展的思想的坚持和创新，与马克思主义、毛泽东思想、邓小平理论和"三个代表"重要思想一脉相承。科学发展观的第一要义是发展，核心是以人为本，基本要求是全面协调可持续发展，根本方法是统筹兼顾。科学发展观不是教条，而是世界观和方法论。坚持科学发展观，其根本着眼点是要用新的发展思路实现又好又快的发展。

1. 明确新世纪新阶段中国经济社会发展的阶段性特征。认识特征，实际上就是对实践进行分析、综合、判断和推理的过程，是厘清发展思路的重要环节。中国共产党第十七次代表大会报告明确指出：进入新世纪新阶段，中国的发展呈现一系列新的阶段性特征，主要

是：经济实力显著增强，同时生产力水平总体上还不高，自主创新能力还不强，长期形成的结构性矛盾和粗放型增长方式尚未根本改变；社会主义市场经济体制初步建立，同时影响发展的体制机制障碍依然存在，改革攻坚面临深层次矛盾和问题；人民生活总体上达到小康水平，同时收入分配差距拉大趋势还未根本扭转，城乡贫困人口和低收入人口还有相当数量，统筹兼顾各方面利益难度加大；协调发展取得显著成绩，同时农业基础薄弱、农村发展滞后的局面尚未改变，缩小城乡、区域发展差距和促进经济社会协调发展任务艰巨；社会主义民主政治不断发展、依法治国基本方略扎实贯彻，同时民主法制建设与扩大人民民主和经济社会发展的要求还不完全适应，政治体制改革需要继续深化；社会主义文化更加繁荣，同时人民精神文化需求日趋旺盛，人们思想活动的独立性、选择性、多变性、差异性明显增强，对发展社会主义先进文化提出了更高要求；社会活力显著增强，同时社会结构、社会组织形式、社会利益格局发生深刻变化，社会建设和管理面临诸多新课题；对外开放日益扩大，同时面临的国际竞争日趋激烈，发达国家在经济科技上占优势的压力长期存在，可以预见和难以预见的风险增多，统筹国内发展和对外开放要求更高。从这一特征出发，领导干部既看到发展过程中取得的巨大成绩，又看到发展过程中存在的问题和不足，既能增强建设中国特色社会主义的信心和决心，又能更加明确今后的努力方向和奋斗目标，解决问题的思路就会更加正确，也必将更加宽广。

2. 坚持用发展的办法解决发展过程中的矛盾和问题，从而推动又好又快发展。从自然界到人类社会，从微观世界到宏观世界，从基本粒子到超星系的一切事物都在变化发展。发展是物质世界的本质特性。同时，在社会发展历史过程中，经济的基础性地位永远无法动摇。中国解决一切问题的关键在于发展。发展是硬道理，这是必须始终坚持的重要战略思想。不发展，就没有出路；不进步，就必然退步。邓小平指出："这个问题要搞清楚。如果分析不当，造成误解，就会变得谨小慎微，不敢解放思想，不敢放开手脚，结果丧失时机，犹如逆水行舟，不进则退。"① 要想提高人民群众生活水平，解决经济和社会生活的各种矛盾，维护社会稳定，实现全面建设小康社会和现代化建设第三步战略目标，其办法是发展；要想增强国防实力，维护国家安全，其办法是发展；要想履行维护世界和平与促进共同发展的责任，在风云变幻的国际局势中立于不败之地，其办法是发展。新世纪新阶段中国存在的一切阶段性问题和困难都要靠发展来解决。一个地区、一个部门，要想改善人民群众的生活状况，真正实现人民群众住有所居、病有所医、老有所养等一切问题，都必须依赖于发展。领导干部必须把发展作为解决一切问题的根本方法，牢牢扭住经济建设这个中心，树立科学的发展思路，制定切实可行的发展措施，为提升自己所在地方的综合实力，构建全面小康社会打下坚实的物质基础。

3. 把以人为本作为科学发展的核心。唯物史观认为，人民群众既是人类社会物质财富和精神财富的创造者，是发展先进生产力和先进文化的主体，又是社会变革的主导力量，是改革开放和现代化建设实践的主体。领导者要清醒地认识到，促进经济社会的发展，不仅是物质财富的积累，更重要的是实现人的全面发展；发展经济的目的，不仅是为了满足人民日益增长的物质文化生活需要，而且还应该包括满足人民生命健康和安全的需要，人的全面发展的需要。领导干部要自觉贯彻执政为民的价值取向，始终坚持发展为了人民、发展依靠人民、发展成果由人民共享的发展理念，把实现好、维护好、发展好最广大人民群众的根本利益作为自己奋斗的根本目标，带领和引导人们群众妥善处理根本利益和具体利益、长远利益和眼前利益的关系，使广大人民群众充分享受到经济和社会发展的成果。全心全意为人民群众就能坚定地相信群众、依靠群众、关心群众，自觉完善"深入了解民情、充分反映民意、广泛集中民智、切实珍惜民力"的决策机制，推进决策科学化、民主化，实现领导思路清晰、合理，努力使各项方针政策更好地体现人民群众的根本利益。

① 《邓小平文选》第 3 卷，人民出版社 1993 年版，第 377 页。

华西村吴仁宝"以人为本"的观念非常强，他的"做一切事都要为老百姓"、"不怕老百姓不听话，就怕不听老百姓的话"的理念，鲜明地体现了党的宗旨。在华西村的建设发展过程中，吴仁宝一直强调，既要满足老百姓的"面子"，又要满足老百姓的"里子"，也就是说，老百姓既满足物质上的需求，又满足精神上的需求，实现人的价值和尊严。

4. 注重全面协调可持续发展。发展是指事物前进上升的运动变化，是指新事物的产生，旧事物的灭亡。科学发展，不同于一般意义上的发展，领导干部必须树立系统、全面、协调发展的观念，才能探索科学发展的正确思路和对策。如果只有经济发展，忽视社会事业的发展，最终是其他社会发展要拖经济发展的后腿，整体发展还是上不去；只有物质文明建设，不重视政治文明和精神文明建设，最终政治文明和精神文明就会拖住物质文明的后腿，物质文明同样上不去；只有城市发展，不解决农村发展，农村拖住城市后腿，最终整体发展还是上不去；没有农村的小康，就没有全国的小康；只有东部地区的发展，不大力推进中西部发展，也没有整体的健康发展。因此，领导干部必须加强各种发展要素的内在联系和有效整合，推进各方面发展的良性互动，注重人口增长、生产扩大、消费升级与资源环境的承受能力相适应，注重发展的多样性，强调一切从实际出发，因事制宜，因地制宜，实行多样化的发展模式，努力避免一条腿长、一条腿短的现象发生。

5. 用战略思维谋划发展。所谓战略思维，就是关于实践活动的全局性思维，其根本特征是正确处理实践活动中各方面、各阶段之间的关系，以达到全局的最佳效果。它要求领导干部在实施领导工作的全过程中，始终善于从全局、长远的高度上来观察、思考、谋划和处理。战略思维的全局性、系统性、前瞻性、创造性等特点，必然会给领导者提供新的决策思路。它使领导干部在决策时目光远大、思路开阔，善于审时度势，未雨绸缪，往往在"山重水复疑无路"的困难情况下，能不囿于前人，不拘泥于现有，想他人所未想，做他人所未做，别具匠心，另辟蹊径，从而作出棋高一着的高明决策，最终达到"柳暗花明又一村"的美好境界。当前，经济全球化的趋势加快，任何一个国家、一个地区的经济发展都不能游离于世界整体发展趋势之外。加快发展，不能仅仅立足一个地区或一个部门，还要放眼全国、放眼世界，在全球经济一体化的大格局中扬长避短，扬优成势。

6. 把握发展过程中的重点。由于思路是对事物发展过程的理性思考，因此，它不仅关注事物发展过程中矛盾的普遍性，而且特别关注事物发展过程中的主要矛盾和矛盾的主要方面，即把握事物的重点。领导过程中的重点，概括地讲，就是指那些有决定意义的问题，大致有三类：一是中心任务，它决定战略主攻方向，对全局的发展起主要的决定作用。当前，中国的中心任务就是经济建设。各个地区的中心任务同样是经济建设，各个部门必须围绕经济建设这个中心来开展工作。二是重大矛盾和战略布局。主要矛盾规定了工作的战略主攻方向，但主要矛盾不是唯一矛盾；围绕主要矛盾还有一系列重大矛盾，它规定了工作的战略布局，主要矛盾和重大矛盾相互联系、相互作用，共同推动全局的发展。例如在中国社会主义现代化建设中，围绕经济建设这个中心，必须正确处理改革、发展、稳定之间的关系，经济、政治、文化、社会之间的关系，城乡、区域之间的关系，先富、后富、共同富裕之间的关系，公有制与非公有制之间的关系，经济建设与人口、资源、环境之间的关系，经济建设和国防建设之间的关系，中央和地方之间的关系，中国和世界之间的关系等等。这些重大矛盾或重大关系，对中国社会主义现代化建设全局具有重大影响，是必须着力加以解决的。三是关键环节和工作的着力点。构成全局的各个局部在发展中是不平衡的，有些局部比较薄弱，有的局部最薄弱，这些最薄弱环节中的某些重要环节常常成为制约全局发展的关键环节。善于抓住并着力解决这些关键环节，是加快推动全局发展的必要条件。不要求平均使用力气，也不要求面面俱到，而是要抓住重点，集中力量加以突破，这正是科学发展思路宽的重要体现。

（二）改革创新的思路要宽

改革就是要运用新的办法、采取新的措施改掉先前不合时宜的东西。据史书上记载，赵武灵王是赵国一位奋发有为的国君，为了富国强兵，他调整了发展的思路，实行了"胡服骑射"的军事改革。改革的中心内容是穿胡人的服装，学习胡人骑马射箭的作战方法。让汉人去向自己的对手而且又是一个小小的外族学习，当时遇到的阻力可想而知。为此，赵武灵王力排众议，带头穿胡服，习骑马，练射箭，亲自训练士兵，使赵国军事力量日益强大。西退胡人，北灭中山，成为"战国七雄"之一。

创新就是要做出前人没有做过的事情，并且这种事情符合科学发展观的要求，经得起历史的检验。在市场竞争中，要立于不败之地，就必须不断开阔创新的思路。英国的《太阳报》是一家有100多年历史的老报。早期的报纸广告偏向日用品，且效果一般。在这种情况下，《太阳报》却扩大广告版面。最初，报纸销量下降30%，但一年之后，销量就奇迹般上升5%。他们是怎样做到的呢？原来他们发现广告创意设计不好是其效果不佳的重要原因，于是他们招聘了一批有美术专长的员工以漫画的形式设计广告。在广告内容上开始刊登一些电影、马赛等大众关心的东西。果然大受欢迎，其他报纸纷纷效仿。《太阳报》见效果已达到，立刻出其不意地宣布削减广告比重并把报纸定位为信息源泉。在新闻报道上尽量贴近生活，此外还开办了一些与读者互动的热线话题栏目。这些措施让读者爱不释手。其他报纸当然又纷纷效仿，但《太阳报》的革新精神却是他们效仿不了的。进入20世纪80年代，《太阳报》与《泰晤士报》竞争更趋激烈，《太阳报》又采取了"订一赠一"，"月末送周刊"等措施，因而始终处于不败之地。

改革创新是社会发展的推动力。人类社会的每一次进步，都必然伴随着社会体制机制的改革和知识与科技的创新。正是由于持续不断的改革和创新，才推动人类社会从石器时代、青铜器时代、铁器时代进入到近代社会的蒸汽机时代、电气时代以及今天的信息时代。所以，江泽民曾经指出："改革创新是一个民族进步的灵魂和精神支柱，是一个国家兴旺发达的不竭动力。"胡锦涛在中国共产党第十七次代表大会上再次强调，中国特色社会主义事业是改革创新的事业。党要站在时代前列带领人民不断开创事业发展新局面，必须以改革创新精神加强自身建设，始终成为中国特色社会主义事业的坚强领导核心。人类社会已经进入了一个创新主导发展的新阶段。在当今世界多极化和经济全球化不断发展，科技进步日新月异，综合国力竞争日趋激烈的国际背景下，要增强中国的竞争实力，领导干部就必须进一步拓宽改革创新的思路，不断取得改革创新的实效。

1. 增强改革创新的自觉性。社会要前进，必需进行改革创新。建设中国特色社会主义事业必须继续坚持改革创新。中国特色社会主义事业是人类历史上前所未有的事业，中国共产党之所以能够领导人民不断开创中国特色社会主义事业发展新局面，取得一个又一个辉煌的成绩，一个十分重要的原因就是中国共产党始终能够团结和带领全国各族人民，以改革创新精神明确回答一系列时代课题。但是，改革没有止境、创新没有止境。领导干部必须进一步增强改革创新的自觉性和主动性。尤其是在当前情形下，中国改革发展正处于关键阶段，经济体制深刻变革，社会结构深刻变动，利益格局深刻调整，思想观念深刻变化。面对经济社会发展中的新情况、新问题、新矛盾，各级领导干部必须始终保持清醒头脑，正确把握形势变化，这就要求进一步增强自己改革创新的自觉性和主动性，克服故步自封、不思进取、畏首畏尾、墨守成规的思想观念，坚持用改革创新的思路和办法研究新情况、解决新问题、化解新矛盾，在改革创新中开创社会主义现代化建设新局面。

日本索尼公司具有改革创新的自觉性。它十分注重开发新的产品。在成功期，索尼有九千多个工程师和科研人员，每年投资十几亿美元作研究，开发一千多种新产品，从而奠定了索尼在世界消费电子行业的领先地位。一直以来，索尼抱着"不拘泥于现有技术、独立研

究开发前所未有、触动消费者心弦的产品、创造全新的市场与需求"
的信念创造了无数第一：1957 年推出第一款便携式晶体管收音机；
1960 年推出全世界第一台晶体管电视；1979 年推出全球第一部随身
听；1984 年推出全球第一部光盘随身听。

2. 准确把握时代主题。马克思主义认为，生产力是人类社会发展
的最终决定力量，社会必需建立在发达的生产力基础上。新中国成立
以来，特别是改革开放以来，中国的生产力得到了快速发展，人民群
众的物质文化生活得到空前改善。但是中国仍然是发展中国家，正处
在并将长期处于社会主义初级阶段，中国社会的主要矛盾仍然是人民
日益增长的物质文化同落后的社会生产之间的矛盾，解放和发展生产
力始终是目前这个阶段的中心任务。由此决定了实现科学发展、进行
全面的小康社会建设是中国当前的时代主题。因此，中国的改革创新
必须紧紧围绕发展这个时代主题，改革创新的重点应该集中在解决发
展生产力的问题上。偏离了这个时代主题，改革创新必然迷失方向。

有这样一个故事：内地山坡上，放羊娃在玩耍，羊群在悠闲地吃
草。或问："放羊干啥?""卖钱。""有钱干啥?""盖房。""盖房干
啥?""娶媳妇。""娶媳妇干啥?""生娃。""生娃干啥?""放羊。"
这"羊的怪圈"正是封闭性思维的生动写照。

领导干部要顺应时代的发展，要跟上时代的潮流，就必须突破
"羊的怪圈"，就必须冲破传统思维方式的桎梏，只有这样，才能使思
维在更广阔的天地翱翔，才能使思路在创新的发展中宽广。

3. 正确面对改革创新过程的失误和不足，坚定改革创新的决心和
信心。改革创新，就是要走前人没有走过的道路，甚至是对前人已经
走过的道路、用过的方法的一种扬弃，所以在改革创新的过程中谁也
不可能做到十全十美，一点差错不出。各级领导干部，特别是高级干
部要善于辩证地看待改革创新中出现的问题和不足。不能因为一时一
事出现了差错，就对改革创新取得的成绩全盘否定，就从此裹足不
前，不敢越雷池半步，而是要善于从改革创新的整体效果来看待问
题，善于对改革创新的历程进行思索，对其经验和教训进行总结，坚

定改革创新的决心和信心。同时，对于改革创新的群体和个人，要善于正确地予以评价，形成正确的舆论导向，只要不是出于个人或小集团的私利而故意造成的错误，对那些积极改革创新的行为都应当客观公正地进行评价，对他们一时出现的错误和不足必须谨慎对待，宽容处理，从而营造一种有利于改革创新的宽松环境。

4. 大力培养改革创新型人才。改革创新的主体是人民群众。弘扬改革创新的时代精神，必须培养一大批创新型人才，充分发挥他们的带头作用和示范功能。一个国家和民族，如果没有一大批富有创新精神的成员努力发挥创新能力，创造出一大批科技成果并及时转化为新的生产力，要自立于世界民族之林是不可能的。领导干部要把重视和培养高素质的创新人才，作为"提高自主创新能力、建设创新型国家"的当务之急。在发展中国特色社会主义的事业中，创新性人才必须具备以下特点：有服务社会的创新责任感、追求科学真理的创新精神、敢为人先的创新勇气、严谨诚实的创新道德、善于合作的创新禀赋、不畏挫折的创新意志，必须具有敏锐性、流畅性、变通性、发散性、独创性的思维；必须具备作为创造基础的基本知识技能，具有获取和利用新知识信息的能力、操作应用能力和一般创造技法等。

5. 改革创新必须与保持社会稳定相结合。改革创新的前提是社会的稳定。一个地区，不改革创新，就没有动力；不稳定，就一事无成。也就是说，两者关系处理得当，就能保证改革创新的健康平稳运行，否则必将付出沉重的代价，甚至给社会带来巨大灾难。改革创新的思路宽，就是要坚持将改革创新和社会稳定相结合。在中国改革开放的伟大实践中，中国共产党没有采取"硬着陆"等激进的方案，而是始终坚持渐进式的改革策略，始终注意协调改革的力度和发展的速度同社会可承受程度的关系，既避免了由于举措不当而出现的经济严重衰退、社会矛盾激化和社会剧烈动荡，又使社会充满活力、和谐和稳定。各个地方的领导干部在主持一个地方、一个部门的改革创新时，同样需要注意同社会稳定相结合，决不能片面追求改革创新，更不能以改革创新为理由，损害人民群众的切身利益，影响社会的稳

定，导致社会的发展出现不和谐因素。

6. 大力推进理论创新和实践创新。领导干部改革创新的思路宽，还要体现在既重视实践创新，又重视理论创新，二者不能偏废。实践基础上的理论创新是社会发展和变革的先导。要使中国共产党领导的的伟大事业不停顿，首先理论上不能停顿。如果因循守旧，思想僵化，社会的创造活力就会被扼杀、生机就会被窒息。当今世界的变化日新月异，中国改革开放和现代化建设事业的伟大实践在不断推向前进，迫切要求领导干部大力推进理论创新。通过理论创新来推动制度创新、科技创新、文化创新和其他各方面的创新。

邓小平在解决"三农"问题的宽广的理论思路，为解决中国农业发展存在的困难，实现农业现代化作出了巨大贡献。邓小平一向把"三农"问题看做是中国经济发展和现代化建设的根本问题。他紧紧围绕"中国是个农业国、农村人口占全国人口的百分之八十"这个实际，紧紧把握中国社会主义初级阶段这个国情，以建设中国特色社会主义为主线，全面思考"三农"问题和建设中国特色社会主义的整体发展战略，不断推进农村改革，探索适合中国国情的农业现代化道路。他全面规划和设计中国社会主义现代化和改革开放的宏伟蓝图，思考的起点和关注的重点都是"三农"问题，他总是把农村的改革和发展放在整个经济改革和发展战略的首位。他指出农业要有"两个飞跃"的思想，即"中国社会主义农业的改革和发展，从长远的观点看，要有两个飞跃。第一个飞跃，是废除人民公社，实行家庭联产承包为主的责任制。这是一个很大的前进，要长期坚持不变。第二个飞跃，是适应科学种田和生产社会化的需要，发展适度规模经营，发展集体经济。这是又一个很大的前进，当然这是很长的过程。"正是基于以上分析和判断，邓小平提出了"发展农业，一靠政策，二靠科学，三靠集体力量"的思路，为中国农业发展找到了一条十分宽广的出路。

同时，领导干部还要特别重视实践创新，要在实践中不断检验真理，不断完善真理，将实践中创造的新鲜经验及时总结上升为理论，用以指导新的实践。

7. 正确认识改革创新与科学发展的关系。在建设中国特色社会主义事业的伟大实践中，科学发展与改革创新密不可分。首先，科学发展观不仅是用来指导科学发展的，而且是用来指导和完善改革开放的。改革创新不是随心所欲，而是立足于发展实践的要求，在正确认识客观规律的基础上，对已有的思想观念、体制机制、行为方式等进行变革、完善和超越。其次，改革创新的目的在于推动科学发展、促进社会和谐，更好地实现好、维护好、发展好最广大人民的根本利益。第三，只有通过改革创新才能够建立起统筹城乡发展、区域发展、经济社会发展、人与自然和谐发展、国内发展和对外开放的长效机制，形成有利于优化经济结构和转变经济增长方式的体制和机制，走新型工业化的道路，建设资源节约型和环境友好型社会，促进社会公平和正义，使广大人民群众共享改革和发展的成果。因此，领导干部要把继续深化改革与深入贯彻落实科学发展观有机结合起来，善于从中国社会主义现代化建设的整体格局进行思考和展开，作出符合科学发展的改革决策。

（三）尊重实践的思路要宽

实践的观点是马克思主义的基本观点。充分的实践有利于人们把握事物发展的规律，从而找出适合指导事物正确发展的道路。因此，只有注重实践，才能从丰富生动的实践中不断总结经验，吸取教训，从感性认识上升到理性认识，逐步把握事物发展的规律；才能自觉地摆脱不合时宜的观念、做法和体制的束缚，摆脱主观主义和形而上学的桎梏，从而主动地创新领导工作思路。正如毛泽东所指出的那样，"要从战争中学习战争"①，"经验多的军人，假使他是虚心学习的，他摸熟了自己的部队的脾气，又摸熟了敌人的部队的脾气，摸熟了一切和战争有关的其他的条件如政治、经济、地理、气候等等，这样的

---

① 《毛泽东选集》第 1 卷，人民出版社 1991 年版，第 181 页。

军人指导战争或作战，就比较地有把握，比较地能打胜仗"①。正是由于不断的实践，才使领导干部在面对从来没有遇到过的艰巨课题过程中新思路、新办法层出不穷。当客观环境、社会背景和广大群众的实践等发生新的变化时，就必须及时地随着这些变化而进行新的解放思想过程。邓小平讲："我们改革开放的成功，不是靠本本，而是靠实践，靠实事求是。"②

1. 以实际问题为中心。领导者实践的思路再宽，一旦脱离实际问题，天马行空，将出现南辕北辙的现象，导致损害人民切实利益的严重后果。一切都要以改革开放和社会主义现代化建设的实际问题、以我们正在做的事情为中心，着眼于马克思主义理论的运用，着眼于对实际问题的思考，着眼于新的实践和新的发展。邓小平曾一再重申："中国搞社会主义走了相当曲折的道路。20年的历史教训告诉我们一条最重要的原则：搞社会主义一定要遵循马克思主义的辩证唯物主义和历史唯物主义，也就是毛泽东概括的实事求是，或者说一切从实际出发。"③ "党的十一届三中全会的基本精神是解放思想，独立思考，从自己的实际出发来制定政策。……不但经济问题如此，政治问题也如此。"领导干部必须"重视群众意见，解决群众困难"④，不断深入群众、深入基层，通过建立领导联系点制度、领导责任制度、群众监督评议制度，才能真正了解老百姓所思、所想、所需，为人民群众办实事、办好事、解难事，在认认真真解决存在于人民群众生产生活中各种难题的同时，也解决自身存在的各种问题。

《三国演义》中刘备的故事给我们最深刻的启示是：胜败的关键在于领导干部，领导工作的关键在于领导干部在指导上能否提出符合实际的新思路。西蜀政权的创建、发展与衰亡的过程，充分地说明了这个历史逻辑。曾被人们认为胸有大志的刘备，在三顾茅庐之前，虽

---

① 《毛泽东选集》第 1 卷，人民出版社 1991 年版，第 180 页。
② 《邓小平文选》第 3 卷，人民出版社 1993 年版，第 382 页。
③ 《邓小平文选》第 3 卷，人民出版社 1993 年版，第 118 页。
④ 《邓小平文选》第 3 卷，人民出版社 1993 年版，第 260 页。

然有光复汉室、夺取天下的奋斗目标，但是由于身边无高层次的谋臣，在军事斗争的指导上没有新的思路，纵有勇猛无敌的武将关羽、张飞、赵云，还是漂泊不定，经常失败。刘备投靠过公孙瓒，归顺过曹操、袁绍，依附过刘表，听命过吕布。"三顾茅庐"之后，诸葛亮为刘备提供了一条指导战争的新思路，即著名的"隆中对"。从此，刘备的事业才有了崭新的局面。后来，刘备依靠诸葛亮按照既定思路，到东吴游说，建立了蜀吴联盟，与东吴联合败曹魏于赤壁；借占荆州建立了根据地，西出益州，建立了蜀汉政权；后又定汉中，使蜀汉发展到了鼎盛时期。而在诸葛亮死后，由于蜀汉人才短缺，宦官当道，日益衰落，最终被魏所灭。

2. 决策与实践并重。领导过程离不开领导决策，更离不开领导实践。任何一项决策，只有落实到具体的工作中，对人民群众的生产生活产生了积极的影响，才具有真正的价值和意义。中国共产党的根基在人民群众中，中国共产党的威信来自于为人民谋利益的决策和实际取得的效果。如果只作决策不抓落实，只对群众许愿不给群众实实在在的利益，必然会失信于民，必然损害党的形象和威信。领导干部必须牢固树立执政为民的思想，继承艰苦奋斗的光荣传统，发扬求真务实的时代精神，带领人民群众不断建设自己的幸福生活。同时，要把人民群众看做是检验实践价值的最终裁决者。中国共产党始终代表最广大人民群众的根本利益，中国共产党的实践是否真正有价值，关键是看它能否满足最广大人民群众的利益需求。领导干部在实践中再努力，但如果实践的结果却是破坏了环境、阻碍了发展、损害了人民群众的利益，甚至引起了人民群众的公愤和不满，这样的实践不仅没有丝毫价值，反而还会有损中国共产党的形象。因此，领导干部在实践过程中，一定要以人民群众答应不答应、高兴不高兴、愿意不愿意为准则，真正为人民群众谋取更大利益。

3. 理论与实践结合。马克思主义认为，在理论与实践的关系上，实践是理论的基础，是理论的出发点和归宿点，实践对理论起决定作用，理论必须与实践紧密结合，理论必须接受实践的检验，为实践服

务，随着实践的发展而发展。也就是说，理论必须与实践相结合。可是，在实际生活中，容易产生两种错误倾向：一种是片面强调理论的重要性、轻视实践经验的教条主义倾向，对于这种倾向及其危害，中国共产党在历史上有过深刻的教训，因此，从哲学层面来讲，领导干部既要坚持马克思主义的基本原理，但又必须与中国的实际情况相结合，且在实践中发展和丰富它。中国共产党正是坚持了这一思路，才建立了富于时代性和创造性的中国特色社会主义理论体系。从实践层面本身来看，中国共产党制定的大政方针，领导干部必须坚决加以贯彻落实，但是由于中国共产党的大政方针不是针对某一局部的，而是针对全局的，带有普遍性，所以，领导干部在贯彻落实过程中不能生搬硬套，而是要深刻领会党和国家出台的各项政策的精神实质，深刻领会蕴含其中的世界观和方法论。另一种是片面强调实践的重要性、忽视或不能全面理解理论对实践的能动作用的唯实践主义倾向。在强调实践观点在马克思主义哲学体系中的重要性的同时，自觉不自觉地、有形无形地形成了一种理论上的唯实践主义倾向。对于这种倾向，许多领导干部缺乏必要的警惕，没有自觉地意识到它的存在，当然也就对其危害性估计不足，在实际工作者中，自发的唯实践主义倾向有较大的市场。因此，尊重实践的思路宽，就是要既反对教条主义倾向，又反对唯实践主义倾向，就是要做到理论与实践的完美结合。

4. 充分尊重人民群众在实践中的伟大创造。人民群众是推动历史前进的巨大动力，是进行改革开放的实践主体，他们在实践中，不仅创造了丰富的物质财富，而且创造了丰富的精神财富，领导干部必须尊重人民群众在实践中的伟大创造。历史和现实一再说明，只有充分尊重人民群众在实践中的伟大创造，才能极大激发广大人民群众参与中国特色社会主义事业建设的热情，充分发挥他们的积极性、主动性和创造性。尊重人民群众的实践创造，一是要大力发扬民主，虚心而全面地听取群众的意见，集思广益，探寻真正切合实际的思路，找到解决问题的办法。毛泽东说："一个问题来了，一个人分析不了，就大家来交换意见，要造成交换意见的空气和作风。我这个人凡是没有

办法的时候，就去问同志，问老百姓。"① "力量的来源就是人民群众。不反映人民群众的要求，哪一个人也不行。要在人民群众那里学得知识，制定政策，然后再去教育人民群众。所以要当先生，就得先当学生，没有一个教师不是先当过学生的。而且就是当了教师之后，也还要向人民群众学习，了解自己学生的情况。"② 要学习人民群众的创新精神。少数领导干部严重脱离人民群众，甚至极度轻视人民群众，对人民群众在实践中的创造熟视无睹，其结果是使自己对于上级政策的执行和出台的相关决策偏离实际越来越远，给国家和人民造成的损失越来越大。二是要善于对人民群众的创造性成果进行整理和提炼。群众的意见毕竟是分散的、无系统的，领导干部要对收集到的群众意见进行分析、比较、整理、提高，并在实践中进行再次试验，进而形成科学的领导思路。中国的农村联产承包责任制、乡镇企业改革、村民自治选举等等都是中国共产党集中人民群众智慧并进行提高的结果。

5. 勇于实践。矛盾的普遍性决定了实践过程中必然会出现这样那样的困难和问题，尤其是在改革创新和科学发展的实践过程中，领导干部面对困难和问题，没有一种战无不胜的勇气，就必然会望而却步，容易导致半途而废或因循守旧的现象，工作上永远没有起色，始终原地踏步，人民群众的生活得不到改善、利益得不到维护。领导干部必须具备实践的勇气，具备艰苦奋斗的精神和为群众利益奋不顾身的勇气，才能担当重任。此外，领导干部还要有一定的智慧，这个智慧体现在领导实践中，最重要的就是能够坚持原则性与灵活性的统一。坚持原则性与灵活性的统一，有利于调整系统的功能结构，优化系统组合，实现系统整体功能最大化。列宁说过，应当把对于共产主义思想的无限忠诚同善于在实践中进行一切必要的妥协、机动、通融、迂回、退却等等的才干结合起来，这实际上就是要求领导者在实践过程中必须坚持原则性与灵活性的统一。这里要特别提出的是，所

---

① 《毛泽东文集》第3卷，人民出版社1999年版，第393页。
② 《毛泽东文集》第8卷，人民出版社1999年版，第324页。

谓坚持原则性与灵活性统一，就是说两者不能偏废，也不能过头。一定要把握好原则性与灵活性两者之间的度。现在，只讲原则性不讲灵活性的领导干部有之，但是只讲灵活性不讲原则性的干部似乎也不少，他们将灵活性变成了玩弄手中权力的最好魔杖，人民群众对此反响强烈。

中国共产党的好干部牛玉儒在工作中奋发有为、积极进取，用独特的思路造福一方百姓。1996 年 5 月 3 日，包头遭受了自唐山大地震后，在中国百万人口以上中心城市爆发的最大一次地震。作为市长的牛玉儒没有被灾后重建的困难所吓到。他经过深思熟虑，提出要用新的理念改造、建设城市，即城市建设与经济社会协同发展的延展性思路。他认为，城市建设是个经济概念，也是个文化现象，应该突出人文，体现美学、提升品位、营造亮点，进而形成招商引资大平台，让鹿城有鹿，让钢城有情。牛玉儒细勘察、精规划、巧设计。尤其强调"重建不是重复，在确保质量的前提下，一定要考虑科学性和美观性，避免千篇一律'火柴盒'。"在他这一思路指导下，经过各个部门工作人员的全力奋战，绿草如茵，鹿鸣呦呦，音乐喷泉，水幕电影，一个充满现代气息的银河广场呈现在包头人们面前，也呈现在世人面前。当初，当这块处于黄金地段的土地作为建设用地确定下来时，社会各界众目聚焦，议论纷纷。提出建高楼的有之，提出盖商场的也有之，还有人提出要将土地卖给开发商赚一笔大钱。面对各种各样的声音，牛玉儒力排众议，一语中的："我们搞城市建设，既要考虑经济效益，也要考虑生态效益，还要考虑不断提高城市的品位，否则招商引资的'洼地'就无法形成，城市建设也会陷入单纯追求经济效益的漩涡。"一个果断的决断，主宰了一方热土的命运，这块黄金宝地建成了广场绿地，变成了包头市城建标志性的景观。一场"绿色革命"，改变了人们的观念，演化成"民心工程"。

6. 总结实践经验。实践是一个过程，从时间维度上看，它可以分为过去、现在和将来三个阶段。尊重实践，不仅要立足现在，放眼未来，还要重视过去，因为未来是现在的延续，现在则是过去的延续，

割断现在与过去的联系，就必然陷入主观主义的泥潭。所谓重视过去，实际就是要对过去实践活动的得失进行反思，对正确的做法表示肯定，对错误的做法表示否定，实现在继承基础上的创新。领导干部要善于将实践的成功经验和失败教训提高到哲学高度去加以分析和认识，从世界观和方法论上引出必要的结论，把它作为今后行动的向导。这样一来，不仅保证实践过程的连续性，而且保证了经验的总结是系统的而不是零碎的，是深刻的而不是肤浅的，从而有利于从根本上解决下一阶段实践中遇到的问题，不至于在纠正一种错误的时候走到另外一种错误上。正如毛泽东提倡的那样："任何工作，如果没有一般的普遍的号召，就不能动员广大群众行动起来。但如果只限于一般号召，而领导人员没有具体地直接地从若干组织将所号召的工作深入实施，突破一点，取得经验，然后利用这种经验去指导其他单位，就无法考验自己提出的一般号召是否正确，也无法充实一般号召的内容，就有使一般号召落空的危险。"①

7. 在实践中创新。实践过程充满了未知，中国古代有句俗语叫做"事非亲历不知难"。实践和创新是什么关系呢？实践是创新的基础，是检验创新的标准。创新是实践的成果，是实践不断发展的必然要求。社会要发展，人类要进步，就要不断实践，不断创新。没有实践，就无法创新。没有创新，实践就只能原地踏步。因此，领导干部要创新，就必须勇于实践，善于在实践中总结经验，汲取教训。只有这样，我们的事业才能不断发展，不断进步。一是要不断创新实践的方法和途径，解决实践过程中遇到的困难和问题。毛主席所教导的："实践、认识、再实践、再认识，这种形式，循环往复，以至无穷，而实践和认识之每一循环的内容，都比较地进到了高一级程度。"② 各级领导干部要学习革命导师和革命领袖的创新思想，就不能把创新仅仅停留在口头上，而是要在中央确定的路线、方针、政策指引下，结合实际，勇于实践，用实践来体现创新精神，以实践为标准来检验我

---

① 《毛泽东选集》第 3 卷，人民出版社 1991 年版，第 897 页。

② 《毛泽东选集》第 1 卷，人民出版社 1991 年版，第 296—297 页。

们的行动。二是要善于在实践中发现问题，能够从新的角度去看旧的问题，发现问题的症结所在，不断破解实践中的难题。领导干部尤其要善于换位思考，要从人民群众的角度观察问题、发现问题。三是要善于将实践中创造的新鲜经验加以及时总结，并上升为普遍意义的理论，形成理论创新的一系列成果，并用于指导新的实践。历史的积累，人类知识总量的积累，社会主义实践经验的积累，使今天的领导干部站到了一个从未达到的高度，比较容易看清历史的走向。

三、在不断探索创新中做到思路宽

（一）影响领导思路的几个主要因素

现实生活中，一些领导干部的思路十分宽广，而另一些领导干部的思路却十分狭窄。影响领导干部思路宽的因素十分复杂，既有先天因素，又有后天因素。以下几个方面的因素特别值得注意。

1. 观念因素。这里所说的观念，主要是指领导干部的世界观、人生观和价值观。观念左右人的思维，最终左右人的行动。领导干部的思路是否宽广，与其观念有直接联系。

（1）世界观。世界观是在社会实践的基础上产生和逐渐形成的、关于世界的本质、人和客观世界的关系等总的看法和根本观点。一般说来，人人都有自己的世界观，并以此来观察问题和处理问题。不同的世界观会指导人们采取不同的行动，从而对社会的发展起着促进或阻碍作用。辩证唯物主义和历史唯物主义是唯一彻底的科学的世界观，是无产阶级及其政党认识世界和改造世界的理论武器。领导干部能否用马克思主义世界观武装自己的头脑，即能否用辩证唯物主义和历史唯物主义来观察世界和思考问题，决定了其思路是否宽广。

（2）人生观。人生观是关于人生目的、态度、价值和理想的根本观点。它主要回答什么是人生、人生的意义、怎样实现人生的价值等

问题。其具体表现为苦乐观、荣辱观、生死观等。不同的人有着不同的人生观，比如有享乐主义人生观、厌世主义人生观、禁欲主义人生观、幸福主义人生观、乐观主义人生观、共产主义人生观，等等。只有共产主义人生观是无产阶级的科学的人生观，它把人的生命活动历程看做是认识和改造客观世界的过程，把消灭资本主义，实现共产主义，为绝大多数人谋利益，看做是人生的崇高目的和最大幸福；只有在这种人生观的指导下，领导干部的思路才会宽广。如果只从个人的利害得失、升迁荣辱考虑，就不可能开阔自己的思路。

（3）价值观。价值观是社会成员用来评价行为、事物以及从各种可能的目标中选择自己合意目标的准则，是驱使人们行为的内部动力。人的价值观左右人的思维和实践。具有良好思维品质的领导干部，他们的价值观，以自我以外的问题为中心，建立在对党、对社会、对人民、以至对人类无私奉献上，这样人的思维就会处于高度的兴奋状态，处理问题的思路就会宽广。而拜金者的价值观，则是以自我为核心，将党、社会、群众置之度外，处处为自己，时时考虑自己，认为只要是有利可图的，就都是"有价值"的；倘若是对自己无利的，则都是"没有价值"的，在这种价值观的支配下，人的思路必然十分狭窄。应该看到，当前一些领导干部身上还存在严重的形式主义和官僚主义，他们有的高高在上，饱食终日，无所用心；有的不讲科学，胡乱决策，盲目蛮干；有的搞文山会海，迎来送往，热衷于哗众取宠。具有这样的工作作风和工作态度的领导干部，根本就谈不上宽阔的思路，更谈不上创新性的思维、创造性的工作。

2. 学识因素。思路创新是认识真理和发展真理的过程，是对新事物、新问题的科学思考，是对实践经验的新概括。这一过程要求领导干部必须以丰富的知识储备作为基础。毛泽东在延安的一次演说中说过："一个人有了学问，好比站在高山上，可以看到很远的东西，没有学问，如在暗沟里走路，那会苦煞人。"[①] 同时，如果没有一定的知

① 《毛泽东年谱（1893—1949）》（中），人民出版社/中央文献出版社1993年版，第107页。

识作为基础，就必然没有足够的自信，缺乏足够的胆识，一遇事情，则谨小慎微，缩手缩脚，难以产生强烈的创新意识和创新精神，成就不了事业。领导干部增长学识，首先，必须具备一定的哲学知识。哲学是对自然科学和社会科学的概括和总结。马克思主义哲学，是科学的世界观和方法论，一方面，对人们的认识和实践活动有指导作用。它以高度概括的理论形式反映现实，从世界观、方法论的高度服务于实践，指导人们的实践活动。另一方面，对人们提高理论思维能力、创新领导工作思路有启迪作用。人们对客观事物的认识，不仅依赖于观察和经验，而且依赖于理论思维的能力。只有以马克思主义哲学作为自己的理论指导，才能掌握正确的理论思维和研究方法，进而顺利地从纷繁复杂的现象中探索事物的本质，找到解决问题的最佳办法。如果一个领导干部能够真正掌握并熟练运用马克思主义关于矛盾的特殊性原理，那么，他在形成处理问题的思路时，就能自觉地做到具体问题具体分析。如：就能够认识到在中国建设新农村的过程中，由于不同的地区的不同状况，所走的路子也应该不同；就能够认识到在中国社会主义市场经济中，市场与宏观调控相结合是具体的历史的统一，在不同的地区、领域、部门、行业和不同的时期，二者相结合的范围、程度和形式也应该有所不同；等等。反之，如果缺乏马克思主义哲学方面的知识，不能全面地辩证地看问题，只是从局部或者一个侧面思考问题，思路必然受到限制。其次，具备扎实的专业知识。科学家的科学发明是建立在他丰富的知识储备的基础之上的，领导干部处理问题的宽阔思路同样必须以丰富的知识作为基础。没有相关的专业知识作支撑，对事物的发展规律必然缺乏深刻的认识，思路同样很难打开。一些领导干部之所以成为经验主义者，靠经验，吃老本；之所以成为实用主义者，现用现学，都是因为没有系统地去掌握马克思主义基本理论，缺乏基本的理论素质，思路也就无法宽广。第三，要具备一些其他方面的知识。领导干部除了具有哲学知识和专业知识，还应该涉猎一些自然科学以及社会科学其他方面的知识，不断提高自己的文化素养和道德情操，提高知识的存量。知识越宽广，眼界也就

越宽广，思路也就越开阔。

3.心理因素。领导者的心理因素对于解决问题的思路具有客观实在的影响力。常见的因素有：

（1）情绪因素。个体人在不同情绪状态下的思维，特别是领导干部在怎样的情绪状态下进行问题解决的思维活动，对领导实践活动的效果有直接的不同影响。积极情绪状态下，领导干部的思维一般都比较活跃，思路因而比较开阔；消极情绪状态下，思维受到抑制，思路不可能开阔。

（2）动机因素。心理学研究表明，一个人之所以会出现某一种行为，其直接的推动力来自于社会需求动机。也就是说，动机决定行为。而行为又是思路的具体化。因此，可以说，动机决定思路。领导干部在形成处理问题的思路过程中，如果动机纯正，就有利于形成开阔的思路，如果动机不良甚至错误，则思路必然受到一定的限制。

（3）定势因素。定势是由先前活动所形成的、并影响后继活动趋势的一种心理准备状态。在环境不变的条件下，定势使人能够应用已掌握的方法迅速解决问题。而在情境发生变化时，它则会妨碍人采用新的方法。下面的一则故事对领导工作颇有启发。

山东煎饼摊子是入冬后才到小区的，两个小伙子推着三轮车在一家粮店的门口设摊。但居民大都还是习惯到粮店对面的那家河南人开的煎饼店里吃早点，只有个别人早晨上班赶时间，才会去山东煎饼摊子。看起来，两家煎饼的价格没啥不同：一个鸡蛋都是一元五，两个鸡蛋都是三元。不过看看分量还是有差别的：山东人的煎饼平板锅面积比河南人的大些，那盛的稀汤糊自然也就多些；"包装"上，除了一样大一样薄脆外，山东煎饼还往里头卷了几片生菜和葱花。算起来，山东煎饼实惠得多。可很多人就爱往熟地里扎堆，那山东煎饼摊子倒就一直冷冷清清的。两个山东小伙子无所事事时，就在三轮车前无精打采地瞎忙活：一个老是拿着铲儿敲打着锅沿，一个捏着个鸡蛋来回在两只手里倒腾。他俩眨巴的眼睛不时瞟向对面热闹的河南煎饼摊子，满脸是困惑和无奈——都二三个月了，山东煎饼还是没有一点

起色。春节前半个月，外地商贩纷纷回家过年，街头小店一个个关门歇业了。腊月十六，河南煎饼摊子贴出白纸黑字：明天歇业，正月十五后照常开业。腊月十七，人们满街寻找早点摊，却见只有山东煎饼摊子一家在那里孤零零地摆着。四周关闭的饭店把人们都赶到了山东煎饼摊子前，不一会儿就排起了长长的队。两个山东小伙终于大忙起来，一个这边不停地摊，一个那边不停地卷着打包。从早晨到晚上，两个人一直躬腰曲背忙得不可开交。差不多一个月，小区居民天天排着长队，没有选择地去吃山东煎饼。正月十五到了，小区的小店一个个又开张营业了。那河南人的煎饼铺子也开门接客了，不想，小区居民再很少有人去光顾，他们依旧排着长队拥挤在山东煎饼的摊子跟前。一个月的时间，居民们已经由被迫消费到主动消费，他们终于感受到了山东煎饼的价廉和物美，并热衷于那夹着生菜和葱花的吃法了。可见，"习惯势力"是个怪东西，改变它，生意才好做。① 其实，领导工作也是如此。

（4）启发因素。启发是指在其他事物或现象中获得的信息对解决当前问题思路的影响。作为存在于自然界、人类社会和日常工作生活之中的其他事物和现象是多种多样的，但从本质上来说，事物之间必然存在这样或那样的联系。善于发现事物和现象与当前需要解决问题之间的某种内在联系的领导者，在解决问题的过程中，一般都能"举一反三"，透过现象看本质，从而开阔自己的思路。

一只蜘蛛在断墙处结了网，把家安了下来。但是，它的生活并没有安宁，因为它常常会遭受风雨的袭击。一天，大雨又来了，它的网又一次遭受劫难。大雨刚过，这只蜘蛛向墙上支离破碎的网艰难地爬去。由于墙壁潮湿，它爬到一定的高度就会掉下来。它一次次地向上爬，一次次地又掉下来……一直在里面避雨的三个人看到蜘蛛爬上去又掉下来的情景，开始讨论起来，他们的观点却大不一样。第一个人看到后，叹了一口气，自言自语地说："哎，我的一生不正如这只蜘

---

① 转引自：《商界·城乡致富》，2008 年第 8 期。

蛛吗？我们的境况就是这样，虽然一直都在忙忙碌碌可结果却是一无所得。看来我的命运和这只蜘蛛一样也是无法改变的。"于是，他继续沉迷于颓废之中，逐渐消沉。第二个人在一旁静静地看了一会儿，不屑一顾地说道："这只蜘蛛真愚蠢，为什么不从旁边干燥的地方绕一下爬上去呢？以后我可不能像它那样愚蠢。再遇到棘手的问题我一定要用头脑认真思考，不能一味地埋头苦干，尽量寻找解决问题的捷径。"从此，他变得聪明起来了。第三个人专注地看着屡败屡战的蜘蛛，他的心灵为之深深地震撼了，他在想："一只小小的蜘蛛竟然具有如此执著而顽强的精神，有这样的精神就一定可以取得成功。我真应该向这只蜘蛛学习！"受这只蜘蛛的启发，他从此坚强无比。

（5）认知能力。认知能力指接收、加工、储存和应用信息的能力。它是直接影响领导干部思路能否宽阔的最重要的心理条件。认知能力通常包括三种：言语信息（回答世界是什么问题的能力）；智慧技能（回答为什么和怎么办问题的能力）；认知策略（有意识地调节与监控自己认知加工过程的能力）。

（二）在不断探索创新中做到思路宽

1. 解放思想。正确而宽阔的思路来源于正确而科学的思想。所谓思想，是客观存在反映在人的意识中经过思维活动而产生的结果。可见，思想来源于实践，又高于实践，为思路的确定提供指南。一切根据和符合于客观事实的思想是正确的思想，它对客观事物的发展起促进作用；反之，则是错误的思想，它对客观事物的发展起阻碍作用。也就是说，有了正确的、科学的思想作向导，人们的思路才能始终保持正确的方向，才能更好地体现时代性、把握规律性、富于创造性；缺乏正确的、科学的思想作引领，思路要么无法开阔，要么难以坚持正确的方向。

思想不仅是思路的重要源头，而且思想的变化必然引起思路的变化。有专家研究认为，在中国现代史上，经历了三次思想解放，中国的革命和建设思路由此也就经历了三次大的调整。一是 1919 年的五

四运动，批判了孔孟之道，使中国从占统治地位几千年的封建伦理的束缚中解放出来，传播了马列主义新思想，从而产生了新民主主义革命，开辟了中国革命的新道路。二是1942年的延安整风运动，使中国共产党及其无产阶级摆脱了教条主义、本本主义的束缚，坚持马克思主义普遍原理与中国革命的具体实践相结合，把革命推向新阶段。三是在中国共产党十一届三中全会前夕开展的关于真理标准的大讨论，使中国人民的思想从两个凡是中解放出来，中国共产党重新恢复了实事求是的思想路线，中国共产党的工作重心转移到现代化建设上来，开创了中国社会主义革命和社会主义建设的新局面。

解放思想是拓宽思路的前提。从词义上说，"解放"就是去掉束缚的意思，"解放思想"就是去除思想上的条条框框和种种束缚。邓小平指出："什么叫解放思想？我们讲解放思想，是指在马克思主义指导下打破习惯势力和主观偏见的束缚，研究新情况，解决新问题。"① 解放思想，并不是追求一种绝对的自由主义，不是任由思想的野马横冲直撞，而是使思想回归本色，使思想意识与社会存在相契合。换句话说，解放思想本质是实事求是，也就是要尊重客观事实。对于领导干部而言，领导工作一定要适应实践的发展，自觉地把思想认识从那些不合时宜的观念、做法和体制的束缚中解放出来，从对马克思主义的错误的和教条式的理解中解放出来，从主观主义和形而上学的桎梏中解放出来。当领导干部面临新情况、新问题、新挑战、新任务，使用现有的思想理念和工作方法不能很好解决时，就必须努力突破或者超越现有思想理念和工作方法，从实际的问题入手，另辟蹊径，以更宽广的视野更多的角度更新的方法，去研究探索新方法新途径。

2. 创新思维。思维是人类高级的心理活动形式，它包括人脑对信息分析、抽象、综合、概括、对比、系统的和具体的处理过程。领导干部在长期、重复地从事某一工作、解决某一类问题的过程中，常常

---

① 《邓小平文选》第2卷，人民出版社1994年版，第279页。

容易有自己特定的思维基点和思路。长此以往，各种思路、方法便在大脑中沉淀成固定的思维锁链。毛泽东说过："用不同的方法去解决不同的矛盾，这是马克思列宁主义者必须严格地遵守的一个原则。教条主义者不遵守这个原则，他们不了解诸种革命情况的区别，因而也不了解应当用不同的方法去解决不同的矛盾，而是千篇一律地使用一种自以为不可改变的公式到处硬套，这就只能使革命遭受挫折，或者将本来做得好的事情弄得很坏。"①

领导干部要具有良好的思维品质。思路宽，就是要破除封闭思维定势，不断增强对世情、党情和国情的了解，不断提升对自己所在部门和地区实际情况的分析能力，在把握社会发展规律和时代发展潮流中，谋划自身发展战略，制定自身发展思路。

树立全局意识。所谓全局意识，就是要有系统观念，既看到局部，又看到整体，坚持局部服从整体的原则。要善于放眼整体，总揽全局，站在全局的高度去处理全局与局部、局部与局部的关系。不能只看到国内的发展情况，还要看到国外发展的态势，从而做到顺势而为并为世界的繁荣进步作出自己的贡献。同时，不仅要看到本地区、本部门的发展情况，而且要看到本地区、本部门与其他地区和部门发展之间的联系，从整体上构建事物发展的思路，采取积极有效的措施，最终发挥领导活动系统的整体功能。

具备长远眼光。长远是相对眼前来说的。人们从眼前的事物作出感性判断，在触手可及的利益面前，也就容易失去对事物的未来发展的理性判断。领导干部则必须面向未来看现在，用长远的观点、发展的观点来对待眼前和现实的问题，而不能鼠目寸光，就事论事。这里实际上还是一个全局与局部的关系问题。领导干部的全局观念不仅在空间维度上表现出来，而且还要在时间维度上表现出来，也就是说，如果只注重眼前利益，而忽视长远利益，也是一种没有全局观念的思维方式，时间上缺乏长远性，思考问题鼠目寸光，思路受到明显的局

---

① 《毛泽东选集》第1卷，人民出版社1991年版，第311页。

限，整体利益必然受到损害。

善于正负兼顾。世界由矛盾构成，矛盾的双方既有同一性又有斗争性。也就是说，世界上没有绝对好的事情，也没有绝对坏的事情，好和坏都是相对的，它们在一定条件下还可以互相转化。因此，领导干部在看待和思考问题时，要注意正负兼顾。所谓正负兼顾，就是既要看到面临的有利条件、拥有的优势和决策带来的效益，又要看到面临的不利条件、劣势和决策后带来的负面效应。如果只看到事物发展过程顺利的一面，或者说是有利的一面，对事物本身存在的问题熟视无睹，或者是看不到事物发展过程中潜在的困难和风险，整天得意洋洋、沾沾自喜，处理问题的思路必然会出现偏差。同样，如果只看到事物发展过程中不顺的一面，或者说是不利的一面，看不到事物发展过程中蕴含的机会，整天唉声叹气、怨天尤人，那么处理问题的思路同样会受到影响，最终失去发展的良机。

要善于左右照应。任何事物都不是孤立存在着的，它们都处在普遍联系之中，相互作用，相互制约，影响着事物的变化和发展。领导工作本身就是一个系统工程。相对于更大范围的事物来讲，领导工作又是另外一个系统中的子系统。领导干部要将世界看成一个不同层级的系统。领导干部在进行思路设计时，一定要做到左右照应，既考虑所要做的事情本身，又考虑它所涉及的相关因素。

领导干部要具有科学的思维方式。努力培养自己的发散式思维、独特型、逆向型、超前型、跨越型、辐射型、聚合型、重组型、横向型、移植型、转换型、思变型等多种思维方式，最终促成独特思路的形成。这里具体介绍以下常用的几种超常规思维方式。

独特型。在观察、思考和解决问题的过程中不沿袭传统、不效法流行的观念和做法，而是努力另辟蹊径，形成自身的特点、性质，走出自己的新路子。现实世界中，事物、事情发展到一定阶段后，矛盾处于暂时的平衡，就会形成相对稳定状态，难以继续发展。这时，就需要运用与众不同的思想、方法和手段等进行研究，使之注入新的活力，从而突破相对稳定状态，促使事物、事情发生新的变化。独特型思维方式强调个性充分发展，有利于激励人们大胆提出各种独到的新见解、新方法。

古罗马时代，一位预言家在一座城市内设下了一个奇特难解的结，并且预言，将来解开这个结的人必定是亚细亚的统治者。长久以来，虽然许多人勇敢尝试，但是依然无人能解开这个结。当时身为马其顿将军的亚历山大，也听说了关于这个结的预言，于是趁着驻兵这个城市之时，试着去打开这个结。亚历山大连续尝试了好几个月，用尽了各种方法都无法打开这个结，真是又急又气。有一天，他试着解开这个结又失败后，恨恨地说："我再也不要看到这个结了。"当他强迫自己转移注意力，不再去想这个结时，忽然脑筋一转，他抽出了身上的佩剑，一剑将结砍成了两半儿——结打开了。勇敢地跳出思想的绳索，打开心结。

超前型。立足于未来发展需要的高度考虑现阶段事情。这种类型的思维具有前瞻性，它具有优化事物、事情性质的功能。人们从未来的角度看待现阶段的事物、事情，总是希望其优点、长处方面再多一点，让事物、事情的性质得以优化。正是出于这样一种动机，人们就会十分自觉地形成解决问题的新思路。

有一年，日本广岛市水道局打算将埋在市区的电线，煤气管和自来水管的阀门位置、各类管道和铺设时间等，绘制出一幅能用电子计算机控制的示意图。水道局的预定价格为1100万日元。当时共有8家公司参加投标，报价分别为2700万日元、980万日元、55万日元、45万日元和35万日元。拥有大型计算机厂家的富士通公司最后报价竟只有象征性的1日元，以其几乎完全免费的绝对优势，逼得其他公司纷纷退场，一举中标。富士通为什么要这样做？为人家生产耗资1100万日元的产品却只收1日元的报酬？不要以为富士通是有利不图的傻瓜，富士通是在运用"图大利敢弃小利"的计谋，它要通过丢弃这1100万"小利"赚上比这大几十乃至上百倍的大利。原来日本政府建设省早已发出通知，要求包括东京在内的11个大城市都要把铺设在地下的管道绘制成电子计算机能够控制的示意图，广岛不过是率

先付诸实施的城市而已。富士通若能在广岛中标并绘制成功，便可为在其他 10 个城市的招标竞争增加必胜的实力。更为重要的是，日本政府的最终计划是要根据绘制出的示意图来设计和安装电子计算机。富士通丢弃这 1100 万日元顺利中标并争取到了示意图的设计权，于是就可以设计出符合自计算机特点的图纸，也就等于把非富士通牌的计算机的硬件、软件通通排斥到这一市场的千里之外，自己却成了使用这一图纸以控制地下管道的唯一的计算机生产厂家。试想，如此巨大的市场潜力，如此巨大的生意利润，岂是 1100 万日元的损失可以比拟的？

辐射型。从各个不同的方向、层面、角度扩散思路，尽可能多地设想解决问题的方案。这种思维是向上下、前后、左右迸发，引导人们全方位地思考问题，寻求解决问题的途径、方法。它不墨守成规，而是不断地变换向度、方法等，在思维的空间中和方法上灵活地开辟新路子，寻找另一种或者更多解决问题的方案。

一位年老的印度大师身边有一个总是抱怨的弟子。有一天，他派这个弟子去买盐。弟子回来后，大师吩咐这个不快活的年轻人抓一把盐放在一杯水中，然后喝了。大师问："味道如何？"弟子龇牙咧嘴地吐了口唾沫说"苦。"大师又吩咐年轻人把剩下的盐都放进附近的湖里。弟子于是把盐倒进湖里，老者说："再尝尝湖水。"年轻人捧了一口湖水尝了尝。大师问道："什么味道？"弟子答道："很新鲜。"这时，大师对弟子说道："生命中的痛苦就像是盐，不多，也不少。我们在生活中遇到的痛苦就这么多。但是，我们体验到的痛苦却取决于放在多大的容器中。"一个人不要做一只杯子，而要做一个湖泊。[①] 而领导干部则更应该做一个大海。

转换型。人类的劳动产品或创造发明都是人脑思维的物化成果，而思维总是建立在一定的视角、途径、方法等基础上的。因此人们通过改变观察、思考问题的角度、着眼点、途径、方法或者元素、目标

---

① 转摘自：《青年文摘》，2007 年第 1 期。

等进而形成新的思路。它不但包括改变主观条件（如观察、思考问题的视角等），而且还包括改变客观条件（如事物的元素、功能等）进而达到解决问题或创新的目的。

吉尼斯世界纪录如此描述这间奇异的厕所：完全由黄金和昂贵的珠宝制成，连抽水马桶、洗脸台、刷子、卫生纸盒、镜框、吊灯、砖块和门都用的是 24K 黄金。厕所内的构造采用古罗马式的设计风格，墙身和配套镶以黄金珠宝浮雕壁画，地板采用天然宝石。时间回到2001 年，亚洲金融风暴刚过，香港百业待兴，很多投资商纷纷来此寻找商机，他也不例外。令人不可思议的是，他用 380 公斤黄金、6200颗宝石和珍珠，共计 3800 万港币打造了一间全世界最豪华的"金厕所"，免费供游客参观。他通常不按常理出牌，但是此举实在石破天惊，不仅遭到公司董事会的全体反对，就连一贯支持他的夫人也觉得他精神有问题。面对质疑，他却一脸严肃："我们公司想要在市场上立于不败之地，就必须创造品牌。我现在向董事会立下军令状：三天时间创造一个品牌。"在人们的观念中，品牌的形成是一个漫长的潜移默化的过程，是时间老人慎重考验后的赠礼。他的公司在香港上市才一年，连脚跟都没有站稳就奢谈品牌，无异于痴人说梦。他的语气却异常平静而坚定："我们要做品牌，必须提高知名度，而短时间引起轰动效应，必然有非常之举。修建一个全世界最豪华的金厕所，有了这个'世界之最'，我们将以最快的速度成就品牌。"以后一切正如他所料。他用巨幅广告在香港最豪华的地段公示了金厕所，各大媒体在头版头条竞相报道，仅仅三天，他和他的公司就成为全香港茶余饭后最热门的话题。"金厕所"一夜之间就成为香港最著名旅游景点，以致于人们说：没看过金厕所就是没来过香港！他公司的产品因此而声名走播，迅速进入人们购买同类物品的首选行列，奇迹般地创造了品牌。他叫林世荣，是恒丰金业科技集团董事会主席。他所创立的品牌就是香港人都熟知的"金至尊"。①

---

① 转摘自：《东西南北》，2007 年第 10 期。

思变型。通过经常思索变换进而形成新成果的思维方式。它是一种以唯物辩证法为理论基础的、以新成果的形式体现思想、观念和行动、行为的、与时俱进的思维方式。它要求人们经常思考事物、事情中潜伏着的问题、弊端、危机，事先作好变革的准备。要求人们目光犀利、敏锐，能看出事物、事情中隐蔽着的细微的变化；要求人们能根据已发生变化的形势、环境、情况等，灵活变通，迅速调整方案，重新作出决策。

费尔沃特·查理在曼哈顿金融街上开设"地中海快餐店"时，由于经营项目和内容与周围的同行几乎雷同，利润少得可怜，一度陷入困境。一天，正当查理先生打算关门停业时，一个平时司空见惯的现象倏地触发了他的赚钱灵感。那就是每当道琼斯指数指出现下跌时，附近的证券交易所就会跑出许多垂头丧气的男男女女，其中有相当数量的人会不约而同地踏进各家酒吧，借酒消愁解闷。然而，其中有很多人喝完酒后，却因囊中羞涩而难以当场付钱，常常闹出顾客和酒吧老板之间不愉快的事情。目睹这种现象后，查理决定改弦易辙，索性将"地中海快餐店"更名为"地中海赊账酒吧"，即换一种"先醉后还"的思路来经营酒吧：只要当日的道琼斯工业指数每下跌一点，"地中海赊账酒吧"就允许顾客赊欠 50 美分的酒账，也就是下限金额：如果该股指下跌了 100 点，那么顾客就可以赊欠 50 美元，这是上限金额。不过，所赊欠的金额要求在 3 个月内予以支付。查理在酒吧间里装上了与股市联网的大屏幕电视机，以便随时掌握当日的道指动态。新措施一经推出，就立即吸引了那些在股市上亏钱的投资者的眼球，这些男男女女们此时正需要"寅吃卯粮"而借酒消愁。而查理则会根据该时间段里下跌的指数，进而决定给这些遭受经济损失的顾客，给予所承诺的赊欠酒品消费额。查理只需将他们每个人的身份证号码、电话号码、所限赊的酒品数量和金额，以及各自所定下的结账日期等输入电脑，到时候坐等他们前来结账。由于是全美国独一无二的酒品消费服务，因而"地中海赊账酒吧"天天是顾客盈门，生意红火，平均每天营业额达到了近万美元。①

　　领导者创新思维、勤于思考有利于开阔思路。有思考，才会有思想；善于思考，才会出新思路。毛泽东是一个最具独立思考品格的理论家和实践家。他不迷信书本，不盲从权威，不崇拜偶像，对一切事物和现成理论保持不随波逐流，坚持不人云亦云地进行个人独立思考和判断的态度。毛泽东反复要求全党在读书、领导革命和建设的时候，切记要独立思考。毛泽东常引用孟子的一句话："尽信书，则不如无书。"万科集团董事长王石的创业史充满着奇特的、有别于常人的思路。王石原在广东省外经委供职，1983 年下海赴深圳，在深圳期间他以职业型的敏锐眼光发现一件旁人不易察觉的商机：一家饲料厂意欲从东北直接进玉米，它只是一个外资企业，虽不缺外汇但缺车皮，因此玉米进货渠道只得先等候玉米从大连口岸出口，运到香港地区，再进口到深圳，绕了一个大圈才进该厂仓库储存。这家工厂就是泰国正大集团在中国大陆投资的第一家厂子。为何玉米要如此旅行销售呢？王石带着这个疑问找到了辽宁省粮油公司，答案是为了"出口创汇"，玉米必须经海外旅行一圈。两条线索立即在这位创业者的脑海中聚焦，一个大胆的致富思路开始形成：供方有车皮、缺外汇，需方有外汇、缺车皮，一旦双方有了接口便可生财。王石思考的结果是：物色一家国有公司开出信用证。思路形成之后，行动立即有了明确目标——王石迅速成为深圳特区贸易公司贸易科的饲料业务主管，时称"组长"。于是，王石创业生涯的全部家底和路径是：王石本人带 2 名农民工，以深圳特区贸易公司的名义，带上银行开具的信用证，三个月之内净利赚 40 多万。因此，日后当王石见到泰国正大集团董事局主席谢国民时，对他说："感谢您给了我第一桶金。"这第一桶金的产生证明了王石具有一种敏锐观察、独立思考的能力。蛇口与深圳交汇处耸立的两个大罐，是正大集团饲料厂的玉米仓库，年复一年，日复一日，车来人往犹如潮涌，谁也不曾去关注这两个高耸的家

　　① 文中引自：《读者》，2008 年第 12 期。

伙及其用途，更没有人问津其交易的过程，但王石去观察了，而且观察得很细，思考得很深。

领导者勤于思考，就要勤于观察世界、善于发现问题。思维的客体是思路宽广的前提条件。领导干部如果整天对于领导过程中存在的问题熟视无睹，就必然失去了思维的客体，也就无法谈及思路宽。领导干部要在不断深入基层、深入群众的过程中，发现影响群众生产生活的问题以及阻碍生产力发展的问题，或者是带着问题向人民群众作调查。要勤于分析问题。面对着领导过程中存在的一些问题，要善于分析其产生的原因和过程，分析其目前的影响和将来的危害，分析其存在的特点和出现的规律。毛泽东说过，"凡事应该用脑筋好好想一想。俗话说，眉头一皱，计上心来。就是说多想出智慧。要去掉我们党内浓厚的盲目性，必须提倡思索，学会分析事物的方法，养成分析的习惯。"[①] 要努力寻找解决问题的办法。发现问题、分析问题，最终都是为了解决问题，为了维护最广大人民群众的根本利益。因此，领导干部要善于多层次、多层面、立体式思考解决问题的办法。既要立足当前又要放眼长远，既要思其一面又要想其整体，努力寻找解决问题的最佳的思路和最好的方法。

3. 深入调研。认识的对象是普遍联系的、充满矛盾的、永恒运动变化和发展着的客观世界。正确认识客观世界，是有效改造客观世界的前提。对于客观世界在认识上的任何偏差，必然会导致改造客观世界的行为上的失误。当今经济和社会生活的发展变化比以往任何时候都复杂，从而大大增加了人们正确认识客观世界的难度。思路是一个属于主观范畴的东西，它必须来源于客观实践又见之于客观实践。也就是说，思路的形成过程，不是主观想象的结果，更不是随心所欲的结果，它需要领导干部有一定的事实依据，既看到事物的过去，又研究事物存在的现状，从而准确判断事物发展的态势，制定符合事物发展规律的应对措施和解决办法。要做到这一点，就必须重视调查研

---

① 《毛泽东选集》第 3 卷，人民出版社 1991 年版，第 948—949 页。

究。终日坐在办公室进行思索，而没有深入的调查研究，就必然使思路陷入主观主义的泥潭。毛泽东说过："没有调查没有发言权"，江泽民也说"没有调查就没有决策权"。我们可以这样说，没有调查就不可能有科学的、宽广的思路。在井冈山斗争和中央苏区时期，毛泽东为了探索中国革命的道路，进行了大量的调查研究工作，形成了较为完整、系统的调查研究思想和方法。他每到一地总是挤出时间作社会调查，以便了解情况，决定政策或检验改进已定的政策。凡是有地方党组织的，都找当地干部谈话，指导他们总结斗争经验，指出当前的任务和工作，着重讲党的政策和策略。从 1927 年 10 月上井冈山到 1934 年 10 月随红军长征离开江西，毛泽东先后进行了宁冈调查、永新调查、寻乌调查、兴国调查、东塘调查、大桥调查、李家坊调查、西逸亭调查、木口村调查、赣西南土地分配情况调查、长冈乡调查和才溪乡调查等等，并撰写了大量的调查研究报告。这些调查时间最为集中、对象最为底层、座谈最为深入、内容最为丰富、材料最为翔实、文字最为生动。通过这些调查研究工作，毛泽东做到理论联系实际，提出"工农武装割据思想"，探索出"农村包围城市、武装夺取政权"的中国革命的道路，制定出一系列正确的路线、方针和政策，从而引导中国革命不断从胜利走向胜利。同时，进一步加深了对中国国情、特别是对农村和农民的认识，有力地推动了马克思主义中国化的进程，促进了马克思主义理论与中国实际相结合，形成了一系列关于中国革命的重要理论，为中国革命道路的形成奠定了坚实的基础。

那么，什么是"调查研究"呢？人们为了了解新情况，解决新问题，按照一定的原则和方法，深入掌握第一手材料，这就是调查；运用科学的方法，对调查所得的材料，进行去粗取精、去伪存真、由此及彼、由表及里的加工整理和综合分析，从而得出对事物本质及其发展变化规律的认识，这就是研究。调查是研究的基础，而研究是调查的深化。调查研究的最终目的是为了制定切实可行的发展思路。现实生活中，一些领导干部不重视调查研究，不善于调查研究，关键是没有把人民群众的冷暖放在心上，没有认识到领导思路的正确与否同深入调查研究的密切关联。领导干部只有树立执政为民的思想，将向群众作调查作为一种自觉的行为习惯，主动深入群众、深入基层、善于倾听群众的呼声，了解群众的心理，把握群众的情绪，关心群众的生活，才能不断开阔自己的思路。

善于调查研究，除了向人民群众作调查研究之外，还应该积极了解自己所在部门、所在地方之外的情况，因为，世界是普遍联系的，而且随着科技的发展、社会的进步，这种联系越来越复杂、越来越紧密。领导干部必须主动地、广泛地、深入地加强调查研究，取得第一手材料，作为自己领导决策的基础和依据，切实开阔领导科学发展的思路。

4. 依靠群众。群众路线是中国共产党根本的政治路线，也是中国共产党根本的工作路线。在新的历史条件下，领导干部要不断开拓领导思路，仍然必须大力依靠群众，包括发挥专家作用。

首先要充分地相信群众。只有信任群众，才能依靠群众。只有依靠群众，才能办出群众满意的好事实事。领导干部的首选项必须充分相信群众是我们智慧和力量的源泉。"得民心者得天下，失民心者失天下"的诤言，永远有它的时代意义，永远值得我们牢记。其次，要相信广大群众是具有辨别是非美丑真假能力的。要充分相信群众是衷心拥护党的"一个中心、两个基本点"的基本路线和改革开放政策的。因为这些路线和政策充分体现了中国共产党全心全意为人民服务的宗旨，充分体现了广大群众的利益、愿望和要求，充分体现了中国共产党和人民群众在根本利益上的一致性。

要热忱地关心群众。邓小平指出："按照历史唯物主义的观点来讲，正确的政治领导的成果，归根结底要表现在社会生产力的发展上，人民物质文化生活的改善上。"[1] 中国共产党领导人民群众走社会主义道路，是为了让人民群众过上更加美好的生活；社会主义建设的物质文明和精神文明成就，也只有通过人民群众物质和文化生活水平的提高才能表现出来。这就要求领导干部在率领人民群众进行现代化

---

① 《邓小平文选》第 2 卷，人民出版社 1993 年版，第 128 页。

建设的过程中，对于群众的利益、群众的生活、群众的疾苦，必须给予热忱的关怀，努力帮助他们解决困难和切身利益问题。这是各级领导干部相信和依靠群众，走好群众路线的根本目的。

要自觉地依靠群众。走好群众路线，说到底是个干群关系问题。在干群关系中，干部是矛盾的主要方面。现在，有些地方在群众中推动工作有困难，有些干部组织群众开展工作缺乏号召力，原因在哪里？其中很重要的一条是有些干部贯彻执行党的路线、方针、政策不认真、不坚决，在日常生活和工作中的榜样力量差，存在着严重的官僚主义、主观主义、个人主义，甚至以权谋私、胡作非为，因而脱离了群众，使群众不满意。因此，能不能真正搞好干群关系，关键不在群众而在各级干部特别是领导干部本身。领导干部不仅要想群众之所想、急群众之所急、办群众之所盼，清正廉洁，工作勤奋，艰苦奋斗，埋头实干，而且要广泛征求群众的意见和建议，虚心向人民群众请教；要把老百姓看做"裁判员"和"教练员"。所谓"裁判员"，就是让群众对政府的工作品头论足，做得对不对、好不好，请群众打分；所谓"教练员"，就是政府工作应该怎么干，就得让老百姓提意见，多主动向最基层群众"问计"。只要这样，各级领导干部就一定会赢得群众的信任和支持，就一定会具有凝聚力和感召力，群众也就一定会团结在领导干部的周围。"喊破嗓子，不如做出样子"，这个十分通俗的道理，对领导干部来说，却是能否密切联系群众、走好群众路线的一个秘诀。

专家是广大人民群众中有着丰富知识储备和具有深刻见解的重要部分。他们在某一个领域拥有更多的信息，对事物存在和发展的规律有更加全面的了解和掌握。利用专家的特长，有利于开阔领导者的思路。著名军事家拿破仑在上帝与专家之间，他选择了专家。拿破仑蔑视罗马教皇一事已广为流传，他在自己的加冕典礼上劈手从教皇手中夺过皇冠给自己戴上。但拿破仑对于专家学者尊敬有加，他征战欧洲和非洲大陆时，在行军途中曾下令：学者和驴子走在中间。拿破仑在行军作战途中始终不忘随军带着自己的智囊，以提高自己的作战决策水平。在他看来，专家系统和交通系统同样重要，都必须处于军队严格保护之下。成功的企业家和管理者，在其麾下少不了有众多的谋士为其指点迷津。尊重专家劳动，发挥专家作用也有一个人才观念更新的过程，否则专家系统也会得而复失。当然，重视专家并不说要迷信专家。专家作用是有其边界的，在自己的专业领域里是专家，一旦超越领域范围则未必是专家，犹如"真理"与"谬误"仅一步之遥一样。著名发明家爱迪生终身专利逾3000件，最杰出的成果几乎都集中在"电"上。因此，在电的发明上爱迪生是当之无愧的专家。但是，同在"电"的大领域里，只不过是涉及到电的应用。爱迪生在他有生之年曾谆谆告诫过人们："电不可能进入千家万户。"这显然是"过界"之言，假若此结论成立，当今世界面貌将不可思议。又如蒸汽机火车的发明者是一位优秀的德国工程师，其对人类的贡献具有划时代的意义，可谓是杰出的专家。但对火车作用的评估之低，不亚于爱迪生。他曾断言，火车一旦时速超过45英里，那么车上的旅客便会七窍流血。这也是专家超越边界的妄言，当今世界火车的提速会令这位"火车之父"无地自容。牛痘问世是人类免疫史上的一大革命，其发明者名留青史是无可非议的。但是，这位发明者的箴言与前二位大家如出一辙。他在发明牛痘之后，忧虑地奉劝世人注意：人种植了牛痘，发声就会如同牛叫！由此可见，专家的才华是在其专业领域之内的，越界之后的"高见"，甚至于不如常人，这是决策者必须切记的。

第四章　领导干部要胸襟宽

　　胸襟宽，是各级领导干部必备的政治修养。古语中有"雅量"一词，还有"度量大似海"、"宰相肚里能撑船"的说法，这都是倡导人们特别是从政为官的人，要有容人容事的大气度。中国共产党人是为人民服务的，一切工作的出发点都是为群众谋利益的。中国共产党的各级领导干部无疑应该具有宽阔的胸襟，这样才能善于听取各方面的意见，营造心齐气顺的干事氛围，也才能使自己不断地提高本领、有所进取，推动事业发展。

一、胸襟宽的内涵

　　胸襟，原指一个人穿的上衣胸部部分，现指代一个人的胸怀、气量、抱负、志趣和情操，在古代也称为雅量。它是一个人的性格、内涵和品质的综合表现。

（一）胸襟宽的内涵

　　胸襟宽是"掌上千秋史，胸中百万兵"的雄韬伟略，也是"穷则独善其身，达则兼济天下"的抱负；是"先天下之忧而忧，后天下之乐而乐"的品格，也是"海纳百川，有容乃大"的气度；是"宜将胜勇追穷寇，不可沽名学霸王"的气魄，也是"纸上得来终觉浅，绝知此事要躬行"的阅历；是宠辱不惊、物我两忘的从容与淡然，还是"知之为知之，不知为不知"的坦诚与睿智。胸襟具有宽阔性、包容

性和无私性等多方面的特征。

欧阳修作为北宋文坛的盟主，提拔后进不遗余力，他举荐了王安石、曾巩、苏洵、苏轼、苏辙等人，尤其对于苏轼，他更是袒露出一片赤诚的爱护、容纳之心。他在《与梅圣俞书》中写道："读轼书，不觉汗出，快哉快哉，老夫当避路，放他出人头地也。"文人相轻，自古使然，如果欧阳修真的要压一压苏轼，苏轼的出人头地怕是会走一点弯路的。

"书有未曾经我读，事无不可对人言"，这是欧阳修的名言。说世上有些书自己肯定还没读过，在图书出版还不发达的时代，对于自小聪明过人、读书过目不忘的欧阳修来说，这应该算是比较谦虚的话。欧阳修在做主考官的时候，读到一篇《刑赏忠厚之至论》的妙文，发现里面有一段关于尧与下属的对话，他从来没有看到过，于是找来这篇文章的作者苏轼，虚心地向这位年轻人求教，哪知苏轼回答道："我也没看到过，想当然尔！"历史也能想当然？放在别的主考官身上，当时肯定有被戏耍被愚弄的恼怒，一气之下，将苏轼轰出门去也未可知，然而欧阳修欣赏苏轼的才华与坦荡，一笑置之。由此，可见欧阳修宽广的爱才胸襟。

（二）领导干部胸襟宽的内涵

提高执政能力和领导水平，是中国共产党执政以后一直非常重视的问题。新中国成立前，毛泽东曾告诫全党："中国的革命是伟大的，但革命以后的路程更长，工作更伟大，更艰苦。这一点现在就必须向党内讲明白，务必使同志们继续地保持谦虚、谨慎、不骄、不躁的作风，务必使同志们继续地保持艰苦奋斗的作风。"[1] 他还提出：严重的经济建设任务摆在我们面前。"我们的同志必须用极大的努力去学习生产的技术和管理生产的方法，必须去学习同生产有密切联系的商业工作、银行工作和其他工作。"[2] 这是毛泽东以开阔的革命胸襟向全党

----

[1] 《毛泽东选集》第4卷，人民出版社1991年版，第1438—1439页。
[2] 《毛泽东选集》第4卷，人民出版社1991年版，第1428页。

同志提出执政能力和领导水平问题，至今仍具有重要的启发意义。

邓小平早在 80 年代初就给教育工作提出了"三个面向"要求。"三个面向"的一个重要基本出发点是要求青少年学生从小就要培养能够走向现代化，走向世界，走向未来的宽阔眼界、宽阔胸襟和全面发展能力。今天，各级领导干部面临的将是正在走向国际化的全新形势，中国各个领域都有一个逐步与国际社会接轨、不断加入国际市场竞争的严峻挑战问题。因而作为党的各级领导干部，只有具备非常宽阔的胸襟，才能准确把握国内、国际形势发展的总趋势，使自己的思想和行为不断适应国际化的要求，跟上世界各种进步潮流，驾驭瞬息万变的信息网络市场，准确找到中国在世界立足的历史方位和现实空间。找准自己在市场竞争中的立足点和拓展空间。否则，胸襟狭窄，鼠目寸光，坐井观天，将寸步难行，被时代所淘汰。

在第三代领导集体组建的时候，邓小平曾经说过：对第三代中央领导人最根本的要求是两条：第一条是眼界要非常宽阔；第二条是胸襟要非常宽阔。邓小平客观地评价道："我们的第一代领导人前期是胸襟宽阔的，我们第二代基本上也是胸襟宽阔的"，并且明确指出："对第三代领导以及以后的领导都应该有这样的要求"。[①]

纵观邓小平几十年的革命和领导生涯，谁都会看到这样一个无可争辩的事实：他在同一代领导人中，特别是在毛泽东之后中国的领导人中，始终站得比别人高，看得比别人远，想得比人深。中国共产党十一届三中全会以后，邓小平作为党的第二代领导集体的"实际领班人"，领导中国共产党和中国人民，正确地处理"文革"遗留问题，特别是公正、科学地处理了毛泽东晚年的"遗产"问题，坚定地把中国共产党和中国人民引上了以经济建设为中心的轨道；彻底澄清了自马克思主义产生以来人们对社会主义本质的种种模糊认识，确立了中国社会主义所处的历史方位；科学地设计了中国社会主义四个现代化建设的台阶式三步发展战略目标，指明了中国的立国之本和强国之

① 《邓小平文选》第 3 卷，人民出版社 1993 年版，第 299 页。

路；成功地开创了实现祖国统一，保持主权和领土完整的最佳途径；果断及时地废除了党的领导干部职务终身制，建立健全领导干部退休制度，顺利实现党的事业的新老交替等等。概而言之，邓小平成功地开创了建设有中国特色社会主义的道路，创立了邓小平理论，实现了马克思主义在中国的第二次飞跃。诚然，邓小平能够成功地领导毛泽东之后中国的改革开放和社会主义现代化建设，是粉碎"四人帮"后各种国内国际条件共同作用的必然结果，但是，最关键、最根本的是邓小平作为第二代领导集体的核心，具有一个无产阶级领袖的非常宽阔的胸襟。这是内因。孔子说："为政以德，比如北辰，居其所而众星共之"，孔子又说："宽则得众"，得众方能得天下。没有宽阔无私的胸襟，在毛泽东之后，邓小平就不可能赢得广大党员干部和广大人民群众的衷心支持和拥戴，就不可能赢得毛泽东之后在中国共产党领导集体中实际的核心地位。没有宽阔的胸襟，他就不可能真正做到无私无畏，而没有这种无私无畏的马克思主义理论勇气和无私无畏的革命英雄气概，他就不可能做到三落三起，愈挫愈奋，顽强克服粉碎"四人帮"后的重重困难，重重干扰，百折不挠，无往而不胜。没有宽阔无私的胸襟，他就不可能领导全党和全国人民解放思想，实事求是，一切从实际出发，最终开辟了中国特色的社会主义道路和创立邓小平理论。

江泽民也曾经指出："眼界宽阔、胸襟宽广对干部来说非常重要，中国古代有雅量这个词，就是倡导人们，特别是为官从政者要有容人、容事的大气量。我们共产党人是为人民服务的，党的各级领导干部，应该具有胸襟宽广的雅量，这样才能善于吸收各种丰富的知识和经验，善于听取各方面的意见，也才能使自己长本事、长智慧。"①

在改革开放逐步深入，社会主义市场经济不断发展，社会经济结构和利益格局日益多样化，党的队伍自身状况发生深刻变化的情况下，以江泽民为核心的党的第三代中央领导集体，把提高党的执政能

① 《江泽民文选》第2卷，人民出版社2006年版，第143页。

力和领导水平与全面推进中国特色社会主义伟大事业，全面推进党的建设新的伟大工程，实现中华民族伟大复兴的历史使命联系起来，与始终保持党的先进性，始终走在时代前列，在激烈的国际竞争和斗争中掌握主动权联系起来，放到当代国际环境和国内任务及时代发展的大背景下和战略全局中来考察，使我们对这个问题的认识更加深化并具有强烈的时代紧迫感。江泽民指出，"我们的各项工作能否做好，我们能否在激烈的国际竞争中始终掌握主动，我们的事业最终能否成功，很大程度上取决于我们党的领导水平和执政能力。"提高执政能力和领导水平，提高拒腐防变和抵御风险能力，已经成为中国共产党在新的历史条件下必须解决的两大历史性课题。

胡锦涛反复要求各级领导干部要以谨慎之心对待权力、以淡泊之心对待名利、以警惕之心对待诱惑、清清白白做人、干干净净做事、诚心诚意为群众谋利益、扎扎实实为群众办好事。这其实就是要求各级领导干部要具有为民、务实、清廉的胸襟。

由此可见，中国共产党的领导人在提高执政能力和领导水平这个重大问题上的深刻论述，是一脉相承而又不断丰富和发展的。时代在前进，实践在发展。党所肩负的任务和所处环境的变化，赋予中国共产党的执政能力和领导水平以新的内涵和新的要求，对中国共产党的执政能力和领导水平提出了一系列新的课题和新的挑战。

领导干部就得有像大海一样能容纳百川的宽阔胸怀，能听、能装、能容、能忍。能听得进逆耳忠言，能装得下苦、辣、酸、甜，能容得了难容之事，能忍得住难咽之气。领导干部难免要遇到许多事与愿违的事，如果心胸狭窄，就会陷入苦闷、彷徨之中，整日为烦恼琐事所困扰，更不用谈成就大业了。

南非的民族斗士曼德拉可谓是胸襟宽阔的典范。他因为领导反对种族隔离政策而入狱，白人统治者把他关在荒凉的大西洋中的罗本岛上 27 年。当时尽管曼德拉已经高龄，但是白人统治者依然像对待一般的年轻犯人一样对他进行残酷的虐待。

罗本岛位于开普敦西北方向 7 英里的海湾。岛上布满岩石，到处

都是海豹和蛇及其他动物。曼德拉被关在总集中营中的一个"铁皮房"里，白天打石头，将从采石场采的大石块碎成石料。有时从冰冷的海水里捞取海带，还做采石灰的工作。他每天早晨排队到采石场，然后被解开脚镣，下到一个很大的石灰石田地，用尖镐和铁锹挖掘石灰石。因为曼德拉是要犯，专门的看守就有三人。他们对他并不友好，总是寻找各种理由虐待他。

但是，当1991年曼德拉出狱当选总统以后，曼德拉在他的总统就职典礼上的一个举动震惊了整个世界。

总统就职仪式开始了，曼德拉起身致辞欢迎他的来宾。他先介绍了来自世界各国的政要，然后他说，虽然他深感荣幸能接待这么多尊贵的客人，但他最高兴的是，当初他被关在罗本岛监狱时，看守他的3名前狱方人员也能到场。他邀请他们站起身，以便他能介绍给大家。

曼德拉博大的胸襟和宽容的精神，让南非那些残酷虐待了他27年的白人无地自容，也让所有到场的人肃然起敬。看着年迈的曼德拉缓缓站起身来，恭敬地向3个他的曾经的看守致敬，在场的所有的来宾以至整个世界，都静下来了。

后来，曼德拉向朋友们解释说，自己年轻时性子很急，脾气暴躁，正是在狱中学会了控制情绪才活了下来。他的牢狱岁月给他时间与激励，使他学会了如何处理自己的遭遇和痛苦。他说，感恩与宽容经常是源自痛苦与磨难的，必须以极大的毅力来训练。

他说："当我走出囚室、迈过通往自由的监狱大门时，我已经清楚，自己若不能把悲痛与怨恨留在身后，那么我其实仍在狱中。"①

一些人之所以总是烦恼缠身，总是充满痛苦，总是怨天尤人，总是有那么多的不满和不如意，多半是因为他们身上缺少曼德拉所具有的这种宽阔的胸襟。

在中国革命和建设的历史上，中国共产党造就了毛泽东、周恩来、邓小平等一大批杰出的领导干部，他们把握社会发展规律的远见

---

① 鲁先圣：《曼德拉的胸襟》，载《阅读与作文》，2004年第12期，第7页。

卓识，领导亿万人民艰苦创业的非凡能力，热爱祖国、热爱人民的伟大情怀，排除万难、无私奉献的坚强意志和崇高品德，就是各级领导干部应有的胸襟。

毛泽东在求学时就突出地显示出书生意气、胸怀世界的人格本色。从青年时代起，毛泽东就立志把"改造中国与世界"作为自己的终身奋斗目标。1910年，毛泽东离家去东山高等小学堂读书，行前他写了一首诗表达一心向学、志在四方的决心："孩儿立志出乡关，学不成名誓不还。埋骨何须桑梓地，人生无处不青山。"在长沙第一师范学校学习时，毛泽东又写下"自信人生二百年，会当水击三千里"的豪言壮语，显示出不同凡响的宏伟气概。同时，他还经常与同窗好友"指点江山，激扬文学，粪土当年万户侯"。毛泽东从不为个人私利、繁杂琐事所束缚与困扰，视个人荣华富贵如粪土，追人类洪福为至尊，他所思考与谈论的是"人的性质，人类社会的性质，中国的性质，世界，宇宙"。正是有着这样气吞山河的胸怀和气魄，这种为中国人民和世界人民服务的大志，才有了"五岭逶迤腾细浪，乌蒙磅礴走泥丸"的顽强乐观的英雄气概；"数风流人物，还看今朝"的无限豪情与自信；"小小环球，有几只苍蝇碰壁，几声凄厉，几声抽泣"的藐视一切的气魄——从而使得毛泽东和他的战友们重整了中国的河山，重塑了中国的国际形象，深深地影响了世界。

二、领导干部胸襟宽的主要内容

一言以蔽之，领导干部胸襟宽就是在善于总揽全局，从战略的高度议大事、谋大计、抓根本、办大事，就是要抛弃个人恩怨，不计个人名利得失，以事业为重，讲党性，顾大局，全局为上，学会从战略上观察、思考和处理问题。具体说来，领导干部胸襟宽的内容主要包括以下几方面。

（一）领导干部要有为民造福的胸襟

胸襟宽要求领导干部要有为民造福的博大胸襟，把对人民负责、为人民干事、受人民监督、让人民满意，作为领导干部应尽的责任和义务，作为人生的追求和幸福，自觉做到"情为民所系、权为民所用、利为民所谋"，真正做到万事民为先。

权力是人民赋予的，领导干部有了权力，就必须造福于人民，维护和实现人民群众的根本利益。胡锦涛在西柏坡发表的重要讲话中要求，各级领导干部要牢记"两个务必"，做到"权为民所用，情为民所系，利为民所谋"。胡锦涛的要求抓住了立党为公、执政为民的根本，情深意切，语重心长。所谓水能载舟亦能覆舟。翻开中国的历史，自古至今，如果没有人民群众的支持，历史上就不会出现贞观之治、康乾盛世；没有人民群众的支持，就没有革命的胜利，就没有新中国的诞生，就没有中国共产党的执政地位。戏剧《七品芝麻官》中的一句"当官不为民做主，不如回家卖红薯"的台词曾经风靡一时。正是有着这样一种信念，唐朝这个小县令堪称中国古代人治社会中官之典范、官之楷模，即使是在中国共产党领导人民建设法治社会的今天，亦有其可圈可点、难能可贵之处。在社会主义社会中，领导干部与封建社会的"父母官"有着本质区别。领导干部是人民公仆，是站在人民公仆的立场上，为广大人民谋利益，维护最广大人民的根本利益的。"永做人民公仆"是郑培民写在日记里的誓言。他在二十多年的领导工作中，始终把"做官先做人，万事民为先"作为自己的行为准则，以其亲民、爱民、为民的公仆形象，赢得了广大群众的衷心赞誉。因此，各级领导干部要率先垂范，做乐民之乐者，忧民之忧者。只有始终想到人民赋予职位、职权的同时也赋予了责任，才能正确使用好手中的权力，全心全意为人民服务。

如果说，范仲淹的"居庙堂之高，则忧其民"、郑燮的"衙斋卧听萧萧竹，疑是民间疾苦声，些小吾曹州县吏，一枝一叶总关情"是历代志士仁人惦记民生的典范，林则徐的"苟利国家生死以，岂因祸福趋避之"是一名封建官吏从政观的话；那么，中国当代各级领导干部，更应想群众之所想，急群众之所急，全心全意为人民谋利益、尽心尽力为人民谋福祉。"金杯银杯不如群众的口碑，金奖银奖不如群众的夸奖"。各级领导干部的一切工作都要以群众高不高兴、赞不赞成、拥不拥护、答不答应为前提，坚持说真话、办真事、出真绩，实事求是，脚踏实地，既要立足当前，又要着眼长远；既干显山露水的"显绩"，又干增强后劲的"潜绩"，力戒好大喜功、盲目攀比；力戒华而不实、劳民伤财；力戒"形象工程"、"政绩工程"，使每一项工作都经得起历史和人民的检验。真正做到权为民所用、情为民所系、利为民所谋。

古人云："天下大事必作于细。"领导干部要坚持"群众利益无小事"，从群众最关心、最直接、最现实的问题抓起，切实帮助群众解决日常生活中的具体困难、具体问题，在关注解决群众一件件小事中，成就为人民服务这件大事。

河南省登封市公安局原局长任长霞正是以她短暂而充满正义的一生诠释了她的为民之情。当她猝然牺牲在工作岗位上之后，当地10多万人民群众，从白发老人到垂髫少年，从机关干部到乡村农民，自发地为她送行。任长霞的事迹报道后，在全国各地人民群众中引起强烈反响，大家无不为她感人至深的事迹而潸然泪下，无不为她的崇高思想和优秀品质而受到心灵的震撼和精神的洗礼。一名普通的公安局长，为什么能感动这么多干部群众、赢得老百姓如此的爱戴和崇敬？就是因为她忠实履行党和人民赋予的神圣职责，执法为民，服务群众，清正廉洁，惩恶扬善，把美好的青春和全部心血奉献给了党和人民。

"有为而威邪恶畏，为民得民万民颂。"这是登封部分群众在任长霞任公安局长一年多后执意为她树的"功德碑"。这块碑虽然当时就被任长霞拆掉了，但拆不掉她竖立在群众内心深处的丰碑。任长霞对人民群众无限热爱。在她心中，老百姓最亲，人民利益最重。听到群众的冤屈，她会痛心落泪；侦破危害群众的积案，她不容半点迟疑。

她深入山区为群众找水源，圆了几代人的梦；她倡议开展"百名民警救助百名贫困学生"活动，使126名贫困学生得到救助；她看到失去双亲的孤儿，毅然献出母爱。在任长霞看来，老百姓的事就是天大的事。在登封工作的三年多，"局长接待日"从没间断过。对群众来访反映的问题，哪怕是一点小事，她都要求查个水落石出，并把处理结果及时告诉群众。

"朗朗乾坤岂能歹徒横行，嵩岳大地不容小丑作怪。"这是任长霞勇于战胜一切邪恶势力的坚强决心，反映出一名共产党员、公安局长的浩然正气。任长霞对犯罪分子嫉恶如仇，致力践行"平安必保、命案必破"的誓言。在任公安局长的三年间，共破获各类刑事案件3400余起，打掉涉黑涉恶团伙20余个，经受住了血与火的考验。作为一名公安战线上的女领导干部，她要比男同志承受更多的困难和压力。但任长霞从不退却，从不示弱。当犯罪分子扬言要伤害和绑架她儿子的时候，她坚定地说："要是怕，我就不当人民警察了。"任长霞正是凭着共产党人的铮铮铁骨和大智大勇，使犯罪分子闻风丧胆，邪恶势力心惊胆颤。她从严治警，敢抓敢管，实施"五条禁令"，全局没有出现一个"问题民警"，打造出一支政治坚定、业务精通、作风优良、执法公正的公安队伍。"天地有正气，杂然赋流形。"

大道无形，大德无碑。任长霞的事迹昭示：群众在领导干部心中的分量有多重，领导干部在群众心中的分量就有多重。在新的历史条件下，各级领导干部一定要进一步增强群众观念，心里装着群众，凡事想着群众，工作依靠群众，一切为了群众。要大力弘扬求真务实的优良作风，坚持深入基层、深入群众，特别是要到最困难的地方去，到群众意见多的地方去，到工作推不开的地方去，同那里的干部群众一道，努力化解矛盾，排除困难，打开局面，真正做到权为民所用，情为民所系，利为民所谋。

（二）领导干部要有求真务实的胸襟

古今中外，一切正直的人都有一种共同的优良品质，就是敢于坚

持真理，勇于修正谬误。1860 年 6 月 30 日，在英国牛津大学展开了一场关于人类起源的大辩论。博物学家赫胥黎宣传进化论，认为人与猿是同一个祖先。以大主教威尔伯福斯为代表的宗教势力竭力反对这一真理，谩骂赫胥黎是"达尔文的斗犬"，想利用宗教势力吓倒他。有人气势汹汹地问赫胥黎："你是从猿祖父还是猿祖母哪一支生出来的？"这句刻毒的话一出，立即引起全场教徒喧嚣。但是，赫胥黎毫无惧色，义正词严地回答："人类没有理由因为他们的祖先是猴子而感到羞耻，与真理背道而驰才是真正的羞耻。"赫胥黎终于赢得了辩论的胜利。真理与谬误是对立的。走向谬误的路有千百条，通向真理的路只有一条，这就是实践。不向前不知道路远，不实践不明白真理。谁怕用功夫，谁就无法找到真理；谁怕担风险，谁就无法坚持真理。认识真理需要勇气，坚持真理更需要勇气。

《论语》中提到"君子耻其言而过其行"，意思是君子以说得多、做得少为耻辱。这一思想，就是中国文化注重现实、崇尚实干精神的体现。它排斥虚妄，拒绝空想，鄙视华而不实，追求充实而有活力的人生。如今，求真务实精神作为传统美德，仍在当代人们的生活中，特别是政治生活中熠熠生辉。

求真务实，是辩证唯物主义和历史唯物主义一以贯之的科学精神，是中国共产党的思想路线的核心内容，也是中国共产党的优良传统和共产党人应该具备的政治品格。中国共产党一贯倡导求真务实。早在民主革命时期，毛泽东就号召全党要把革命气概和实际精神结合起来，告诫全党同志要老老实实地办事，在世界上要办成几件事没有老实态度是根本不行的。进入改革开放的新时期后，邓小平突出强调，世界上的事情都是干出来的，不干，半点马克思主义都没有，要坚决制止追求表面文章，不讲实际效果、实际效率、实际速度、实际质量、实际成本的形式主义，杜绝说空话、说大话、说假话的恶习。十三届四中全会以来，江泽民再三强调，形式主义、官僚主义是一大祸害，必须狠煞形式主义、官僚主义的歪风，时时处处坚持重实际、说实话、务实事、求实效，大力发扬脚踏实地、埋头苦干的工作作风。针对当前中国共产党作风建设中存在的突出问题，胡锦涛号召"在全党弘扬求真务实精神，大兴求真务实之风"。

邓小平素以务实著称，反对空谈，提倡真抓实干既是他的一贯作风，也是他求真务实品格的鲜明特色。邓小平一再倡导领导干部要"多做实事，少说空话"。他是这样要求大家的，也是这样去做的。1980 年，他提出要改革党和国家的领导制度，废除干部领导职务终身制，并身先士卒，在中国共产党和中国的历史上开了先河。他重视实效，提出了著名的猫论："不管白猫黑猫，捉住老鼠就是好猫"。并告诫领导干部想问题、办事情都要讲究实效，切实解决人民的切身利益。他的文风朴实，不讲空话，1992 年初，在南方谈话中，邓小平严厉批评了讲空话、文山会海、长篇大论等形式主义的东西。明确指出："形式主义也是官僚主义。要腾出时间来多办实事，多做少说"。[①]"我们开会，作报告，作决议，以及做任何工作，都为的是解决问题。"[②] 他还指出：真正的马克思主义者历来崇尚实干。他一再强调社会主义现代化事业是干出来的，而不是讲出来的。当有些人对改革开放中出现的各种问题争论不休时，邓小平提出了"不搞争论，要大胆地试，大胆地闯"的思想。他指出："不搞争论，是我的一个发明。不争论，是为了争取时间干。一争论就复杂了，把时间都争论掉了，什么也干不成。不争论，大胆地试，大胆的闯。"[③] 邓小平在视察深圳特区时也强调，特区的成就不是讲话讲出来的，而是靠实干干出来的，要求人们要敢说真话，反对说假话，不务虚名，多做实事。

中国共产党的历史充分表明，求真务实是中国共产党的活力之所在，也是中国共产党和中国人民事业兴旺发达的关键之所在。什么时候求真务实坚持得好，中国共产党的组织和干部队伍就充满朝气和活力，中国共产党和中国人民的事业就能顺利发展；什么时候求真务实坚持得不好，中国共产党的组织和干部队伍就缺乏朝气和活力，中国

---

① 《邓小平文选》第 3 卷，人民出版社 1993 年版，第 381—382 页。
② 《邓小平文选》第 2 卷，人民出版社 1994 年版，第 113 页。
③ 《邓小平文选》第 3 卷，人民出版社 1993 年版，第 374 页。

共产党和中国人民的事业就受到挫折。中国改革和发展正处在一个关键时期，面对新形势新任务，进一步在中国共产党特别是在领导干部中大力弘扬求真务实精神、大兴求真务实之风，十分重要和紧迫。

（三）领导干部要有清正廉洁的胸襟

清正廉洁是中国共产党人的政治本色，是对领导干部最起码的要求。领导干部手中掌握着权力，面临的诱惑多，稍有不慎就会成为腐败的"俘虏"。时下，有些干部在自身要求上，标榜以身作则，却无清正廉洁的胸襟。或者攀比心态严重，在享受上讲究你无我有，你有我优，你优我特，你特我奇，树活一张皮，人争一口气，这口气没有放在追求高尚上，而放在追求低级趣味上；或者特殊心态严重，自以为一方主事，高高在上，处处显摆，事事异人。不仅离领导干部的形象渐远，离人民群众渐远，离一个具备起码道德标准的普通人的形象也越来越远，最终落得个不是人的可耻下场。

1991年，戈尔巴乔夫宣布苏联解体，标志着走过七十余年岁月的苏联共产党退出了历史舞台。究其原因，归根结底缘于腐败。是腐败导致苏联共产党玩物丧志，不思进取，与人民群中的矛盾日益加深，从而不得不宣布它生命的终结。经验教训告诉人们，贪污腐败是亡党亡国的一剂毒药。不容否认，在中国共产党内，腐败现象在一定范围内存在，但这决不是主流，各级领导干部充分感受到了党中央反腐倡廉的坚定决心，胡长清、成克杰、陈良宇等一批省部级以上高官的相继落网，让百姓拍手称快。

为此，各级领导干部要确立高尚的人生追求和健康向上的生活情操，不仁之事不为，不义之财不取，不正之风不染，不法之行不干。站得高，看得远，分得清，把得严，自觉约束自己，谨慎交往圈，净化生活圈，纯洁娱乐圈，正规工作圈。用原则守住小节。对哪些是违反原则的事，什么事不能办，什么地方不能去做到心中有数，能够明辨是非，把住方向，守住底线，决不越轨。要有坚持原则的正气，胸有浩然正气，就能养廉生威，对违反原则的事、违反原则的人，敢于

"唱黑脸"、当"包公"，公正处置。有坚持原则的底气，"壁立千仞，无欲则刚"，在名利得失面前始终保持一颗平常心，经得住各种诱惑的考验，失意时不气馁，得意时不忘形，达到"宠辱不惊，闲看庭前花开花落；去留无意，漫观天外云卷云舒"的高尚境界。

（四）领导干部要有驾驭全局的胸襟

面对日益复杂多变的国际环境，面对正在进行的改革开放和现代化建设事业这一复杂的系统工程，作为领导干部，尤其需要有宽阔的驾驭全局的胸襟。否则，事无巨细，只限于应付具体的事务性工作，不重视或不善于把具体问题提到原则性高度去加以分析和解决，是难以做好领导工作，更难以担当历史重任的。

毛泽东曾指出："指挥全局的人，最要紧的是把自己的注意力摆在照顾全局上面。"，"懂得了全局性的东西，就更会使用局部性的东西，因为局部性的东西是隶属于全局性的东西的。"① 邓小平也说过："考虑任何问题都要着眼于长远，着眼于大局，眼界要非常宽阔，胸襟要非常宽阔，要从大局看问题，放眼世界，放眼未来，也放眼当前，放眼一切方面。"② 对现代领导干部来说，所谓驾驭全局，就是要求有一种高瞻远瞩的战略眼光。如果不是这样，只是就局部论局部，挂一漏万，顾此失彼，或只顾眼前，不顾长远，那就不是全局性思维，而是"只见树木，不见森林"的形而上学了。

红军时期，林彪的部下缴获了一把白银做的女式袖珍手枪，非常精致，不知是哪国造的，红军官兵自然非常喜欢、爱不释手，但不敢私藏，层层上交，把枪交给林彪。林彪也非常喜欢，又层层上交，送给毛泽东。毛泽东看也不看，把枪扔在地上说，"到我用得着这把枪的时候，咱们红军就完蛋了（我要它干什么)！"尼克松到中国来谈判中美恢复外交关系，毛泽东说，那个事情你跟周恩来去谈，我不感兴

---

① 《毛泽东书信选集》，人民出版社 1983 年版，第 241 页。

② 毛卫平、孙学敏主编：《党员干部战略思维读本》，红旗出版社 2003 年版，第 68 页。

趣，我也不懂，我要跟你谈谈国际战略格局的变化，我要跟你谈谈哲学！

邓小平从立足大局的观点出发，正确处理了"文化大革命"的遗留问题，以及如何评价毛泽东、毛泽东思想的问题。

中国共产党十一届三中全会前后，针对"文化大革命"遗留的问题，邓小平提出了"解放思想，实事求是，团结一致向前看"的方针，指出"对过去遗留的问题，应当解决好。不解决不好，犯错误的同志不作自我批评不好，对他们不作适当的处理不好。但是，不可能也不应该要求解决得十分完满。要大处着眼，可以粗一点，每个细节都弄清不可能，也不必要。"他一再强调，要正确评价毛泽东和毛泽东思想。"对毛泽东同志的评价，对毛泽东思想的阐述，不是仅仅涉及毛泽东同志个人的问题，这同我们党、我们国家的整个历史是分不开的。要看到这个全局。"他指出："毛泽东同志不是孤立的个人，他直到去世，一直是我们党的领袖。对于毛泽东同志的错误，不能写过头。写过头，给毛泽东同志抹黑，也就是给我们党、我们国家抹黑。这是违背历史事实的。""不写或不坚持毛泽东思想，我们要犯历史性的大错误。"① 正是由于中国共产党把握了事物的全局，从大处着手，既坚持原则的坚定性又讲究策略的灵活性，因此，正确地处理了"文化大革命"遗留下来的问题，使中国共产党的思想达到空前团结和统一。通过了《关于建国以来党的若干历史问题的决议》，对毛泽东及毛泽东思想进行了实事求是的评价，从而完成了中国共产党在指导思想上的"拨乱反正"，开创了中国特色社会主义现代化建设的新局面。

当然，全局与局部之间的关系是相对的、可以相互转化的。一定层次或范围中的全局往往是更高层次或更大范围内的局部，反之局部也可能成为全局。因此，每一层次的领导干部，都会遇到两种全局与局部以及与之相联系的统筹全局与服从全局的问题，重要的是，跳出来，看到全局之后，再回头看细节枝节，细节枝节才看得更清楚；看

---

① 邓兆明：《邓小平哲学思想研究》，辽宁人民出版社1992年版，第135页。

到明天之后，再回头看今天，今天才看得更真切。这就是人们常说的，领导者要用大局看小局、用明天看今天。

（五）领导干部要有容人共事的胸襟

一个人的胸襟能容得下多少人，就能够赢得多少人。

自古以来，中国人一直视宽宏大度为美德。所谓"大其心容天下之物，虚其心纳天下之善"、"将军额上跑得马，宰相肚里能撑船"、"量小失众友，度大集群朋"，说的都是做人度量要大。作为一个单位的领导，必须具有大度能容的宽广胸怀。这既是各级领导干部必备的一种领导素质，也是抓班子带队伍必备的一种人格力量。朱德曾说过："腹中天地阔，常有渡人船。"意思是只要你宽容别人，别人就会理解你；只要你度量大，就能团结周围的群众，使他们愿意接近你，向你说真话。实践证明，凡是宽宏大度的领导干部，大都能激发班子凝聚力，能对下属产生感召力，能使自身拥有亲和力。反之，势必会导致团结难维护、戒心难消除、工作难展开、心情难舒畅等问题。实施科学决策和实现科学发展，也就只能成为一句空话。

毛泽东在《党委会的工作方法》一文中强调指出，领导成员之间的"谅解、支援和友谊，比什么都重要"。① 邓小平则进一步指出，一个好的领导集体，其成员之间"要相互容忍，相互谦让，相互帮助，相互补充，包括相互克服错误和缺点"。② 要达到这种境界，确实需要非常宽阔的胸襟。现在不团结的现象不在少数。其中重要的原因之一就是有些同志心胸狭窄，既嫉妒别人的长处，又难以容忍别人的短处。工作上有了矛盾，不是为了团结，顾全大局，努力把事情弄好，而是借题发挥，甚至"搞人身攻击、闹意气、泄私愤、图报复"。一句话，缺乏政治家的肚量。江泽民在中国共产党十四届二中全会上的讲话中再次强调："古人尚且懂得'有容乃大'的道理，作为党的

---

① 中共中央文献编辑委员会：《毛泽东著作选读》，人民出版社1986年版，第669页。
② 《改革开放三十年重要文献选编（上册）》，中央文献出版社2008年版，第536页。

领导干部特别是高级干部，更应自觉地把国家和人民的利益摆在第一位，更应胸襟博大。"① 所以，要特别强调各级领导干部要具有政治家的气度，以增强各级领导班子的团结性。

用宽阔的心胸容人容事，是一种精神、一种品质、一种境界。这种品质对每个人都十分重要，为人处世需要这种品质，干好工作也离不开这种精神品质。尤其是领导干部，必须要有宽阔的心胸。"山不辞土故能成其高，海不辞水故能成其大。"无论一个人、一个集体，要成就大事业，创造骄人的成绩，必须有高山的气度、大海的胸襟，勇于吸收好的东西，使之为我所用。山锐则不高，水狭则不深。心胸狭隘，是难有大作为的。

春秋时期齐国国君齐襄公被杀。襄公有两个兄弟，一个叫公子纠，当时在鲁国（都城在今山东曲阜）；一个叫公子小白，当时在莒（jǔ）国（都城在今山东莒县）。两个人身边都有个师傅，公子纠的师傅叫管仲，公子小白的师傅叫鲍叔牙。两个公子听到齐襄公被杀的消息，都急着要回齐国争夺君位。

在公子小白回齐国的路上，管仲早就派好人马拦截他。管仲拈弓搭箭，对准小白射去。只见小白大叫一声，倒在车里。

管仲以为小白已经死了，就不慌不忙护送公子纠回到齐国去。怎知公子小白是诈死，等到公子纠和管仲进入齐国国境，小白和鲍叔牙早已抄小道抢先回到了国都临淄，小白当上了齐国国君，即齐桓公。管仲因此做了齐桓公的阶下囚。齐桓公原来要杀管仲以雪前耻，鲍叔牙替管仲求情，并向齐桓公举荐管仲任丞相。齐桓公在权衡利弊后，放了管仲，并任用他做了丞相。齐国在管仲的精心经营之下，逐步强大起来，齐桓公因此成为春秋时期的一个霸主。可以想象，如果齐桓公没有容人的雅量，杀掉管仲，就可能没有后来春秋五霸中第一个霸主的地位，齐国也不会像后来那样强大。

朱元璋曾写过一副对联，内容是："大度能容，容天下难容之士；

---

① 奚洁人：《理论、眼界和胸襟——试论跨世纪领导干部必备的政治素养》，载《中国共产党》，1997 年第 8 期。

慈颜常笑，笑世上可笑之人。"朱元璋这种重视人才的胸怀，对建立大明近三百年的基业是有很大作用的。"容天下难容之士"，是领导者的一种最高境界。领导在用人时，必须有豁达的气度、宽宏的雅量，才能成就大业。

在现实生活中，多数领导干部有着宽广的胸怀和容人的肚量。但也有少数人领导干部心胸狭隘，无容人之量，往往为一件小事和同事闹得不愉快。导致没有人缘，被形容为"小肚鸡肠"。

那么，领导干部容人"容"什么呢？

一要容人之长。所谓容人之长，就要求领导干部以平常心看待别人的成绩和长处，不能害"红眼病"，怀妒忌心。应该看到，别人取得的成绩，是通过拼搏换来的，是付出了辛勤汗水的。自己需要做的是坚定信心，向别人的长处看齐，虚心好学，脚踏实地，那样成功就一定会属于你！

二要容人之短。人非圣贤，孰能无过。每个人都不同程度地存在着缺点，能指出的，我们就要诚心诚意地指出；已经做错了的，我们要放宽胸襟。俗话说，忍一时风平浪静，退一步海阔天空。一切不愉快都会在大度中变得美好而又真诚。领导干部容人不仅要容人之长而且还应善于容人之短。人无完人，金无足赤。人之为人，谁能没有缺点。就连中国历史上有名的四大美女，也个个都有缺陷——西施左耳偏小，昭君双脚肥大，貂蝉飘洒腋臭，贵妃行声不雅，何况常人。有峰必有谷，有浪必有波，有才华的人往往棱角分明、"两头冒尖"，优点、缺点都很突出。除极少数天才、全才之外（这仅是假设，恐怕连这种假设也很难成立），都难免其短。用人者倘若把眼光盯在人家的短处上，世界上将找不出一个可用之人。历史上和现实中，这样的教训不知有多少。

有一次，子思向卫侯推荐苟变，说这个人很有领导才能，可以担任统率五百辆战车的将领，却被卫侯否决了，理由是苟变在担任地方官时曾吃过人家两个鸡蛋。你瞧，这位卫侯是何等"圣明"，连下属吃了人家两个鸡蛋的事都逃不过他的眼睛，真是"明察秋毫"。可是，

143

就是这位"圣明"的卫侯，把卫国搞得个一塌糊涂。何以如此？道理很简单：在那诸侯争雄、争战纷仍的时节，正当国家用人之秋，作为一国之君，识不得文韬武略、经天纬地、能安邦定国的将才帅才，却把眼睛盯在两个鸡蛋上，举国之内，哪有"完人"可用？国君糊涂至此，国家何谈昌明？

三要容人之异。在日常工作中，由于每个人的思想方法和认识水平不同，难免会出现一些矛盾和分歧。遇到这种情况，同事之间，应以大局为重，有一种容人和容忍的雅量，做到高姿态、高风格地处理好矛盾和误会，消除隔阂，只有这样才能营造出一种融洽的、和谐的工作环境，使大家团结一心，共同干好事业。

自从有人类社会以来，人们就因为志趣、见解、主张、追求的不同而存在着种种不能回避的差异，所谓"物以类聚，人以群分"便是个真实写照。如何认识这种差异，正确对待这种差异，答案同样是因人而异的。有仁爱之心者，豁达大度者，并不因异己的存在而寝食难安，正所谓"君子无党，小人无朋"。这种与异己者共存的局面曾带来过春秋时期诸子百家争鸣的文化繁荣，使周朝延续八个世纪，其原因就在于周朝对各诸侯国的大度与宽容。再看近代美国的发展，一个重要原因是汇集在那里的世界各族精英的共同贡献，其中占很大比重的是华人。为何人才云集那里？就是因为那里有一种不排斥异己的兼容精神。不同种族，不同语言，不同信仰，甚至不同利益的社会群体，都可以在那里求同存异，共谋发展。中国改革开放政策的实施，在短短十几年间已使人们初步尝到宽容异己带来的甜头。中国从异己那里学到了原来想学而学不到的东西，很快缩短了被人家拉大的距离。

所以，历史启示人们，只要有宽阔的胸襟，能够容忍一切难容之人，以及难容之事，历史都会给予其相当的回报，成就一番功业。宽容他人，尊重他人，历史也会给予你丰富的回报！

（六）领导干部要有任人唯贤的胸襟

毛泽东曾经说过："在这个使用干部的问题上，我们民族历史

中从来就有两个对立的路线：一个是'任人唯贤'的路线，一个是'任人唯亲'的路线。前者是正派的路线，后者是不正派的路线。"①

"任人唯贤"一语出自《尚书》："任官唯贤才"，意为选贤才为官，用人只能用德才兼备的人。中国历史上，大凡处于进步阶段的阶级或有作为的政治家，为了取得政权和巩固政权，大都实行招贤纳士，广罗人才，委以重任，实行任人唯贤。作为无产阶级政党，中国共产党立党为公的本质决定了只能实行任人唯贤的干部路线。因为"治国之道，务在举贤"。作为领导者，是否胸襟宽阔，在此方面的举止行为是最能说明问题的。因此，领导干部要特别注意加强这方面的修养，学会用政治家的风度来选用人才，即像邓小平指出的那样："现在我们起用人，要抛弃一切成见，寻找人民相信是坚持改革路线的人"，"要抛弃个人恩怨来选择人，反对自己的人也要用，过去毛主席就曾经长期敢于用反对过他的人"。"在选人的问题上，注意社会公论，不能感情用事，要用政治家的风度来处理这个问题。"② 真正做到：一是坚持德才兼备的干部标准；二是知人善任，善于识别干部；三是按照公开、平等、竞争、择优原则选拔干部，能够大胆启用人民公认是坚持党的基本路线并有政绩的干部；四是科学地使用干部，"用人得当，适当其所"，即在知人的基础上，把干部安排到最需要并能充分发挥其才干的岗位上去。如果真正做到了这一点，中国共产党的事业将是大有希望的。

1938年，毛泽东提出了任人唯贤这个深思熟虑的问题，并且说："共产党的干部政策，应该能坚决地执行党的路线，服从党的纪律和密切联系群众，有独立工作的能力、积极肯干、不谋私利为标准。应该就是'任人唯贤'的路线。"③ 在选才问题上，毛泽东主张走群众路线。让干部在实践中，在群众中锻炼表现而取得威信。1950年，毛

---

① 张海阳等主编：《新时期军队政治工作实用手册》，解放军出版社2000年版，第689页。

② 《邓小平文选》第3卷，人民出版社1993年版，第299—300页。

③ 《中国共产党六届六中全会决议》(1938年9月29日—11月6日)。

泽东外婆家表兄文运昌多次给毛泽东写信，要求推荐任职。毛泽东回信说："运昌兄的工作，不宜由我推荐，宜由自己在人民中有所表现，取得信任，便有机会参加工作。"① 同年，毛泽东青少年时期的同学毛森品来信求职，毛泽东回信说："吾兄出任工作极表赞成，其步骤似宜就群众利益方面有所赞助表现，为人所重，自然而然地参加进去，不宜由弟推荐，反而有累清德。"这些实例，体现了毛泽东坚持群众观点选拔人才的思想。②

中国共产党十五届六中全会《决定》中提出的"八个坚持、八个反对"，把"坚持任人唯贤、反对用人上的不正之风"作为加强和改进党的作风建设的重要内容。这对领导干部选拔任用工作提出了更新更高更严的要求。千秋大业在用人。抓住了任人唯贤这个问题，就抓住了中国共产党的作风建设的关键。

坚持任人唯贤，反对任人唯亲，是中国共产党的用人路线。但在现实生活中总有一些人在选拔干部时，主要看哪些人是拥护自己的，谁拥护自己谁就是好干部，拥护自己的就提拔。追根溯源，任人唯亲是中国封建社会家天下的产物，是宗法制残余的表现，是腐朽的、落后的。因为自己视为亲者，其短处也成了长处；自己视为疏者，其长处也成了短处。以个人成见、个人感情、个人好恶和个人恩怨亲疏择人只会贻害国家和人民，一些品质低下者就可能利用吹捧等实用主义手段，骗取信任，从而因亲而得重任。相反，有些很有才能的人就因为意见与自己相反就被排除在外，这些人很可能就是敢于坚持真理的人。在坚持任人唯贤的前提下，反对过自己的人，反对过自己并被实践证明是反对错了的人也要用。只要不是敌我矛盾，而仅仅是党内的思想矛盾，这只会有利于党的事业。因为党内的思想矛盾和斗争如果不存在，党的生命也就停止了。正因为有了这种正确与错误，先进与落后之间的冲突与交锋，才能使中国共产党在制定政策过程中更具科学性，避免犯大的错误，这也是发扬党内民主的一个重大方面。从这

---

① 宁明栋：《毛泽东与"任人唯贤"》，载《中国人才》，2001年第2期，第33页。
② 宁明栋：《毛泽东与"任人唯贤"》，载《中国人才》，2001年第2期，第33页。

个角度看，可以起到兼听则明的作用。这也正是党内民主所要求的。邓小平就曾经特别指出："要抛弃个人恩怨来选人，反对过自己的人也要用。"[1]

有一个故事很能给人启示。春秋战国时期的晋平公问大夫祁黄羊，南阳县缺少个县令，谁担任这个职务合适。祁黄羊回答说："解狐可以。"晋平公听了很惊讶，说："解狐不是你的仇人吗？你怎么推荐仇人呢？"祁黄羊答道："您是问我谁担任县令这一职务合适，并没有问谁是我的仇人。"于是，晋平公派解狐去任职。果然，解狐任职后尽职尽责，不负众望，受到南阳民众的拥护。正是因为祁黄羊有了这般宽阔的心胸，才使得解狐人尽其才，才尽其用。可以想象，如果祁黄羊没有宽阔的心胸，一个优秀的县令人选就可能被埋没。

所以，领导干部选人用人也需要宽广的胸襟，因为你在用人的时候，不是看谁跟你有过节，谁跟你关系最好，而是看谁德才兼备，看谁真正得到人民群众的公认，看谁才是党和人民的事业最需要的人才。

三、领导干部在不断提升自身修养中做到胸襟宽

世界上最宽阔的是海洋，比海洋宽阔的是天空，比天空宽阔的是胸襟。古今中外，凡能成就大业者，多是心地坦荡、胸襟宽广的人。怎样才能使自己的心胸变得宽阔呢？范仲淹的《岳阳楼记》中"不以物喜，不以己悲"、"先天下之忧而忧，后天下之乐而乐"的名句能给人以深刻的启迪。具体说来，领导干部要宽阔胸襟主要应该把握以下五个方面。

---

[1] 朱兰芝、王立胜、宋福范：《社会主义建设历程的哲学反思》，石油大学出版社1997年版，第339页。

（一）从谏如流胸襟宽

从谏如流是一种政治美德的展示。作为一名领导干部，应该有深厚的个人修养和宽广的胸怀，要宽厚容人，团结同志，善于合作，具有凝聚力。法国著名作家雨果有一句名言："世界上最宽阔的东西是海洋，比海洋更宽阔的是天空，比天空更宽阔的是人的心胸。"领导者要"豁达大度，从谏如流"，绝不能因别人与自己的看法不一，就对其排斥否定，侧目而视。要宽宏大量，善于广泛听取群众意见，从中汲取营养，自觉接受群众监督，勇于接受群众批评。要做到闻过则喜、喜闻诤言，即使群众意见与事实有出入也能本着言者无罪、闻者足戒、有则改之、无则加勉的态度正确对待。中国共产党根植于人民群众，中国共产党的根本宗旨是全心全意为人民服务。密切联系群众，广泛采纳群众意见，集中人民群众的智慧是中国共产党的好传统、好作风，也是中国共产党的立党之本。

古代的贤君良臣相处和谐之际，便是政治清明、经济发展、百姓安居乐业之时。朝廷广开言路，臣僚敢言直谏，便形成了谋事干事、兴利除弊的良性互动局面，国家和人民得以受益。如果说杨广是一个昏庸腐败、刚愎自用、一意孤行而败亡的典型，那么其后不久的李世民则以接受魏征"居安思危，戒奢以俭"的提示和十项条陈，而开盛唐之局，成为励精图治的一代明君。下属敢言、上层纳谏的良性互动模式及其所产生的政通人和的效果，作为中华民族政治文明的财富和政治美德而绵延至今。

中国共产党历史上的领袖们，都非常注重倾听群众的意见。毛泽东说："人民，只有人民，才是创造世界历史的动力。"[1] 听取群众意见，要有甘当小学生的精神。要深入群众，倾听群众的意见，了解群众的想法。毛泽东说："因为我们是为人民服务的，所以，我们如果有缺点，就不怕别人批评指出。"[2] 因此，不管什么人，不管提出的批

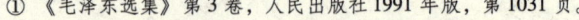

① 《毛泽东选集》第3卷，人民出版社1991年版，第1031页。
② 《毛泽东选集》第3卷，人民出版社1991年版，第1004页。

评有多么尖锐，只要有利于改进工作，有利于人民利益，我们就要真心实意地听、真心实意地改。此外，周恩来发现批评错了后进行深刻的自我批评，邓小平题词以后请语言学家把关等等，都是胸襟宽广、从善如流的佳话。

2008年6月20日，胡锦涛在人民网强国论坛与网友聊天时强调："我们强调以人为本、执政为民，因此想问题、做决策、办事情，都需要广泛听取人民群众的意见，集中人民群众的智慧。"①

然而，放眼古今中外，在人们的记忆深处，能够容忍诤言的领导干部的确不多，相反，因无所忌惮、大胆直言而走上人生窘境的却不少。外国的与历史久远的因言获罪案不说，单就当代中国发生的重庆彭水诗案、山西稷山文案、辽宁西丰京城抓人案等，一些官员滥用公权对百姓言论粗暴"封口"，其震惊程度几乎到了让人齿冷的地步。

一个领导干部要将自己管辖的工作做好，单枪匹马、唱独角戏是不行的，必须联系群众、广开言路、集思广益。尤其是要多听听那些敢于对自己的决策说长道短，直言"欠妥"、"不当"、"不行"的群众的意见。毕竟智者千虑，亦有一失。一个领导干部，如果耳朵里听到的尽是些"好好好"、"行行行"、"妙妙妙"的奉承，是很容易自我欣赏、自我膨胀的。因此，走上违纪违法道路的亦时有所闻，带来的不良后果不言而喻。这应当引起广大领导干部的警惕。江河不拒细流才能浩浩荡荡。当领导干部要气度大些，胸襟宽些，要注意多交一些善于动脑筋、敢于直言不讳的朋友。良药苦口利于病，忠言逆耳利于行。要多听听下属不同的意见和建议，要真诚地鼓励他们对自己的决策、方案评头论足、说短道非。耳边常常响起些不同的声音，是好事，可以帮助减少工作盲目性，让思考更缜密、决策更科学。

中国几千年的历史反复告诉人们：虚怀纳谏是盛世的序曲，骄横拒谏是亡国的前奏。据《战国策·齐策》载，齐威王曾悬赏求谏，"群臣吏民，能面刺寡人之过者，受上赏；上书谏寡人者，受中赏；

---

① http：//shehui.daqi.com/feature_ 275058_ 1_ index. html。

149

能谤议于市朝，闻寡人之耳者受下赏。"赏令一出，"群臣进谏，门庭若市"，齐国因此政通人和，邦安国治，"燕、赵、韩、魏闻之，皆朝于齐。"

延安时期，毛泽东以宽阔的胸襟对待农妇的破口大骂是又一例证。1941年夏日的一天，延安公安保卫部门向毛泽东汇报一个情况：清涧县有一个农妇的丈夫被雷电击死，引起她的悲伤，她大叫"雷电怎么不把毛泽东击死啊"。这个妇女被当地执法部门抓起来送到延安，司法部门准备审讯后加以严惩。毛泽东听完汇报后当即指出，"不能这样做嘛"。"打骂之事，是民间常见的，大部分因气盛所致。她为什么生气？人家死了人，出了事嘛！迷信不可信，还是个教育问题。"第二天，毛泽东通知军委总部把保卫部部长钱益民找来，毛泽东以命令的口气对钱益民说："把骂我们的那个妇女带来，我要亲自问话。"钱益民遵照毛泽东的指示，把清涧县那个骂人的妇女带进了毛泽东的办公室。毛泽东见到她热情迎上前，态度和蔼地对她说："你不用怕嘛！请坐，请坐，坐呀！"这位农妇仍不肯坐下，毛泽东又说："啊，没有好招待啊，就几个枣，还是你们陕北人民用辛苦汗水浇种的。吃点，吃点吧！"脸色苍白且浑身发抖的农妇听完这番话后，定了定神，慢慢地坐到椅子上问："您是毛主席吧！看，您下巴上的那个黑痣……"她做梦也没有想到，骂了共产党，骂了革命政府，甚至还骂了毛主席，却受到毛主席的热情接待！她感到内疚，不断自责自己，便红着脸对毛泽东说："毛主席，咱不好嚯……咱不应该骂政府哩……咱犯了大罪……您就枪毙咱……"她说完了这段话后，双膝一软，竟跪在毛泽东身前。毛泽东见状急忙上前双手扶起这位农妇，毛泽东把她扶到椅子旁让她坐下，并亲切地说："妹子，你不用难过嘛！也不要这样呦，我们不会枪毙你的。我已经批评了清涧县的地方干部，也批评了延安的执法部门。老百姓有具体困难，不予解决就该挨骂嘛！……你不用怕，要对我讲心里话：究竟因什么困难才骂政府？说心里话，我们才叫一条心啊！"毛泽东的这番话，说动了农妇的心，使她倍受鼓舞，一边擦干泪水，一边对毛泽东说："共产党来，开始有了咱的五亩地。头两年还好，咱吃不完。这两年，村里的官，乡的官，县的官，都不管咱的死活嘛！要公粮还骂咱男人，连老娘也骂哩！”毛泽东听后压住胸中的怒火，又亲切地对她说：“啊！妹子，说吧！都讲出来。”农妇思索了片刻，回答说：“主席，咱没讲的啦……您太忙哩。再说，讲了，也变不了嘛！咱只求您，咱男人走了，看在咱三个娃的份上……把咱放回去……行吗？”毛泽东听罢马上让军委保卫部部长钱益民派人护送她回家，并把自己的口粮拿出来送给她。毛泽东还立即指示陕甘宁边区政府对清涧县的公粮问题作认真调查研究。“该免的要免，该减的要减，不能搞国民党反动派那套，搜刮发财，不管老百姓死活！”毛泽东还指示社会调查部：“要根据这次捕人甚至妄杀无辜作出反省。”毛泽东还要求：“我们的组织部门，也要对现行的村以上当权的官员，进行一次审检。不胜任的，不是全心全意为人民服务的，撤下来。”

此后，允许群众“骂”街，允许群众表达不满，成为中国共产党的优良传统。毛泽东对待群众的深厚感情和虚心听取人民群众的批评、有错必纠的态度，被人民传为佳话。为弘扬正气，永葆共产党员青春，1944 年 9 月 8 日，毛泽东在延安写下了著名的篇章《为人民服务》。①

世界是由人推动的，人的个体力量非常有限，这就需要各级领导干部以博大的胸襟去沟通和接纳周围的人和事。宽阔的胸襟是可以助你成就事业的。

（二）心底无私胸襟宽

心底无私，是中华民族的传统美德。古代儒家经典《礼记·礼运》中就说："大道之行也，天下为公"，告诉人们天下为公是上古时代人们遵循的道德原则，也是后世人道德修养的最高境界。中国共产党是无产阶级的政党，是代表中国最广大人民群众根本利益的政党。

---

① 薛鑫良：《毛泽东在延安"挨骂"的史实》，载《民主》，第35—37 页。

中国共产党公开宣布没有自己的特殊利益，党的宗旨就是全心全意为人民服务。为此，对领导干部而言，心底无私集中表现为大公无私。

毛泽东在《中国共产党在民族战争中的地位》一文中说："共产党员无论何时何地都不应以个人利益放在第一位，而应以个人利益服从于民族的和人民群众的利益。因此，自私自利、消极怠工、贪污腐化、风头主义等等，是最可鄙的，而大公无私、积极努力、克己奉公、埋头苦干的精神才是可尊敬的。"①

刘少奇在《论共产党员的修养》一书中，多次使用大公无私一词。同时他在把大公无私与自私自利进行对比分析后，强调指出，大公无私是共产主义道德的特征。"在一个共产党员的思想意识中，如果只有党的共产主义的利益和目的，真正大公无私，没有离开党而独立的个人目的和私人打算……他就可能有很好的共产主义道德。"②

朱德在《中国新民主主义青年团第一次全国代表大会闭幕式上的讲话》中说："我们共产主义者应当除去自私自利，来一个大公无私。"他又说："要具有这种大公无私的道德，不是很简单的，而是要长期的修养……然后才能打破自私自利建立大公无私的道德。"③

邓小平在1980年底的一次讲话中曾倡导："要教育全党同志发扬大公无私、服从大局、艰苦奋斗、廉洁奉公的精神"，同时还严肃地指出：现在有人对"大公无私"等庄严的革命口号进行荒唐的"批判"，以及我们队伍中一些人对这种批判的同情和支持，是不容继续下去的。④

无私奉献，全心全意为人民群众谋利益，是中国共产党的宗旨，也是中国共产党的优良传统。中国共产党成立以来到现在，无私奉献精神，始终是中国共产党坚持的精神。正是这种无私奉献精神的激励，中国共产党才有效地带领中国人民共同奋斗，在实践中造就出反

① 刘秉义、郭志民等：《毛泽东重要著作引读》，陕西人民教育出版社1992年版，第111页。

② 刘少奇：《论共产党员的修养》，人民出版社2009年版，第45页。

③ 胡振良、李中印：《社会团体》（下册），华夏出版社1994年版，第116页。

④ 《邓小平文选》第2卷，人民出版社1994年版，第367页。

映时代特色、闪耀奉献光华的井冈山精神、长征精神、延安精神、红岩精神、大庆精神、"两弹一星"精神、九八抗洪精神等等。有了这种无私奉献精神，中国共产党才赢得了中国广大人民群众的热爱和拥护，从而有力地推动了中国社会的进步与发展。

在战争年代，无数的中国共产党党员为了中国人民的解放献出了自己的宝贵生命，张思德、刘胡兰、董存瑞等英烈就是大公无私的典范。新中国成立后，中国共产党成为执政党，始终坚持"立党为公、执政为民"的原则，中国共产党和中央人民政府的领袖毛泽东、周恩来、朱德、邓小平等成为大公无私的光辉榜样。

邓小平在多年波澜壮阔的革命生涯中，把毕生心血和主要精力无私地贡献给了党和人民，建立了不朽的历史功勋，赢得了全党、全军和全国各族人民的衷心爱戴，也赢得了世界各国人民的普遍尊敬。

但是，邓小平无私无畏、光明磊落、胸襟广阔，从不居功自傲。他总是说："个人是集体的一分子。任何事情都不是一个人做得出来的。"他从来都是把自己的功绩归于党，归于人民。早在1954年2月，邓小平就指出："一个人不管负什么责任，在革命事业中只不过是一个螺丝钉。我们所获得的成绩绝不能看做是一个人的，而是多数同志努力的结果，上有中央和上级，下有广大的干部和人民群众，还有同级，还有左邻右舍。我们绝不能贪天之功，将上级的正确领导，其他同志、其他各方面的努力，统统算在自己的身上。"[1] 1980年8月，意大利著名记者奥琳埃娜·法拉奇曾向邓小平提问："你对自己怎样评价？"邓小平毫不含糊地回答："我自己能够对半开就不错了。但有一点可以讲，我一生问心无愧。"[2] 邓小平一生功高卓著，但他身体力行，带头废除领导干部终身制，从而为中国共产党第二代中央领导集体向第三代中央领导集体顺利过渡发挥了决定性作用。邓小平心底无私天地宽，他的胸襟是伟大的。

诚然，大公无私在不同时期有不同的体现。战争年代，集中体现

---

① 《邓小平文选》第1卷，人民出版社1994年版，第203页。

② 林建公等：《读懂邓小平》，四川人民出版社2004年版，第60页。

在为了人民群众的翻身解放，不怕流血牺牲；和平建设时期，则集中体现在为了人民群众的根本利益，不畏困难，敬业奉献，在个人利益与人民群众利益发生矛盾时，能够做到克己奉公、顾全大局。发扬大公无私精神，在相同时期不同人员身上，也有不同要求。在领导干部身上就是要廉洁奉公，勤政为民，做到权为民所用、利为民所谋、情为民所系。总之，时刻牢记执政为民的宗旨，始终确立大公无私思想，是领导干部做好一切工作的前提和思想基础。

"如烟往事俱忘却，心底无私天地宽。"陶铸在身陷囹圄的危难时刻，以这句不朽诗句表达了一个共产党人的坚定信仰和无产阶级革命家的博大胸怀。

中国共产党的老一辈革命家陶铸，历任中共中央军委秘书长、第四野战军政治部主任、中共广东省委第一书记、中共中央中南局第一书记、国务院副总理、中共中央宣传部部长、中共中央政治局常委。他常爱说的一句话是："我们是为群众服务的，就是要为群众着想。"新中国成立后，陶铸继续保持艰苦奋斗的作风，在任广东省委书记时，无论到哪里检查工作，总要"约法三章"，即不准请客、不准迎送、不准送礼。谁若是触犯了这个"规矩"，他就会拉下脸来，毫不留情地批评。陶铸质疑走马观花、蜻蜓点水式的"视察"，提倡并首先自己带头到基层蹲点。蹲点时，他坚持与群众实行"三同"，即同吃、同住、同劳动。

1960 年 10 月至 1966 年 8 月间，陶铸担任中南局第一书记，主管广东、广西、湖南、湖北、河南五省（区）的全面工作，公务更加繁忙。但他再忙，心里也记着缴纳党费的事。他给自己定了一个缴党费的"标准"，每年的 1 月份至 6 月份、8 月份至 12 月份，他将工资的八分之一缴纳党费；7 月 1 日是党的生日，7 月是中国共产党诞生的月份，他将工资的四分之一缴党费。有的同志说，这样缴党费超出了党员应缴的标准。陶铸笑道："我按我的标准缴。"中央和国家机关有负责同志来中南五省（区）视察，陶铸也少不了有迎来送往的事。但他从不用公款请客、送礼，实在需要请人吃饭，他就自己出钱。有一

次，彭德怀来广东，陶铸和夫人曾志送给彭德怀一坛自家腌制的甜姜。彭德怀起初不肯收，后来勉强收下，却坚决要给钱。陶铸说："你也不是买姜的，我也不是卖姜的，你买我们不卖！"彭德怀这才把钱收起来。

在生活方面，陶铸一向强调不能脱离群众。解放战争中，陶铸在东北工作，对关外冰天雪地的气候不太适应，身体多病。1947年春，组织上发给他300元保健费，他却把这笔钱捐给了灾区的饥民。在冬天，遇到衣着单薄的老人和孩子，陶铸还把自己的衣物送给他们御寒。

陶铸常说："生产上不去，住那么好的房子，吃那么好的饭，心里过意不去，群众也不答应。"60年代初，遇到经济困难，陶铸主动提出：自己家里人吃的肉、油、菜"都要和老百姓的一样"，不要特殊照顾。1963年后，经济形势好转了，他仍然在各种场合讲节约，回到家中还对身边工作人员说："我只要有碟辣椒，再来碗青菜，就很够了。吃东西以填饱肚子为原则。这也不吃，那也不吃，还怎么接近群众？"

陶铸在广州工作期间，一直住在一座早已年久失修的老房子里，南方雨水多，一下大雨就漏，管理部门要给他换房，他不同意；管理部门又提出来维修一下，他也不同意。直到1965年，在医生的建议下，陶铸才同意翻修房子。但在房子翻修完工后，陶铸却坚持由自己付翻修费。管理部门因为没有先例，也无法下账，不肯收钱。陶铸说："那么，这笔钱就算是我捐给公家的吧。"最终，翻修房子的钱还是由陶铸自己出了。

陶铸是湖南人，湖南省归中南局领导，陶铸若是想关照老家的亲属是非常方便的事。但他却从不这样做。他说："我是共产党员，不是旧社会的官老爷，不能搞'一人得道，鸡犬升天'的事。"陶铸的母亲在老家农村生活，湖南省几次想把老人家迁入城镇落户，都被陶铸制止。陶铸说："农村老人那么多，你们都给迁了再考虑我的母亲。"

陶铸逝世于1969年。就在这一年，他写下了两句著名的诗："如烟往事俱忘却，心底无私天地宽。"的确，陶铸一辈子做到了不乱用权力，不乱用公款，一生清廉，心底无私。

（三）顾全大局胸襟宽

邓小平指出：领导干部"都是管大事的人，考虑任何问题都要着眼于长远，着眼于大局。许多小局必须服从大局，关键是这个问题"。①

着眼大局，就是领导干部要善于从大局出发，来思考问题，分析问题和解决问题。做到心想大局，常论大事，善谋大计。只有这样，才能做到未雨绸缪，取得总体的主动权。

现代世界是一个开放的世界。各级领导干部必须具备大局观。世界眼光是大局观的一个具体体现。领导干部要做到知识丰富，视野宽阔，胸怀远大，境界高远，才能真正担负起建设中国特色社会主义伟大事业的历史任务。

完成中国共产党的伟大历史使命，对各级领导干部提出了更高的要求。要在新的历史条件下全面加强中国共产党的自身建设，永远保持中国共产党的先进性、战斗力和创造力，就更加迫切地要求领导干部具备大局观、世界眼光，只有这样，才能跟上时代前进的步伐，做一个无愧于时代的社会主义现代化建设事业的领导干部。

实现中华民族的伟大复兴，是中国各族人民的根本利益和共同理想。具备世界的眼光，具备世界性的全局意识和对外开放意识，是实现民族复兴伟大事业的客观要求和重要条件。这是历史给予我们的重要启示。具备和增强世界眼光，应大力克服狭隘的经验主义、事务主义和地方主义的倾向。

有些领导干部故步自封，夜郎自大，不思进取，整天埋头于本地区、本部门的具体工作，不了解、不熟悉，也不关心世界大局，看不

① 李君如主编：《细说邓小平》，河南人民出版社版，第884页。

清世界发展的历史潮流，看不清本地区、本部门工作与世界大局的关系。实际上，日常工作中出现的一些问题，在决策中造成的一些失误，往往都与领导干部眼光狭窄、知识陈旧、思想闭塞有很大关系。从思想根源上分析，都是因为领导干部缺乏大局意识和对当代世界的了解，认识上落后于世界形势的发展和变化。对于推进现代化建设事业来说，这种倾向十分有害。现代世界的经济全球化趋势越来越明显，中国的建设和发展离不开这个总趋势。在经济全球化过程中，各国经济的发展与世界整体的依存度将会越来越高，各国之间的经济联系也会越来越紧密，任何一个国家的经济发展都不能游离于世界整体发展趋势之外，而一个局部地区出现的某种情况和趋势，也都可能对其他地区乃至整个世界经济产生或大或小的影响。看不清这一点，各级领导干部就无法担负领导、组织和管理本地区、本部门的改革和现代化建设的历史重任。从中国的现代化建设事业来说，一个地区、一个部门的工作只是一个局部，从世界范围来说，更是一个局部。为了做好局部的工作，一个合格的领导者必须具备世界性的全局意识，具备领导和驾驭全局的能力，从世界整体发展的趋势和世界政治经济格局的角度来认识和指导本地区、本部门的工作，以对世界发展大势的把握来进行决策，把地区和部门的工作融入世界的大格局之中。

1934 年 10 月，由于"左"倾冒险主义路线的错误，红军没能打破敌人的第五次"围剿"，被迫长征。中央政治局决定成立中央分局留守，陈毅被任命为苏维埃政府办事处主任。

留守意味着牺牲，当时正在养伤的陈毅对此十分清楚。但这是中央的决定，是大局，陈毅表示坚决执行。主力红军长征后，留守苏区的红军干部战士受到敌人的残酷"围剿"，损失惨重。何叔衡、阮啸仙、刘伯坚、瞿秋白等著名领导人先后牺牲。

陈毅是最后突围的，他以顽强的意志和灵活的战术，率领少数部队突入赣南，开始了艰苦卓绝的三年游击战争。

赣南三年，可以说是陈毅革命生涯中最为艰难的一段。在与党、与主力红军完全失去联系的情况下，在敌人反复而又残酷的"围剿"

中，陈毅带领小股游击队，转战于深山老林之中，顽强坚持斗争。

莽莽森林，荆棘丛生，陈毅拖着伤腿，带领战士们终日穿行其中。遇上雨天，困难更大，常常跌跤，有时一滑就从山顶滚到山底。

由于敌人的"围剿"，部队无法长驻一地，只得整年整月地到处奔波、风餐露宿。陈毅和战士们一起，"天当房，地当床"，二三人合着一条毯子睡。遇上雪天，就更加难熬，大家冻得发抖，整夜不能成寐。

吃的更成问题。敌人封锁严，部队又不能打扰百姓，只得靠偶尔下山袭击敌人缴获的粮食维持。在这种情况下，陈毅动员大家"靠山吃山"，野菜、竹笋、树皮、梅子和蛇成了战士们的主食。

在艰苦的环境面前，一些意志不坚定的人思想上发生了动摇。陈毅及时鼓励大家不怕牺牲，放眼未来。他诚恳地对大家说："说实在的，现在不干革命我可以去享福。我的关系很多，到上海，可以住别墅、穿西服，过绅士生活。到西北，谋个一官半职也很容易。但是，我哪也不能去，党给我的任务是在这里坚持斗争。当然，你们硬是要走我也不强人所难，只要不出卖革命同志，不背叛党，你们要走我决不强留。反正我不走。"他的坦诚感动了大家，许多同志下决心革命到底。

就这样一直坚持到抗日战争爆发，国共开始第二次合作，陈毅才带领队伍下山，东进抗日。对于陈毅等领导的南方三年游击斗争，党中央和毛泽东给予了很高的评价。中共中央称"他们的长期艰苦斗争精神与坚决为解放中国人民的意志，是全党的模范"。毛泽东称南方三年游击战是"抗日民族战争在南方各省的战略支点"。①

（四）心理和谐胸襟宽

少数领导干部的胸襟不宽的问题，其实是一种严重的官场心理疾病。但这可以通过修养加以改善。所以，胸襟宽阔与否，关键在于领

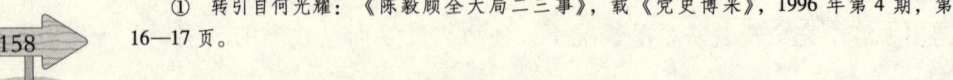

① 转引自何光耀：《陈毅顾全大局二三事》，载《党史博采》，1996 年第 4 期，第16—17 页。

导干部自己平时的自觉磨练和培养。

1. 要克服失衡心理，正确对待进退留转。进退留转，是每一位领导干部都会面临的而且必须作出回答的问题，特别是在换届和班子调整的关键时刻，对于一个领导干部的胸襟更是重要的考验。在换届中，干部对个人的进退留转有些考虑是难免的。但问题在于，一些同志把权力地位看得太重，对个人进退得失想得过多，无心干事业和工作，有的甚至四处活动，跑官要官。各级领导干部都是人民的公仆，手中的权力是人民赋予的，要始终牢记立党为公、执政为民，始终把心思用到为党和人民多做工作、多做贡献上，千万不能去计较自己的名利、地位和利益。每一名领导干部都要自觉加强党性锻炼，树立正确的权力观、地位观和利益观，切实把共产党员的先进性体现到正确对待个人进退留转上来，真正做到不为名所累、不为利所缚、不为欲所惑，全身心投入到工作中去。

许光达，中国人民解放军高级将领，著名军事家。1950 年 6 月任装甲兵司令员，是中国人民解放军装甲兵的奠基人。1955 年被授予大将军衔。他戎马一生，功勋显赫，军事思想丰富，但却虚怀若谷，淡泊名利，心胸坦荡，堪称老一辈无产阶级革命家的典范。

1932 年 6 月，许光达入莫斯科国际列宁学院中国班学习军事。抗日战争爆发后回国。和许光达同样资格的红军将领大多担任旅长、团长，在野战部队中领兵打仗，威风凛凛。而此时，许光达却被任命为抗日军政大学教育长，过着默默无闻的生活。有人替他抱不平，你一个 1925 年参加革命的老同志，又喝过洋墨水，怎么能答应干一个小小的教育长。许光达听了一笑了之，"干什么都是革命工作"。

这一时期，许光达笔耕不辍，形成了丰富的军事思想。前后撰写了《战术发展的基本因素》、《论新战术》、《军队的组织问题》等著作，较系统地阐述了建立农村革命根据地、军队建设、开展游击战争及其战略战术问题。①

---

① 闻隆：《许光达大将：襟怀坦荡感动毛泽东》，载《健身科学》，2003 年第 7 期，第 13—14 页。

比照许光达将军在对待进退留转上的宽阔胸襟，时下一些思想浮躁，在一个岗位没干几年就急于要提拔重用，看到人家上调就不平衡，沉湎于自怨自艾、自暴自弃的心境不能自拔的领导干部应该警醒。

领导干部要摆脱这种不正常的"失衡"心理的控制，关键是要牢固树立正确的世界观、权利观、地位观，从灵魂深处端正对职位、对组织、对事业的态度。一要端正对职位的态度，有自知之明。作为处在一定位置上的领导干部，已经是组织上对这些干部的素质和能力的一种肯定。但是"昔日之得不足以自矜，今日之成不容以自限"。领导干部对自己的估价一定要恰如其分，不能因过高而盲目自信，也不能因过低而消沉颓废。一个领导干部，要善于从发展的大趋势上把握自己，按照人岗相适、人尽其才、才尽其用的要求，准确定位。能力强，则应谦虚谨慎，不骄不躁；能力差，则应加紧"充电"，以适应时代、工作要求。要敢于直面退与留。从政治素质、能力水平、工作实绩和人际关系等方面找自身的差距，不能怨天尤人，更不能埋怨组织。二要正确对待组织。每一个领导干部，能有今天的岗位、事业和成就，首先应该要感谢党组织的关怀和培养，离开了组织的培养和群众的支持，领导干部就成了无源之水、无本之木。要把组织上的安排作为对自己的再培养、再教育，尤其是对进退留转，要保持一种客观平和的心态，坦然面对，不能心浮气躁，患得患失，更不能上窜下跳，搞非组织活动。要讲政治、顾大局、守纪律，一切听从组织的安排，不能从一己私利出发，明争暗斗，甚至走到跑官要官的邪路上去。三要端正对事业的态度。常有进取之志。要以平常心对待进退留转，不要因一时失意而失去信心和前进的动力；年龄相对大的同志不要有"船到码头车到站"的思想，更不能做一天和尚撞一天钟。要始终保持共产党人的蓬勃朝气、昂扬锐气、浩然正气，恪尽职守，求真务实，真抓实干，在本职岗位上不断创造新的业绩。要根据自己的现状和能力，调整自我努力的方向，做到扬长避短，充分挖掘自身的潜能。要有立志做大事，不要立志做大官的境界，不要把岗位看成是一

160

种荣耀和地位，而要把它当做是一种责任、一副担子，做到荷担前行而不惮劳苦，恪尽职守而不敢懈怠。

2. 要克服官僚主义，正确对待群众。对于领导干部来说，如何对待群众，不仅是一个态度问题，更是一个政治立场问题。不容否认，现在一些地方、部门的领导干部，存在严重的官僚主义作风，不关心群众的利益，不做调查研究，自以为是，颐指气使，给人高高在上、高不可攀、深不可测的印象。

"官老爷作风"的形成，根子是蔑视群众、脱离群众。要根除它，关键还是要换位思考、回头思考和超前思考，想想百姓的处境，想想为官前的自己和为官后的自己，谨记吃的是百姓饭，穿的是百姓衣；牢记莫道百姓可欺，自己也是百姓，永保一种宁静、纯朴的心态。

老一辈革命家谭震林一直对官僚主义深恶痛绝。新中国建立以后，谭震林当了副总理，进了政治局，分管整个农林口的工作。但他时刻警惕着千万不能变成"官老爷"。他对那些官僚主义的倾向，从不客气，从不留情。在这方面有人称他为"谭大炮"。这外号不知怎么让他听到了，他没有生气，而是说：朝官僚主义开炮有什么错？就是要把脱离群众的歪风邪气都轰掉！

有一段时间，有关部门为了首长的安全，作出规定，外出开会不得随便乱喝水。警卫人员、秘书应该给首长带个暖壶，喝自带的水。

一天，谭震林到西苑旅社去讲话。司机拎了个暖壶放到车上。他问："带暖壶干什么用？又不是走个千八百里的。"司机把事情的原委告诉他。他火了，说："这是什么人的规定？"

"保卫部门。""乱扯淡！"谭震林把皮包扔进车里，"这简直是国民党！"司机和秘书都不敢讲话。坐在车上，他还在说："这么下去，老百姓不指着我们的鼻子骂才是怪事。"

到了会场，他的气还没有消，端起桌上的茶杯，咕咚咕咚喝了两口，说："同志们，有关部门不许我喝你们的水！要自己带水，你们说这是什么作风？什么规定？"

秘书给他递眼色，他根本不理："为了首长安全？有这么保卫的吗？对这种规定，我有一个办法，就是不遵守！不听他这一套！"直到把火发完了，他才罢休。

到宾馆开会，服务员替他开门，他又看不惯了，走进屋里，朝服务员招招手："小鬼，过来过来，我有个问题要问你。"

女服务员跑到他身边，问："首长有什么事情？"我问你，给我们开门是你们领导安排的，还是你主动干的？""两者都有。"服务员反应很快。"那我再问你一个问题，是所有的人来你们这里，你都给他们开门呢，还是只管给当官的开门？"服务员脸红了，说："我们当然是为领导服务的了。""问题就出在这里。对你开门，我先表示感谢了。但是我也得告诉你，以后像我这样身强力壮不伤不残的人来了，不管他官有多大，都不管开门的事！如果当官当到连门也要别人开的地步，这个官也就差不多完蛋了！"服务员静听着，不知如何是好。谭震林像想起什么，又补充一句："要是你们的领导责怪，就叫他来找我！"

有一年，谭震林回到老家攸县，在县城散步，看到一群人排着队，拎着口袋，等在粮店的窗口前。这窗口一米多高，很小，只能伸进手去拿口袋。旁边等着买粮的人在议论："把售粮口垒这么高，存心不让你买！""谁惹得起他们，他们是官家！"听到这些议论，谭震林站住脚，停了片刻又走到售粮窗口。只见里面的工作人员一副冷面孔，正在呵斥一位来购粮的孩子。谭震林不便朝卖粮的工作人员发作，他转过身，对随行的县委的同志说："为什么把售粮的窗口开这么高？""他们怕开低了不安全吧！"谭震林说："你们看看，开这么高，我够着都费劲，孩子老人怎么办？"县委的干部沉默不语。谭震林把手一甩，说："这是存心整群众！我们口口声声说为人民服务，为老百姓服务，一到具体事情上，就整群众，简直不像话！"县委的同志说："我们尽快通知他们改正这些缺点……""不是缺点的问题！你们眼皮底下尽是这类事情，你们不脸红吗？我看，你们要用这件事，进行一次全心全意为人民服务的教育！"①

当前，克服官僚主义要注意以下几个方面：一是无私无畏。要勇于向百姓表明心迹，坦诚地向群众敞开自己的内心世界，把自己的思想和职责，坦诚地告诉群众，不故弄玄虚。要善于向群众表明心迹，通过一定的形式和方法，使群众更多地从语言、行为中了解自己。要诚于表明心迹，敢于主动亮短，使群众知根知底，让群众督促自己改正。二是说实话，做实事。在思想上要实事求是，率先垂范，脚踏实地，不图虚名，不搞浮夸。在作风上大力倡导调查研究之风，做到摸实情、说实话、办实事、求实效。三是饮水思源，知足常乐。要充分认识到权力是人民赋予的，岗位是组织安排的，任何时候要做到上不愧对组织，下不愧对群众，做到不占、不贪，知足常乐。要强化奉献意识，耐得住寂寞，守得住清贫，对困难不畏缩，存有"先天下之忧而忧，后天下之乐而乐"的境界。要强化廉政意识，端正行为，慎微慎独，严守纪律，依法依规办事，虚怀纳谏，接受监督。要强化公仆意识，不管自己身处在什么岗位上，都要尽心尽力，发光发热，决不能把岗位作为升官的台阶，把权力作为发财的工具。

3. 要克服嫉妒心理，正确对待同事。嫉妒是一种消极的、有害的心理。作为领导干部，对他人职位的升迁和业绩的取得等方面，要坚决避免并克服嫉妒之心。克服嫉妒的方法很多，但主要有三条。一要眼界高，眼界高时无碍物。要理智地剖析、认识嫉妒，认识到嫉贤妒能不是把自己拔高了，反而是把自己降低了。要树立靠自己的努力去超过"对手"的思想，要把不服输落实在行动上，而不要停留在口头上。要有达观、平稳的心态，客观公正地评价客观环境，审视事态的发展，对于自身的能力和他人的能力，要有一个比较客观的分析和判断。二要胸襟宽，存和睦之气。最重的是要宽待"异己"，要有容人、容言、容事的雅量，认识到"异己"的存在就是监督的存在，就能有助于拓宽自己的眼界和思路，促使自己工作干得更好。要珍惜"异

---

① 《谭震林反对官僚主义二三事》，载《党史纵览》，2007年第4期，第56页。

己"，珍视团结，自觉做到不利于团结的话不说，不利团结的事不做。要坚持发扬民主，认真贯彻执行民主集中制，集思广益，实行科学决策、民主决策、依法决策。三要作风实，去骄傲之气。满招损，谦受益。作为一个领导干部，任何时候都不能自大自负，更不能揽功诿过，要把个人的成绩，看成是组织培养和同事支持的结果，要多看别人的优点，多找自己的不足，随时随地谦虚谨慎、虚怀若谷，注意避免出现"丈八的灯台，只照得到别人，看不清自己"。

4. 要克服冷漠心理，正确对待下属。作为领导干部，对下属既要严格要求，又要关心爱护。对下属的爱护，是维系领导者和部属之间团结的重要纽带。领导干部必须去掉高高在上的冷漠心理，平等待人。领导干部对下属时刻要有平等的心态，平等地处理每一件事，公平地评价每一个干部。同时，领导干部还要把自己看做集体的普通一员，与所有的干部职工平等相处，这样才能形成一个风雨同舟、荣辱与共的集体。

领导干部要善意待人。应具有豁朗达观的性格和气度，要有一种"温良恭俭让"的心态和境界。要善言他人。作为领导干部，对下属应该多肯定，多见优点。即使下属有什么不足和缺点，也应该采取适当的方式批评指出。要善意揽过。当下属工作出现失误时，要勇于为其担担子，主动承担责任，一起总结失败的经验教训，给下属信心和安慰，增强团结力和凝聚力。

领导干部要宽容待人。"宰相肚里能撑船"，说的就是领导干部要有宽大胸襟和气量。当下属出现差错、碰到问题时，不能奚落和嘲讽，而是要在指正中显示自己的诚恳，在批评中显示自己的真情；对待同志，要严格要求，但不能吹毛求疵，要有为人作嫁衣的高姿态，给人以机会，让人更好更快地发展。此外，还要尽可能地为下属解决实际困难。

5. 要克服傲气，正确摆正自己的位置。唐代文人杜荀鹤有一首诗："泾溪石险人兢慎，终岁不闻倾覆人。却是平流无石处，时时闻说有沉沦。"意思是告诉人们不要进入坦途就忘乎所以。满招损，谦

受益。领导干部要正确评价自己，应充分认识到，个人政治进步、取得的成绩，离不开组织的培养和同志们的帮助，绝不能骄傲自满，更不能揽功诿过，而要多学他人的长处，改进自身的不足。

毛泽东深谙历史之道，注重以史为鉴。他从历代王朝，包括农民起义成功建立政权都未能摆脱从艰苦创业到腐败灭亡的周期率这一历史教训中，深刻地意识到只有保持谦虚谨慎的工作作风，才能巩固中国共产党领导中国人民浴血奋战建立起来的的人民政权，才能保持中国共产党得来不易的执政地位。

1944 年 3 月，郭沫若写了一篇著名的《甲申三百年祭》，总结了李自成农民起义军失败的经验教训。他指出三条：一是骄傲自满；二是不保持革命队伍起初时的优良作风；三是屠戮功臣。毛泽东看后很是赞赏，他指示《解放日报》全文转载，并把它当做整风学习的重要文件。他在《学习和时局》的报告中谈道："我党历史上曾经有过几次表现了大的骄傲，都是吃了亏的。""全党同志对于这几次骄傲，几次错误，都要引为鉴戒。近日我们印了郭沫若论李自成的文章，也是叫同志们引为鉴戒，不要重犯胜利时骄傲的错误。"①

1944 年 11 月 21 日，毛泽东致郭沫若的信中说："你的《甲申三百年祭》，我们把它当做整风文件看待。小胜即骄傲，大胜更骄傲，一次又一次吃亏。"②

1949 年，在中国共产党七届二中全会上，毛泽东高瞻远瞩地提出了两个务必，为即将执政的中国共产党人敲响了警钟。3 月 23 日，毛泽东离开西柏坡，进驻北平。在进行出发前的准备工作时，他对周围的人说，同志们，我们就要进北平了。我们进北平，可不是李自成进北平，他们进了北平就变了。我们共产党人进北平，是要继续革命，建设社会主义，直到实现共产主义。出发前，毛泽东只睡了四五个小时。他兴奋地对周恩来说："今天是进京的日子，不睡觉也高兴啊。今天是进京'赶考'嘛。进京赶考'去，精神不好怎么行呀。"周恩

①　龚书铎：《龚书铎自选集》，学习出版社 2005 年版，第 22 页。
②　孙琴安、李师贞：《毛泽东与名人》，江苏人民出版社 1993 年版，第 367 页。

来笑着说："我们应当都能考试及格，不要退回来。"毛泽东说："退回去就失败了。我们决不当李自成，我们都希望考个好成绩。"

今天，中国共产党领导的社会主义现代化建设成就斐然，举世公认。可以自豪地说：中国共产党人的考试成绩是合格的。但还必须清醒地认识到：从总体来看，中国仍处在社会主义初级阶段。一方面，人口多、底子薄，城乡发展和地区发展很不平衡，生产力不发达的状况并没有根本改变；另一方面，社会主义市场经济体制还不够完善，民主法制还不够健全，社会不公、贪污腐败等问题仍然存在，社会主义市场经济体制还有待于不断地完善。因而，解放和发展生产力，逐步实现社会公平与正义，是我们面临的重大任务。全面推进中国特色社会主义，实现中华民族的伟大复兴的历史使命将是一个长期艰巨历史进程，来不得半点居功自傲，来不得半点头脑发热。各级领导干部必须居安思危，戒骄戒躁，始终保持冷静的头脑，始终保持旺盛的斗志。

从近些年来被揭露出来的许多贪官身上，都可以看到一个共同的特点，那就是他们都有一种高高在上的傲气。前河北省委书记程维高是这样：他可以肆无忌惮地使用党和人们给予的权利，去疯狂地迫害与他的腐败行为作坚决斗争的郭光允，并欲致之死地而后快；程维高的秘书，已经被处以极刑的李真是这样：他可以让不买自己的账的干部"滚蛋"，也可以劈头盖脸地吐纠正他行车违章的交通民警一脸唾沫；原安徽省副省长王怀忠也是这样：他可以为搞形象工程而不顾客观条件允许和民意的强烈反对，压制不同意见，耗费大量的百姓和国家的资财修建飞机场，虽然这个飞机场建成后就成为了鸟雀飞舞的乐园，使得老百姓怨气冲天，骂其为王坏种。

正因为如此，胡锦涛在中国共产党第十七次代表大会报告中强调指出："一定要戒骄戒躁、艰苦奋斗，牢记社会主义初级阶段基本国情，为党和人民事业不懈努力。"①

---

① 中共中央文献研究室编：《改革开放三十年重要文献选编（下册）》，中央文献出版社 2008 年版，第 1742 页。

中国共产党的性质与宗旨，决定了每一个党员和领导干部，都是人民的勤务员；党的宗旨，又决定了我们每一个党员和领导干部，不论职务高低，都必须做好自己的本职工作，满腔热情、实实在在地为人民服务。都必须始终牢记两个务必，发扬党的革命传统，以人为本，做好各方面的工作，全心全意为人民服务。

胸襟不是上天赐予的，也不是片刻可获得的。它需要自身的修养，友情的滋润，生活的磨练，人生的砥砺，还需要智慧的指引，善良的帮助和人格的关照。

第五章　努力做"三宽"型领导干部

　　胡锦涛在全国组织工作会议上指出，要完成十七大提出的目标任务，一定要全面提高各级领导班子和领导干部领导组织经济建设、政治建设、文化建设、社会建设和党的建设的本领。这是在新形势、新任务面前，对各级领导班子和领导干部提出的新要求。作为一名领导干部，要真正具有这种本领，就需要不断地开阔眼界、开阔思路、开阔胸襟，努力做"眼界宽、思路宽、胸襟宽"型领导干部。

　　实现科学发展的目标，迫切需要各级领导干部拥有新的思维、新的理念、新的思路。不可否认，现在有的领导干部对科学发展还不够自觉，有的地方重复建设比较严重，有的城市规划不够科学；有的领导干部只注重眼前发展、不考虑长远，单纯追求 GDP，不注意发展的质量，忽视群众的利益；有的领导干部政绩观不正确，搞形象工程、面子工程，等等，这些都与领导干部本人眼界不够宽、思路不够宽、胸襟不够宽有很大关系。与此同时，还必须看到，当今世界正发生广泛而深刻的变革，当代中国正在发生广泛而深刻的变革。机遇前所未有，挑战也前所未有。

　　中国共产党担负着领导科学发展、促进社会和谐，引领中国发展进步、更好地代表和实现最广大人民的根本利益和执政兴国的使命。在新的形势和任务面前，中国共产党提出必须不断提高执政能力，科学执政、民主执政、依法执政。在这样的新形势下，如果眼界不宽、思路不宽、胸襟不宽，还是用老眼光、老思路、老办法，就不能完成好新的执政任务。因此，各级领导干部只有不断地开阔自己的眼界、思路和胸襟，自觉地以马克思主义的宽广眼界观察世界，以宽广的思路应对各种复杂局面，以宽广的胸襟凝聚人心，始终站在时代前列带领人民群众不断开创事业发展新局面，才能完成好新的执政任务。还应当看到，现在，干部队伍中五六十年代出生的干部和具有大专以上文化程度的干部成为主体，相当一部分领导干部学历层次比较高，思维比较活跃，综合素质比较好。但是，也有不少领导干部在素质和能力上还存在这样或那样的缺陷和不足，眼界不宽、思路不宽、胸襟不宽的现象比较突出：许多领导干部面对层出不穷的新知识、新情况、新事物，遇到了老知识不管用、新知识不够用的问题，出现了程度不同的"知识恐慌"、"本领恐慌"；有些领导干部思想境界不高，视野比较狭窄，本位主义、个人主义比较严重，大局和全局观念比较淡薄；有些领导干部精神状态不佳，作风比较飘浮，党性锻炼缺乏，在理想信念、奉献意识、清正廉洁等方面需要大力加强修养。这些问题严重影响领导干部的健康成长，如不及时解决，将使一些领导干部成为"跛脚子"，在市场经济的大潮中迷失方向，难以胜任所承担的岗位职责，难以经受住权力的考验和各种诱惑，甚至步入歧途。只有眼界、思路、胸襟都开阔了，各级领导干部才能健康成长、全面成长。

那么，如何做一名"眼界宽、思路宽、胸襟宽"的领导干部呢？首先要对"眼界宽、思路宽、胸襟宽"的内在关系有一个科学、全面的认识。

一、"眼界宽、思路宽、胸襟宽"是一个
辩证统一的有机整体

"眼界宽、思路宽、胸襟宽"是新形势下对领导干部素质和能力的集中概括。这一概括，言简意赅，高度凝练，具有很强的针对性和指导性。就其内在关系而言，"三宽"是一个辩证统一的有机整体，其中"眼界宽"是基础、"思路宽"是关键、"胸襟宽"是保障。

（一）"眼界宽"是基础

眼界是我们观察问题的视野和方法。眼界宽才能站得高看得远想得长，才能懂大局顾大局谋全局。只有眼界宽，思路才能宽，胸襟才能宽。可见，眼界宽是前提和基础。邓小平曾指出，各级领导干部都是管大事的，"考虑任何问题都要着眼于长远，着眼于大局"。"眼界要非常宽阔，胸襟要非常宽阔"。[1] 这是对各级领导干部的根本要求。有了这种宽阔的眼界与胸怀，各级领导干部才能不囿于各种束缚与限制，跳出小天地、小圈圈，站在大局、全局上观察和分析问题。正如李源潮说的"眼界宽，思路才能宽，胸襟才能宽"。可见，"眼界宽"是基础。

1. "眼界宽"是新形势下领导干部履行职责的根本要求

王安石在《登北高峰塔》中说："不畏浮云遮望眼，只缘身在最高层。"俗话也说，站得高，才能看得远。只有眼界开阔，不让一时的浮云遮住自己的眼睛，才能看问题长远、全面、准确。各级领导干部身担重任，分析问题、处理问题，不仅影响本地、本部门，而且有时还对其他地区和部门乃至全局产生影响。这就需要把问题放在大局、全局中去分析、比较和判断，做到目光远大、视野开阔。

在经济全球化背景下，需要领导干部着眼于国内市场和国际市场的变化来观察与分析问题，并作出科学决策。然而，现在一些地方的领导干部观察问题的眼界并没有真正由窄变宽起来。主要表现：一是只顾眼前，不顾长远，以牺牲长远利益来换取眼下的蝇头小利；二是只看对本地有利，而不顾对其他地区造成的损害；三是只看到问题的一面，而罔顾问题的另一面。一言以蔽之，就是习惯于用狭窄的眼光来分析问题，处理问题。

造成这种现象的原因很多，诸如急功近利思想的影响、政策法规意识不强等。但从本质上看，这些都是自然经济、小农意识所造成

① 《邓小平文选》第 3 卷，人民出版社 1993 年版，第 298—299 页。

的。自然经济最突出的表现就是只为了满足生产者自身需要而进行生产经营活动，换句话说，也就是自给自足的经济，其突出特点就是"鸡犬之声相闻，老死不相往来"。一家一户的利益至上，眼前的利益最高。当代中国虽然进行了这么多年的现代化建设，但由于种种原因，自然经济、小农经济的影响还远远没有消除，甚至可以说，在有些人身上影响还很深。他们看问题总是跳不出那一亩三分地，只顾眼前，不顾长远，只看到有利的一面，而忽视不利的一面。眼光过于狭窄，不开阔，跳不出小农经济、自然经济这座"大山"的遮挡，在观察问题时，就难免出现哲学上所说的"错观察"和"未观察"。所谓错观察，就是在观察问题时，把个人主观的东西当做客观存在的东西；而未观察，就是在观察事物时，只注意对象的某一方面或某一部分而看不到事物的其他方面和部分，更看不到事物的整体与全部。进而就像井底之蛙，目光如豆，只见树木不见森林。或者以耳代目，以手代目，干出盲人摸象那样的傻事来。发展社会主义市场经济，各个市场主体，都会从自身利益出发，讲究经济效益。个人利益、地方利益、部门利益得到一定程度的尊重，这是改革开放的题中应有之义。但在市场经济条件下，各个经济组织、部门又是相互依存、相互关联的。也就是说，每个经济组织、部门都必须在社会化大生产这个环境下生存、发展，都是市场经济这个"大链条"上的一个"环节"。因此，追求利益、谋取发展，就不能只顾一己，而不管其他。这就要求各级领导干部，必须有开阔的眼界。

当今世界和当代中国已经和正在发生前所未有的巨大变化：世界多极化与经济全球化在曲折中发展，科技进步日新月异，这使得国与国之间的经济、文化联系日益紧密，其相互依赖、相互影响的程度大大增强，任何国家和民族如果自我封闭，不但难以发展，甚至无法生存；随着中国改革开放的不断深化与社会主义市场经济的迅速发展，新情况、新问题层出不穷，社会经济成分、组织形式、就业方式、利益关系和分配方式日益多样化，无论是谁，如果闭目塞听，就不能进步，甚至会被时代淘汰。在这样的形势下，各级领导干部要把握正确的方向，确保工作的成效，就必须具有开阔的眼界，具有全局眼光和世界眼光，既从整个国家的大局和自身情况出发，又从世界经济、政治格局的变化出发，自觉运用联系的、发展的观点去观察、认识和处理问题。正如江泽民深刻指出的，全党同志特别是中青年领导干部务必加强学习和实践，使自己具有开阔的视野，学会敏锐地观察世界政治、经济、科技、文化等各种变化，始终走在时代发展、改革开放和现代化建设的前列。

2. 领导干部只有眼界开阔，才能具有宽广的思路

所谓思路，实际上是认识问题、解决问题的方法。没有正确的方法，正确的途径，就不可能到达理想的彼岸。俗话说，行成于思，政成于思。思路决定出路。一个地区、一个部门，没有一个正确的思路，就不会有一条好的出路。

宽广的思路并不是凭空而来的，它来源于博大的思想。思想来源于实践，又高于实践，为思路的确定提供指南。科学思想是智慧的凝结、文明的沉淀、时代的精华，是照亮人类前行之路的灯塔。有了科学思想作向导，人们的思路才能始终保持正确的方向，才能更好地体现时代性、把握规律性、富于创造性。缺乏科学思想的引领，思路无论如何奔腾，也只能是"一条没有航标的河流"，随时都可能使人们犯迷航的错误。

领导干部的思路要宽广起来，就要在一个更广阔的空间里观察和思考问题，也就是要面向世界。对人的认识而言，眼界很重要。人是从猿转变而来的。在这个漫长的过程中，首先实现的转变是什么？是越来越以直立的姿势行走。直立起来，眼界大大地开阔，有力地促进了脑的发育。个中的意义，恩格斯评价说，由此就迈出了从猿到人的具有决定意义的一步。人眼界越开阔，思想就越博大。囿于一域，夜郎自大，就要被一日千里的现代文明无情地淘汰。尤其是当今世界，经济的发展，科技的进步，信息的交流，使整个世界的联系越来越紧密。只有面向世界，在一个更宽广的领域里思考和认识问题，才能既看到自己的长处，更看到短处，由此而奋发起来，勇敢地加入人类文

明进步的历史潮流，以崭新的面貌，自立于世界民族之林。

领导干部的思路要宽广起来，就要在一个更广延的时间中观察和认识问题。这不仅指面向历史，更重要的是面向未来。科学技术的发展，使人类生活进程以前人不能想象的速度向前推进。当今世界是高科技发展的世界，高科技的发展将给人类社会以根本性的影响。只有面向这个充满希望和挑战的世界，人们的思想才会更博大一些，才能主动地思考和预见，从而自觉地加入世界现代化的行列，把中国特色社会主义事业全面推向新阶段。

3. 领导干部只有眼界宽广，才能具有宽阔的胸襟

岳阳楼的一副楹联常常引发游人的深思。上联是"四面湖山归眼底"，下联为"万家忧乐到心头"。它道出了领导干部必须具备的两种可贵品质，那就是宽广的眼界和博大的胸襟。

作为领导者，需要具备多方面的素质和能力，比如，高瞻远瞩的敏锐洞察力，海纳百川的宽广胸怀；耐心、稳重、谨慎，但在关键时刻又能当机立断、大胆果决；有深厚的理论修养，有坚定的政治信念而又不为教条所累，等等。在这些条件中，眼界与胸怀更具有根本性的意义。"眼界要非常宽阔"，"胸襟要非常宽阔"，这是成熟的领导者和领导班子应具备的基本条件。

但在实际生活中，一些领导干部恰恰缺乏这样的品质。他们不是目光远大而是目光短浅，不是放眼未来而是患得患失。有的只从自身或者局部利益出发考虑问题；有的思想僵化、因循守旧，不求有功，但求无过，浪费了时间，耽误了事业。他们还没有意识到，在当今的国际国内形势下，目光短浅，患得患失，墨守成规，不思进取，终将导致工作的被动与落后；只有胸怀全局，放眼世界，与时俱进，开拓创新，才能在激烈的竞争中赢得主动。

可见，胸襟是否宽阔，取决于眼界是否宽广。眼界与胸怀，二者一表一里，决定着思维的广度和深度，体现出领导干部的境界与修养。只有视野开阔，才能掌握尽可能多的资源和信息，才能培养广纳群贤、博采众长的气度；反过来说，只有胸怀博大，才能容得下不同

意见和观点，才能正确对待个人的荣辱得失。一个部门、一个单位能否出现"百舸争流、千帆竞发"的局面，在很大程度上取决于这个部门或单位的领导是否视野开阔、襟怀坦荡。如果看到的只是一己之利，容得下的只是鲜花和赞美，热衷于搞形式主义，对关系人民群众切身利益的事却敷衍塞责，甚至不闻不问，就不可能干好工作，不可能把科学发展观真正落到实处。

（二）"思路宽"是关键

时下，不少人在谈到促进经济社会发展问题时常说这样一句话："思路决定出路，创新发展思路。"这是有道理的，因为发展思路决定发展路径，反映发展方向，影响发展成效。一个地方、一个部门的工作能否打开局面、不断发展，往往与那里的领导干部是否具有宽广的工作思路有很大关系。领导干部的工作思路，能反映其思想方法、领导水平和工作能力。李源潮指出，"领导干部特别是主要领导干部的思路是否开阔，对于一个地区、一个部门、一个单位的发展，起着至关重要的作用。"① 之所以说"至关重要"，是因为"思路宽"是提高开拓创新能力、提高解决现实问题能力的关键所在，是会谋事、能成事的关键所在。

思路，是人们对前进方向和目标的一种理性思考。用在领导科学里，则是领导者依照国家大政方针进行谋划和决策的思维活动，是领导工作的重要一环。思路可谓是纲，纲举才能目张。只有思路宽，才能方向明、目标准、步子稳，才能动员群众、组织群众，进而通过人民群众的具体实践，实现由精神变物质的转变，结出经济和社会发展的硕果。

行成于思而毁于随。古人常以"审计重举，明画深图"来论说谋划的重要性。《孙子兵法》中说，"知可以战与不可以战者，胜"；"多算胜，少算不胜"。不管是古代还是现代，谋略和思路都具有重要

---

① 转引自《领导科学》，2008 年第 10 期，第 5 页。

意义。中国共产党是执政党，各级领导干部肩负着重大的领导责任。对工作怎么“领”、对群众怎么“导”，目标怎么定、路子怎么走，是不容忽视的大问题。毛泽东讲过，领导干部的责任，归结起来就是出主意、用干部。陈云在谈到领导方法时也曾说道，“现在关键是要抓好落实，同时要拿出一定的时间‘踱方步’，考虑战略性的问题。”① 江泽民要求各级领导干部“着眼于马克思主义理论的运用，着眼于对实际问题的理论思考，着眼于新的实践和新的发展。”② 讲的都是这个道理。在新世纪，随着世界多极化和经济全球化的深入发展，尤其是加入世贸组织后，我们面对的是充满机遇和挑战的新形势、新情况。在激烈的国际竞争中要立于不败之地，就必须如晋人评诸葛亮那样，“达治知变，正而有谋”；善于“运筹于帷幄之中，决胜于千里之外”。这对于一个现代领导干部来说，就是要具有宽广的工作思路，善于根据国内外形势的发展变化，及时提出改革、发展和稳定的新思路、新办法。

出思路，不能异想天开、心血来潮，而只能来自认真的调查和缜密的思考。为此，各级领导干部要开动脑筋，以改革开放、全面建设小康社会和正在做的事情为中心，着眼于马克思主义的运用，着眼于对现实问题的理论思考，着眼于新的实践和发展，总揽全局，审时度势，冷静观察，趋利避害，出好思路。

“凡谋之道，周密为宝”。思路萌生决策，决策体现思考。一个好的思路和决策，可以事半功倍，收到好的效果；而思路错误，就会“一着不慎，满盘皆输”，给工作和事业造成损失。领导干部只有在广泛听取群众意见和认真调查研究的基础上，运用“交换、比较、反复”的方法，才能出好思路。

出思路，要解放思想、大胆创新。创新，是事业发展的动力。新形势、新情况、新任务，需要新观念、新思路、新办法。当然，新思路也要注意前后工作的连续和左邻右舍的衔接，而不能另起炉灶、推

---

① 《陈云文选》第3卷，人民出版社1986年版，第377页。
② 《江泽民文选》第3卷，人民出版社2006年版，第49页。

倒重来。关键是解放思想，实事求是，一切从实际出发，善于从人民群众的生动实践中总结、概括新思路。

"欲穷千里目，更上一层楼"。站得高，才能看得远。这就要求各级领导干部必须克服狭隘观念，具备远大目光，不做井底之蛙，拒绝故步自封，善于正确把握和处理局部利益与全局利益、当前利益与长远利益的关系，在政治经济发展变化的大趋势、大背景下思考问题、谋划策略、制定思路。

（三）"胸襟宽"是保障

胸襟是指人们为人处事、为官从政的气量和抱负。胸襟宽阔是领导干部的重要修养。领导干部有雅量、有气量、有抱负，才能胸怀坦荡，善于听取各方面的意见，大事讲原则，小事讲风格，宽容而不纵容，能容人容事，共事成事，才能胸怀人民，把为官从政当做职业，更视为为党分忧、服务国家、造福为民的事业。因此，胸襟宽不仅是干部的修养问题，更是领导干部成就事业的保障。事业越大，所要求的胸襟越宽广；而胸襟越宽广，就越有利于成就事业。

领导干部，最重要的是在决定任何事情时，要站得高，看得远，从大局出发，不可拘泥于眼前枝节小事。纵观古今中外，大凡有所作为的人，除自身才智卓越和执着追求外，还有一个共同的秉性，就是心胸宽广。他们能以自己开阔的胸襟去对待世间万物，用那颗博大的心去容忍世间的冷暖凉热。唐太宗可谓功高盖世，如果没有开阔的胸襟，善待直谏者魏征，那会是另一副模样。魏征的《十思》、《十渐》等谏书，尖锐批评唐太宗的缺点，皆人所不敢言，而唐太宗却欣然接受。后魏征因病请求辞职，唐太宗说："金必锻炼而成器，朕方自比于金，以卿为良匠，岂可去乎？"气量狭小之辈，无论如何也说不出这样的话来。唐太宗终成为历史上广纳谏言、勇于改过的治国明君。

人间的事情，总是有得有失，有沉有浮。得失也好，沉浮也罢，关键是要有"海纳百川，有容乃大"的胸襟。同样，从政为官，面临升迁荣辱的抉择不可避免。中国改革开放的总设计师邓小平在政治生

涯中有过"三落三起"的经历,而且每一"起"都是一个新的起点,新的高峰。他曾幽默地对别人讲:如果对政治上东山再起的人设立奥林匹克奖的话,我很有资格获得该奖的金牌。无论是在中国,还是在世界的政治舞台上,像邓小平这样"三落三起"的传奇经历是极为罕见的,没有虚怀若谷的胸怀和超人的气量是绝对达不到这种境界的。

与此相反,心胸狭窄,无容人之量者,往往导致身败名裂、国破家亡的噩运。《国语》中记载,西周末年,周厉王暴虐无道,政令严酷,引起强烈不满,怨声载道。周厉王听后大怒,命令官吏只要听到谁说坏话就杀谁,气氛异常恐怖,人们不敢多言。但三年后平民忍无可忍,最终发起国人暴动,推翻了厉王残暴的统治。再看,《三国演义》中的周瑜,之所以被诸葛亮三气而亡,一个致命弱点就是他心胸狭窄,气量如豆。

为什么胸襟与事业之间具有如此密切的内在关联呢?这是因为,只有胸怀宽广,才能广泛吸引人才,争取多数。事关江山社稷的宏大事业,决不是一两个人或少数人就能够干成的,必须有事业所需要的各级各类人才加入进来,并充分发挥其积极性、创造性。中国历史上那些成就大事业者,都能够礼贤下士,广开进贤之路。正所谓"海纳百川,有容乃大"。如果领导干部心胸狭隘,奉行"武大郎开店"的用人政策,吹毛求疵,嫉贤妒能,那么优秀人才就不可能为其所用。这样的人又怎能成就大事业呢?只有胸怀宽广,才能做到"兼听则明",实施正确的决策。成就事业的过程,就是制定和实施正确决策的过程。为了制定正确的决策,就必须掌握各种信息,听取各方面的意见,善于比较多种不同的决策预案。如果胸怀不宽,别人就会"报喜不报忧",听不到真实情况;就会自以为是,刚愎自用,听不进不同意见。这样,"一招不慎,满盘皆输"的状况就不可避免。只有胸怀宽广,才能理智地思考问题,明智地处理问题。对不顺心的事情应拿得起、放得下,不被它扰乱心智。心智乱了,就不可能正确地判断和处理问题,非犯大错误不可。

（四）"眼界宽、胸襟宽、思路宽"有机统一于加强党的执政能力建设的总体要求之中

对于一个政党来说，它取得执政地位后的全部实践活动，都是围绕着执政来展开，围绕着提高执政水平、巩固执政地位来进行的。同样，中国共产党执政后，执政能力建设就成为一项根本建设。特别是在新的历史条件下，中国共产党历经革命、建设和改革，已经实现了两个根本性转变，中国共产党的历史方位的变化对党的建设提出了许多前所未有的崭新课题和严峻挑战。这些课题和挑战归结到一点，就是党能不能执好政。加强党的执政能力建设，关系中国社会主义的兴衰成败，关系中华民族的前途命运，关系中国共产党的生死存亡和国家的长治久安。加强中国共产党的执政能力建设，既是党自身建设的一个重要组成部分，又是对党各方面的建设起牵头、管总作用的。党的思想、组织、作风、制度建设，都要围绕党的执政能力建设来进行，并以党的执政能力建设来推动。抓住了这个重点，就抓住了党的建设的根本和关键，从而也才能使中国共产党在世界形势深刻变化的历史进程中始终走在时代前列，在应对国内外各种风险和考验的历史进程中始终成为全国人民的主心骨，在建设中国特色社会主义的历史进程中始终成为坚强的领导核心。

政治路线确定之后，干部就是决定的因素。中国共产党一向重视干部队伍的建设。党执政后，加强执政建设，提高执政水平，必然要落实到全面提高各级领导干部的素质和水平上。所谓全面，就是要德才兼备。提高干部素质的途径是在学习和实践中锻炼。首先，是学习马克思主义理论，特别是马克思主义中国化的重大理论成果，用毛泽东思想、中国特色社会主义理论体系武装头脑。实践说明，一个领导干部的马克思主义理论水平越高，工作也就越有成效。中国共产党就是用马克思主义治党治国的。学习中要贯彻理论联系实际的原则，一方面联系本部门、本单位的实际，改造客观世界；另一方面和个人的思想实际相结合，改造主观世界，树立正确的世界观、人生观、价值

观。马克思主义不只是知识，更是真理，学了就要信，就要用。除了学习理论以外，还要学习必要的科学知识，使之能够适应所承担的工作。尽管中国共产党的队伍中出现了一些腐败分子，但是大多数干部是好的；虽然在前进中还有许多不相适应的方面，但执政能力和所肩负的历史任务总体上是适应的。在新形势和新任务面前，为了提高全党的领导水平和执政能力，中国共产党第十六次代表大会提出了要不断提高科学判断形势、驾驭市场经济、应对复杂局面、依法执政和总揽全局五种能力。中国共产党十六届四中全会在这个基础上，又进一步提出不断提高驾驭社会主义市场经济、发展社会主义民主政治、建设社会主义先进文化、构建社会主义和谐社会、应对国际局势和处理国际事务五种能力。中国共产党第十七次代表大会报告指出，要把各级领导班子建设成为坚定贯彻党的理论和路线方针政策、善于领导科学发展的坚强领导集体。以加强领导班子执政能力建设影响和带动全党，使党的全部工作始终符合时代要求和人民期待。

胡锦涛在中国共产党第十七次代表大会的报告中明确指出：当今世界正在发生广泛而深刻的变化，当代中国正在发生广泛而深刻的变革。机遇前所未有，挑战也前所未有。从国际上看，随着中国参与经济全球化的程度日益加深，中国不仅要面对全球的经济、文化、军事竞争，而且要面对激烈的政治竞争。西方敌对势力对中国实施西化、分化的政治图谋没有改变，国际形势错综复杂。国内形势方面，进入新世纪新阶段，中国发展呈现一系列新的阶段性特征，正在经历经济体制深刻变革、社会结构深刻变动、利益格局深刻调整、思想观念深刻变化。中国共产党担负着领导科学发展、促进社会和谐，引领中国发展进步、更好地代表和实现最广大人民的根本利益的历史使命。要实现这一崇高的历史使命，中国共产党就必须不断提高执政能力，领导干部就必须不断提高领导科学发展的能力。这就要求广大干部要眼界宽、思路宽、胸襟宽，能够以马克思主义的宽广眼界观察世界，以宽广的思路应对各种复杂局面，以宽广的胸襟凝聚人心，始终站在时代前列，带领人民群众不断开创事业新局面。

二、"眼界宽、思路宽、胸襟宽"是中国共产党对
领导干部的一贯要求

　　眼界宽、思路宽、胸襟宽是对干部素质和能力的综合要求，"三宽"型干部标准是实现中国共产党的思想路线、推动中国共产党的事业不断取得胜利的重要组织保证。中国共产党历来强调干部的眼界、思路、胸襟要开阔，可以说，"眼界宽、思路宽、胸襟宽"是中国共产党对领导干部的一贯要求。毛泽东早就指出，"我们的眼力不够，应该借助于望远镜和显微镜。马克思主义的方法就是政治上军事上的望远镜和显微镜。"① 邓小平指出，"政治家的眼界要非常开阔"，"要从大局看问题，放眼世界、放眼未来、放眼一切方面"。② 江泽民也曾经说过："眼界开阔、胸襟宽广，对于领导干部来说极为重要。"③ 进入新世纪新阶段，胡锦涛强调，要全面提高各级领导班子和领导干部领导组织经济建设、政治建设、文化建设、社会建设和党的建设本领，特别是要把提高各级领导班子和领导干部的开拓创新能力放在更加突出的位置抓实抓好。

（一）毛泽东等老一辈无产阶级革命家坚持以宽阔的眼界、宽广的
思路和宽阔的胸襟开创中国特色革命道路

　　1. 在革命处于低潮时期，毛泽东以开阔的眼界预见到井冈山的"星星之火"必成"燎原之势"。井冈山斗争初期，面对数倍于自己的敌人，革命队伍中一度弥漫着一股悲观失望的情绪。可是，毛泽东并没有被一时的困难所吓到，在黄洋界挑粮歇脚的荷树下，他曾问战士看到了哪里。战士回答，看到了大陇、看到了宁冈。毛泽东却告诉

---

　　① 《毛泽东选集》第 1 卷，人民出版社 1991 年版，第 212 页。
　　② 《邓小平文选》第 3 卷，人民出版社 1993 年版，第 300 页。
　　③ 《江泽民文选》第 2 卷，人民出版社 2006 年版，第 143 页。

战士们说，我们在这里不但要看到大陇、宁冈，而且要看到湖南、看到全中国、看到全世界。

毛泽东不仅具有深邃的全国眼光，而且具有宽广的世界眼光，他思考问题时，总是把历史、现在和将来联系在一起，把中国和世界联系在一起。井冈山时期，他根据对帝国主义列强在中国的不同利益和矛盾的分析，指出中国的红色政权发生和存在的重要原因之一，是由于中国是"帝国主义间接统治的经济落后的半殖民地"。帝国主义所支持的不同派别的"新旧军阀"所进行的持续不断的争夺与战争，"使一小块或若干小块的共产党领导的红色区域，能够在四周白色政权包围的中间发生和坚持下来"，这个结论不仅对开辟一条独创性的农村包围城市的革命道路有重大的意义，而且对建立国际统一战线也有重要的影响。

2. 毛泽东以宽广的思路推进和实践"农村包围城市，武装夺取政权"的中国特色的革命道路。在井冈山革命斗争之前，世界上大体上有两种无产阶级革命的模式：一种是巴黎公社模式，即在中心城市发动工人进行武装暴动，像周恩来等革命者在上海发动的三次武装起义就是借鉴这种模式；另一种模式是俄国十月革命的模式，利用现有军队推翻现有政权，像南昌起义以及后来的广州起义就是仿效这种模式。事实说明这两条道路并不符合中国国情。毛泽东深入调查和研究中国国情，并结合当时世界形势，形成了中国革命斗争的新思路，他不顾一切阻力，毅然带着秋收起义失利后的部队走上了井冈山。实践证明，毛泽东的思路是完全正确的。不上山，就无法保存革命实力；长期呆在山上，就只能成为革命的山大王，就无法走向全国，革命的目标也就无法实现。在井冈山革命斗争实践中，毛泽东还坚持以农民问题为中心，以解决农民问题为突破口，以解救农民于水火之中为己任，从而形成了解决中国革命道路的一系列独特思路。

3. 毛泽东始终以宽广的胸襟装着老百姓，顾全大局、相忍为党。在井冈山斗争和中央苏区时期，毛泽东先后遭受了 4 次大的打击，但他始终心系党和红军的前途和命运，充分体现了一个伟大的无产阶级革命家无比宽广的胸襟。1929 年 6 月，在红四军党的"七大"上，毛泽东提出的正确意见不但没有得到大家的接受，反而因此受到党内"严重警告"处分，并落选红四军前委书记。1931 年赣南会议后，毛泽东被错误地批判，并被迫辞去中共苏区中央局代理书记职务，最后退隐东华山一个古庙里。在东华山的一个多月里，毛泽东在学习之余，心中还时常惦念红军攻打赣州的安危。1932 年 10 月的宁都会议上，毛泽东的正确意见再次被否决，并被撤销红一方面军总政委的职务，他来到长汀福音医院疗养，临行时他对周恩来表示："前方军事急需，何时电召便何时来。"1934 年 1 月的中国共产党六届五中全会和全苏二大上，由于博古等"左"倾领导人处心积虑地排斥和架空毛泽东，撤销了毛泽东中央人民委员会主席职务。即便是在这种情况之下，毛泽东始终坚持三条：一是少数服从多数；二是不消极；三是争取在党许可的条件下做些工作。

（二）革命战争年代中国共产党坚持以眼界宽、思路宽和胸襟宽的标准培养干部、选拔人才

1. 把教育干部、开阔眼界作为关系革命兴衰的重要战略问题。早在土地革命时期，中国共产党便十分注重对干部的教育，把开阔干部的眼界、提升队伍素质作为关系革命兴衰的重要战略问题。在这方面，毛泽东发挥了表率作用。在 1929 年他被排挤出领导岗位后，还念念不忘党的干部教育工作，专门致信党中央："唯党员理论常识太低，须赶急进行教育。除请中央将党内出版物寄来外，另请购书一批……我们望得书报如饥似渴，务请勿以事小而弃置。"① 中央苏区创建后，毛泽东立即筹建了红军学校。他指出："苏维埃文化建设的中心任务是什么？是厉行全部的义务教育，是发展广泛的社会教育，是努力扫除文盲，是创造领导斗争的大批高级干部。即便是在艰难困苦的长征中，毛泽东仍关心干部、士兵的学习，并以"随营学校"、"干

① 《毛泽东书信选集》，中央文献出版社 2003 年版，第 22 页。

部团"这种"马背学校"育出了大批军政人才。到延安后,中共中央成立了中级研究组和高级研究组,有计划地组织干部学习马克思主义,党和军队成了一所巨型的人才实验室,一所没有围墙的大学。1944 年,美国记者白修德考察延安后说:延安真是一所巨型的实验室,在这所实验室里,所有澎湃热情的学生献出了他们思想的精华,就在这些山边的无数窑洞里,中国共产党把这些智慧铸成实际组织能力,然后又把这些人员和他们脑袋里的成熟思想一股脑地重新送回到各个地区。在革命战争年代,中国共产党把教育造就大批眼界宽、思路宽和胸襟宽的优秀人才作为确保革命转危为安、走向成功的重要举措,结果获得了极大成效。

2. 把眼界宽、思路宽和胸襟宽作为干部教育的重要目标。为了适应革命战争的需要,中国共产党坚持用崭新的科学世界观培养造就一代人才,不断拓宽干部的眼界、思路和胸襟。毛泽东认为,培养干部,不能停留在军事家满足于赳赳武夫、政治家满足于人情世故、思想家满足于老庄孔孟上,一定要具有广博的眼界和胸怀。能否有效地使其树立起科学的世界观,关系到党的路线贯彻,关系到党的生死存亡。为了给即将来临的民族解放战争准备人才,1936 年在瓦窑堡正式建立了中国人民抗日红军大学,并为红军大学安排了阵容强大的教员队伍:毛泽东讲授中国革命战争的战略问题,张闻天讲中国革命问题,秦邦宪讲授哲学,凯丰和吴亮平讲授政治经济学,徐特立讲授新文学。据统计,抗大总校和各分校共培养各级干部 20 余万人,被誉为"制造抗日干部的熔炉"、培养干部的"重工业"。毛泽东曾经赞扬说:"昔日之黄埔,今日之抗大,是先后映辉、彼此竞美的。"抗战爆发后,许多仁人志士先后奔赴延安。中共中央又创办了陕北公学、延安鲁迅艺术学院、妇女大学等一系列学校。1938 年,这些学校的学生达 1 万多人。他们成为日后夺取革命胜利和建设新中国的骨干力量。在干部培养上,毛泽东十分强调知识的广博和眼界的开阔,要求干部们在学习中拓宽思路和胸襟。他常说:"有了学问,好比站在山上,可以看到很远很多的东西;没有学问,如在暗沟里走路,摸索不着，那会苦煞人。"① 在抗大校务办公会议上他又对大家讲，"我们要来一个读书比赛，看谁读的书多，掌握的知识多。只要是书，不管是中国的、外国的、古典的、现代的、下面的、反面的，大家都可以涉猎。"②

3. 把实践锻炼作为人才培养的重要途径。在人才培养中，中国共产党不仅注重科学世界观的武装、知识的掌握，更重视实践的锻炼，要求青年知识分子必须注重理论联系实际，而不能成为纸上谈兵的空头理论家。毛泽东指出，"你要知道梨子的滋味，你就得亲口吃一吃……你要知道革命的理论和方法，你就得参加革命。"③ 为此，他号召知识分子、干部与工农结合，到群众中去，到火热的斗争实践中去，到唯一的最广大、最丰富的源泉中去拓宽眼界，体验生活，吸取营养，提升素质，即"在游泳中学会游泳"。1939 年时的周小舟还很年轻，只有 24 岁。此前，他主要从事学生运动和宣传工作，曾作为中共代表，与南京政府代表进行关于联合抗日的谈判。毛泽东很赏识他的才华，但还是主张他到冀中区去工作，接受进一步的实践锻炼，为此他两次写信鼓励他"切实努力，必有进步"。周小舟按照毛泽东的教导，加倍努力，不断进步。新中国成立之初，他担任了湖南省委书记，成为一名比较成熟的干部。毛泽东一见他，便高兴地说："小舟变成大舟了！"

（三）新时期中国共产党把眼界宽、思路宽和胸襟宽作为干部队伍和领导班子建设的重要标准

1. 改革开放的伟大事业要求中国共产党的干部必须具有宽阔的眼界、思路和胸襟。"文化大革命"结束以后，中国怎样才能实现社会主义现代化？是走原来的老路吗？实践证明，这条路不可行。邓小平创造性地制定了改革开放的路线，开创了建设中国特色社会主义的新

---

① 《毛泽东年谱（1893—1949）》（中），中央文献出版社 2005 年版，第 107 页。
② 《人民日报》，1983 年 12 月 14 日第 5 版。
③ 《毛泽东选集》第 1 卷，人民出版社 1991 年版，第 287—288 页。

道路。改革开放是一场新的伟大革命,是一种创新实践。推动创新实践,就不能固守书本上的某些论断和过去的一些经验,就必然要摆脱各种不合时宜的观念、做法、体制的束缚。立足实际、实事求是,开拓进取、勇于创新,才能开辟新道路、打开新局面、实现新发展。因此,邓小平要求党的领导集体眼界和胸襟要非常宽阔,在考虑问题时,要着眼于长远,着眼于大局,小局要服从大局;要放眼世界,放眼未来,放眼当前,也放眼一切方面。以江泽民为核心的党的第三代中央领导集体非常重视各级领导干部战略思维能力的培养和提高,反复强调要用马克思主义的宽广眼界观察世界。所谓宽广的眼界,一是要有历史的深远眼光,重视历史经验的借鉴和运用。领导干部特别是高级干部必须认真读点历史,了解中国和世界的历史,认识历史发展和社会兴亡的规律,更加自觉和更加迫切地做好我们自己的工作。二是要有世界的全局眼光。世界发展很快,我们要密切注意世界政治、经济、科技、文化、军事等方面的变化。否则,就难以制定正确的方针政策,也很难做好工作。只有以宽广的眼界观察世界,才能更深刻更全面地认识当代中国和当代世界,更加清醒主动地掌握我们自己发展的命运。

2. 新形势下推进科学发展要求党的干部必须具有宽阔的眼界、思路和胸襟。当今世界正在发生广泛而深刻的变化,当代中国正在发生广泛而深刻的变革。中国发展呈现一系列新的阶段性特征,正在经历经济体制深刻变革、社会结构深刻变动、利益格局深刻调整、思想观念深刻变化。机遇前所未有,挑战也前所未有。这就要求各级领导干部能够以马克思主义的宽广眼界观察世界,以宽广的思路应对各种复杂局面,以宽广的胸襟凝聚人心,始终站在时代前列带领人民群众不断开创事业新局面。中国共产党第十六次代表大会以来,以胡锦涛为总书记的党中央在全面建设小康社会伟大实践中创造性地提出了科学发展观的重大战略思想。科学发展观的第一要义是发展,核心是以人为本,基本要求是全面协调可持续,根本方法是统筹兼顾。深入贯彻落实科学发展观、实现科学发展要求广大干部必须要有开阔的眼界、

开阔的思路、开阔的胸襟。只有眼界开阔，用马克思主义的立场、观点和方法观察问题、分析问题，才能把握经济社会发展的规律，才能全面推进经济建设、政治建设、文化建设、社会建设，才能更好地促进生产关系与生产力、上层建筑与经济基础相协调；只有思路开阔，才能从国际和国内形势的变化中敏锐发现和把握发展机遇，抓好统筹协调，推动科学发展；只有胸襟开阔，才能更好地坚持以人为本，调动方方面面的积极性，让广大人民群众共享改革发展成果。因此，着力培养眼界开阔、思路开阔、胸襟开阔的干部，是推动科学发展的客观需要，也是推动科学发展的重要保证。

3. 加快推进中国特色社会主义伟大事业要求党的干部必须具有宽阔的眼界、思路和胸襟。中国特色社会主义事业是全新的事业，"马克思没有讲过，我们的前人没有做过，其他社会主义国家也没有干过，所以，没有现成的经验可学。"① 要使中国特色社会主义事业持续健康发展，需要从整体和全局的高度处理一系列重大问题，如改革、发展、稳定的关系，经济建设、民主政治建设、文化建设的关系问题，社会发展与人的发展的关系问题，公平与效率的关系问题，区域经济的协调发展问题，等等。此外，还要处理好与各个大国之间的关系、与发展中国家的关系、与周边国家之间的关系，以维护世界和平，促进共同发展，为加快推进中国特色社会主义伟大事业创造更加有利的环境。为了处理好这一系列关系，抓住有利机遇，利用有利条件，加快中国的发展，就要求各级领导干部既有广博的知识、开阔的思路、开拓创新的能力，又有理论素养、政治素养、高尚品格；要求各级领导干部的思想观念和思想方法适应时代的变化，与时俱进，做到以宽阔的眼光谋划发展，以宽阔的思路推动发展，把科学发展观转化为理想信念、思想方法和行为准则，转化为领导科学发展的能力，促进经济社会又好又快发展。

---

① 《邓小平文选》第 3 卷，人民出版社 1993 年版，第 258 页。

三、"眼界宽、思路宽、胸襟宽"对领导干部
成长具有决定性意义

进入新世纪新阶段，国际局势发生了新的深刻变化，各种矛盾错综复杂；中国改革发展正处在关键时期，各种利益关系更为复杂，新情况新问题层出不穷。机遇和挑战并存的国内外条件，对中国共产党的执政能力和领导干部的素质提出了新的更高的要求。应当看到，面对新形势新任务，一些领导干部的素质和能力还存在一些"不符合"和"不适应"的问题。一些干部面对层出不穷的新知识、新情况、新事物，遇到了对新知识学习不够，对新情况、新事物研究分析不够的问题，出现了程度不同的"知识恐慌"、"本领恐慌"；一些干部存在理想信念淡薄，计较个人权力大小、职位高低的不良倾向，不能以豁达的胸怀处理个人得失；有的干部缺乏干大事业的气魄和信心，本位主义思想严重，等等。要解决这些问题，促使干部健康成长，一个很重要的方面，就是必须在培养"三宽"型干部上下功夫，使广大干部既有广博的知识、开阔的思路、开拓创新的能力，又有理论素养、政治素养、高尚品格。只有眼界、思路、胸襟都开阔了，干部才能提高素质、健康成长。

（一）只有"眼界宽、思路宽、胸襟宽"，才能胸怀大局，放眼长远

所谓大局，就是全局，就是大势，凡是涉及全局的事，涉及人民群众的根本利益，涉及国家命运前途的事，就是大局。胸怀大局就要认识大局、把握大局、服从和服务大局。每一个领导干部所从事的工作，都是整个事业的组成部分，只有胸中有大局，将自己所负担的责任与大局联系起来，认清自己的方位，才能工作得有方向、有意义、有章法、有轻重缓急。大局不是静止的，固定不变的，而是不断发展变化的。大局就是大势，就是发展趋势，就是国际国内总体形势发展

变化的路向。善弈者谋势，不善弈者谋子。谋势，就是谋大局，就是要跳出一时一地的局限，以宽广的眼界、思路、胸襟审时度势，以政治家的眼光权衡利弊得失，把握现在，放眼长远，透视未来。

1. 大局意识是领导干部的基本素质

胸无全局的将领，即使争得一域一地，最终也难免全军覆灭；胸无全局的棋手，纵然一时得势，最终也难免满盘皆输。同样，胸无全局的干部，由于目光短浅、"盲人摸象"，工作没有章法，不得要领，最终难免贻误工作大局，影响工作全局。

大局是一个系统，大局意识是一个系统意识。要求增强大局意识，就是要求更加准确地把握大系统与子系统之间的互动关系，因势利导，更加主动自觉地推动大局的发展。小事情未必不是关键。愈是现代化，社会各方面的联系愈是密切，全局对局部，局部对全局的相互影响愈是强烈。一些看似不起眼实则关乎全局的事，如能见微知著，处置得当，就会有力地推动全局的工作，甚至会引发重大突破。如果对一些看似不起眼，实则关乎全局的事处置不当，也会造成重大的负面影响。认识大局是为了服从大局服务大局，这是一种觉悟。在我们国家，整体利益与局部利益，长远利益与眼前利益，是不可分的，相辅相成的。但在某些情况下，为了整体利益需要牺牲某些局部利益；为了长远利益需要牺牲某些眼前利益。"一方有难八方支援"，这包含两层含义，一是局部对全局的依赖性，需要从全局得到支持；二是局部对全局的责任，要努力为全局作贡献，有时甚至要作出牺牲，这是社会主义制度优势的重要体现。无论哪个地方和部门，都不能搞本位主义、地方保护主义，而应当牢固地树立国家利益、全局利益、长远利益、根本利益第一的思想。

但在实际工作中，存在大局观念的淡化现象，造成本位主义、分散主义、地方主义的滋长漫延，促使个人利益观、小团体利益观的抬头。有的领导干部不知大局、不识大体、不懂大势，看问题跳不出小圈子，总是把本部门、本地区的利益置于突出位置；有的目光短浅，急功逐利，只顾眼前，不顾长远；有的只看到自己利益受损的一面，看不到全局利益受损的状况；还有的醉心于局部和眼前的利益，干扰甚至阻挠全局重点工作的开展。这些现象的本质，还是在于一些领导干部没有正确对待和处理大局与局部，当前与长远，个人与整体的利益关系。

牢固树立大局意识，提高解决事关全局重大问题的能力，是马克思主义领导科学的基本要求，是中国共产党抓干部队伍建设的一条成功经验。毛泽东早就告诫全党：“要提倡顾全大局。每一个党员，每一种局部工作，每一项言论或行动，都必须以全党利益为出发点，绝对不许可违反这个原则。”① 邓小平指出：“要提倡顾全大局。有些事从局部看可行，从大局看不可行；有些事从局部看不可行，从大局看可行。归根到底要顾全大局。”② 他在《坚持四项基本原则》一文中说：“在社会主义制度下，个人利益要服从集体利益，局部利益要服从整体利益，暂时利益要服从长远利益，或者叫做小局服从大局，小道理服从大道理。”③ 只有抓住主要矛盾、突出工作重点、解决重大问题，才能重点突破、带动全局、开拓创新。所以说，大局意识是领导干部的基本素质，提高解决事关全局重大问题的能力，是领导干部能力、素质建设的重点。

2. 只有胸怀大局，放眼长远才能成就事业

唯物辩证法认为：在大局和局部这对矛盾中，大局居于主导地位，对局部起着决定、支配、制约和协调的作用；局部处于从属地位，对大局具有很强的依赖性，同时局部也具有相对的独立性，能够反过来影响大局。大局与局部是辩证的统一。大局高于局部、统率局部，对局部的发展变化起着主要的决定的作用。大局与局部密不可分，相辅相成。有了大局才有局部，没有大局就没有局部，离开了大局，任何局部都不可能得到充分发展。同样，大局是由局部构成的，离开了局部，大局也不可能得到真正的发展。

---

① 《毛泽东选集》第 3 卷，人民出版社 1991 年版，第 821 页。
② 《邓小平文选》第 2 卷，人民出版社 1994 年版，第 82 页。
③ 《邓小平文选》第 2 卷，人民出版社 1994 年版，第 175 页。

189

因此，领导干部只有胸怀大局，放眼长远，以宽广的眼界观察世界，不断提高总揽全局的能力，才能做到认识、分析、研究问题见微知著，抓住问题的核心与本质，才能做到"乱云飞渡仍从容"，赢得工作的主动权，从而成就大事。邓小平在长达70多年的革命和建设实践中，总是以无产阶级革命家、政治家的远见卓识高屋建瓴地提出问题、分析问题、解决问题，为广大领导干部树立了洞悉大局、驾驭大局的光辉典范。早在50年代，毛泽东就盛赞他办事公道，比较顾全大局。江泽民对此也深有感触："他目光远大，胸襟开阔，总是从大局着眼来观察和处理各种重大问题。"① 1989年，邓小平向第三代领导集体作政治交待时，反复告诫说："考虑任何问题都要着眼于长远，着眼于大局。许多小局必须服从大局，关键是这个问题。""领导这么一个国家不容易呀！责任不同啊！最重要的问题是要胸襟开阔。要从大局看问题，放眼世界，放眼未来，也放眼当前，放眼一切方面。"② 邓小平善于从政治上考虑问题，对一些事关全局的大问题，看得远、想得深、抓得准，并能够作出及时而明智的决断，显示出一代战略家的恢宏气魄。

着眼大局，把握大局，服从大局，服务大局，这是中国共产党的光荣传统和优良作风，也是中国特色社会主义事业取得胜利的重要条件和可靠保证。因此，作为新时期的领导干部，胸怀大局、放眼长远就是要坚持以中国特色社会主义理论为指导，深入贯彻落实科学发展观，继续解放思想，坚持改革开放，推动科学发展，促进社会和谐，为夺取全面建设小康社会新胜利而奋斗。唯有如此，才能成就大事业。

3. 只有"眼界宽、思路宽、胸襟宽"，才能牢固树立大局意识

领导干部的大局意识并非天生就有的，需要在实际工作中不断培养和增强。应清醒地看到，在干部队伍中还存在不识大体，不顾大局的现象。有些干部，信息闭塞，目光短浅，急功近利，只顾眼前，不

---

① 《江泽民文选》第1卷，人民出版社2006年版，第635页。
② 《邓小平文选》第3卷，人民出版社1993年版，第298、300页。

顾长远；有的心胸狭窄，不顾大局，甚至以邻为壑，只谋一地一己之利。这是需要各级领导干部经常注意和认真解决的一个重要问题。领导干部只有不断开阔自己的眼界、思路、胸襟，才能牢固树立大局意识。

只有"眼界宽、思路宽、胸襟宽"，才能了解大局、把握大局。如果连大局都不了解，不认识，怎么增强大局意识？怎么把握大局？了解大局，既要加强学习，对有关政策措施要注重原原本本学习，力争吃深吃透；又要联系实际学习，通过深入实际，调查研究，及时发现苗头性、倾向性问题，及时了解广大人民群众的迫切需求，通过协调关系，解决突出矛盾，化解不和谐因素，在驾驭大局中进一步了解大局。事实上，只有全面了解大局，才能更好地把握大局，从而真正做到想问题、作决策、抓落实都能围绕大局，一切从大局出发。一个领导干部想要识大体、知大局、懂大势，就不能不借重理论上的帮助。掌握了科学理论，才可能更深刻地意识自己所肩负的政治责任和社会责任；才可能目光犀利，把握全局，识别各种思潮，判明是非界限；才可能有坚定的政治信念和高尚的精神境界。有了理论上的清醒坚定，才可能有政治上的清醒和坚定，成为出色的领导者。

只有"眼界宽、思路宽、胸襟宽"，才能思考大局、融入大局。了解大局固然重要，但真正了解大局，是建立在深入思考基础上的；真正把握大局，是建立在融入大局基础上的。思考大局，就是要思考大局形成的背景，思考大局既定的宗旨，努力做到站高一步、看远一点、想深一些；融入大局，就是要合而为一，让本地本部门本单位及其个人成为大局的一部分、一分子，成为一个有机的协调的整体。大局观念的树立，还建立在对所在国家、所处历史方位、所处地方和部门的实际情况了解的基础上，所以，还应深入实际，注重调查研究，着重摸清本地区、本部门的情况，形成自己的发展战略，做到大局在胸、全局在握、思路清晰、方向明确。

只有"眼界宽、思路宽、胸襟宽"，才能心系大局、顾全大局。大局是生命线，心系大局就必须坚持这样的原则：凡事都必须符合大局利益，一切都要在大局范围内转，不能以种种借口脱离大局。保障大局，更须强调顾全大局，即必须正确处理好局部利益和全局利益、当前发展和长远发展的关系。全局固然要照顾局部，但局部必须无条件地服从全局。要知道，只有胸怀大局，才能摆正位置，处理好局部和全局的关系，做好本地区本部门本单位的工作。各级领导干部应当牢固树立大局观念，与党中央保持一致，正确处理好地方利益与国家利益、暂时利益与长远利益、个人利益与集体利益的关系，自觉主动地服从大局、照顾大局。

只有"眼界宽、思路宽、胸襟宽"，才能立足大局、推动大局。发展是党执政兴国的第一要务，发展是永恒的主题，发展一定是大局的主旋律。立足大局、推动大局，首先必须紧扣发展主题，做到有所为有所不为，要切实把思想和行动统一到中共中央对形势的分析判断和总体部署上来，落实好中共中央的方针政策。特别是各级领导班子和领导干部，必须切实转变作风，从实际出发，积极发挥主观能动性，以领导班子和领导干部争创一流的模范行动，带动一个地区一个部门一个单位更好地立足大局、推动大局。

（二）只有"眼界宽、思路宽、胸襟宽"，才能开拓创新，锐意进取

实行改革开放，建设和发展中国特色社会主义，是前无古人的伟大事业。领导干部作为中国共产党和中华民族伟大事业的领导者、组织者、推动者，没有一股子敢闯敢试的气儿和劲儿，没有开拓进取的创新精神，是不行的。改革开放是一场新的伟大革命，是一种创新实践。推动创新实践，就不能固守书本上的某些论断和过去的一些经验，就必然要摆脱各种不合时宜的观念、做法、体制的束缚。领导干部必须开拓创新，锐意进取，才能开辟新道路、打开新局面、实现新发展。而只有具备宽广的眼界、思路、胸襟，才能开拓创新，锐意进取。

1. 创新是事业发展的不竭动力

创新是一个民族进步的灵魂，是一个国家兴旺发达的不竭动力，也是一个政党永葆生机的源泉。当今时代，世界多极化和经济全球化

深入发展，科技进步突飞猛进，各种思想文化相互激荡，国际竞争日趋激烈。在这样的时代背景下，一个民族、一个国家、一个政党、一个领导干部如果不注重创新、不积极创新，就必然会落伍，甚至被淘汰。因此，中国共产党强调，必须把改革创新精神贯彻到治国理政各个环节，把建设创新型国家摆到战略位置。当前，中国改革发展已进入关键阶段，面对的矛盾和问题更加复杂，更需要各级领导干部以创新的思路、创新的办法加以解决。坚持以中国特色社会主义理论体系为指导，大力弘扬开拓进取的创新精神，各级领导干部才能继续解放思想、坚持改革开放、推动科学发展、促进社会和谐，不断开创中国特色社会主义事业新局面。

什么是创新？简单地说是"创造和发现新生事物"。人类社会的每一次进步都离不开创新。创新不仅仅是另辟蹊径，而且要有全局观、探索批判精神、自我否定精神，要求学习力强，而不是简单的另起炉灶。如同《伊索寓言》里那个可怜人乞求富人家厨娘借锅给他"煮点石头汤喝"，最后却喝到有盐、豌豆、薄荷、香菜、碎肉末的"石头汤"。这分明是创新思维的力量。

什么是创新能力？通常是指对积累的知识和经验，通过创新思维加工，提出新想法、创造新事物的能力。领导干部肩负着重要使命，决定其应该具有理论创新能力、观念创新能力、思维创新能力和领导方式创新能力。

在信息社会的今天，如果一个领导干部因循守旧，故步自封，就很难做好事业。比如说，处理汗牛充栋式的文牍，仅靠人力，显然是不行的。因此，现代领导干部实现创新，就必须思维创新，然后才能提高创新能力，通过"知情"，把握方向，抓住重点；通过"知变"顺应潮流；通过"知人"开创大业。

领导干部的创新思维是否活跃、创新能力是否强，取决于其创新素质。首先，创新的过程就是解放思想、实事求是、与时俱进的过程。不破除旧观念、旧理论、旧模式、旧做法，就不可能解放思想，就不能发现事物的新规律、新属性、新关系。创新是对传统的扬弃，需要有批判精神，做到不固守经验，不拘泥框框。

其次，创新是为了发展。要发展，离开了学习绝对行不通。领导干部如果不学或少学，势必会出现"知识折旧"、"能力弱化"，就不可能具有创新的知识储备。领导干部只有学习，才能顺应时代潮流，才能拥有宽广的世界眼光和敏锐的创新思维。只有自身素质的提高，才会有创新的追求、创新的欲望、创新的本领。要通过一系列切实有效的措施，使领导干部有好的学风，使学习经常化、制度化、规范化。

再次，领导干部要积极投身鲜活的社会实践，才能提高创新能力。离开实践，脱离实际，创新就会成为无源之水、无本之木。一个领导者深入一线工作，从实践锻炼中吸取营养，经受考验和磨练，在实践中掌握新知识、积累新经验、增长新本领，不断提高创新能力和创新水平。

最后，要带着崇高的使命感、责任感去创新。如果没有事业心、进取心，就不能因地制宜，创造性地开展工作，就不可能求真务实、真抓实干，行事时就会图虚名，搞"政绩"，做官样文章。

2. 开拓创新需要锐意进取的精神

所谓开拓创新，就是以无畏的精神、卓越的胆识、睿智的思维、超群的智慧，破除旧的思想观念的束缚，超越传统的固有模式，探索解决问题的新思路、新方法。时代呼唤开拓创新，实践需要开拓创新，推进中国特色社会主义事业离不开开拓创新。而开拓创新需要有一种锐意进取的精神。

开拓创新需要锐意进取的精神，是由创新的本质所决定的。创新的本质在于人们对未知世界的探究和对美好生活的追求，是人们在不满足于现状、努力改变现状中所表现出来的一种行为。客观世界是不断变化的。面对变化着的客观世界，人们却往往容易被习惯势力所束缚，满足于已有的成就，停留于现时的状况，沾沾自喜，墨守成规，不想再发展，不愿去突破。这是一对矛盾，创新就是解决这一矛盾的必然要求和必然结果。由不满足到满足，由新的满足到新的不满足，

这是一个循环往复、永无止境的过程。人类社会正是在不断克服这一矛盾、努力推进创新的过程中不断前进的。中国共产党第十六次代表大会确立了全面建设小康社会的奋斗目标，并且强调："一切妨碍发展的思想观念都要坚决冲破，一切束缚发展的做法和规定都要坚决改变，一切影响发展的体制弊端都要坚决革除。"① 这"三个坚决"，实际上就提出了创新的要求，也体现了创新的锐气。只有具有这种锐气，各级领导干部才能冲破各种束缚，解放思想、实事求是、与时俱进、开拓创新，把发展的目标定得更高更实，使发展的步伐走得更快更稳，实现新突破，开创新局面。

开拓创新需要锐意进取的精神，是由创新的使命所决定的。创新的内涵十分丰富，但其基本要求是在前人的基础上有所发明、有所创造、有所前进。这就意味着，创新的使命是为人们改造世界开辟认识和实践的道路。比如，在实现发展中，创新就包含这样几个方面的含义：一是对原来发展过程中形成的经验进行再认识，拓展新视野，作出新概括，形成新思路；二是研究新情况，解决新问题，总结新经验，形成新的发展理念和方法；三是用新的理念和方法指导新发展，并在新发展中更加深刻地总结发展的规律。无论哪一种情况，都需要下一番功夫，需要吃苦头、克难关，而不能怕担风险、付代价。如果把创新看做一件很惬意的事，只会一帆风顺，永远鲜花相伴，那就错了。马克思曾说，科学的入口处如同地狱的入口处，其意在于强调追求科学真理的人要有一种不怕下地狱的精神。创新也是如此。尽管今天领导干部进行创新有着良好的社会环境，但创新之途同样充满艰难险阻，充满荆棘坎坷。没有一种以中国共产党的事业和人民的利益为重，正确对待个人名利得失，敢于承担责任，不怕作出牺牲的锐气，是难以实现创新、干成事业的。

开拓创新需要锐意进取的精神，是由创新的特征所决定的。创新的本质和使命决定了创新不是简单的重复和模仿，而是敢为人先，敢

---

① 《江泽民文选》第 3 卷，人民出版社 2006 年版，第 539 页。

走前人没有走过的路。创新具有很强的探索性，而探索就难免遇到困难和曲折，甚至出现失误。随着改革开放的深入和现代化建设的推进，一些深层次矛盾和体制性问题逐步凸现，创新的难度将会进一步加大，特别需要敢闯敢试、决不言败的锐气。这种锐气，正是对未来充满信心的表现。如果遇到一些困难和曲折，就失去信心，打退堂鼓，是绝无可能创新的。事实证明，一些地区和部门困扰改革、发展和稳定的"老大难"问题之所以长期得不到解决，其中的一个重要原因，就在于那里的领导干部缺乏知难而进、百折不挠的锐气和韧劲。

3. 只有"眼界宽、思路宽、胸襟宽"，才能勇于开拓创新

创新者成，守旧者亡。从领导者个人角度看，要创新，就要下足功夫。毛泽东说过："我们要把马、恩、列、斯的方法用到中国来，在中国创造出一些新的东西。只有一般的理论，不用于中国的实际，打不得敌人。但如果把理论用到实际上去，用马克思主义的立场、方法来解决中国问题，创造些新的东西，这样就用得了。"① 一个领导干部，如果不能开拓创新，不仅自己提不出新观点、掌握不了新方法、开拓不了新局面，还将影响下层、团体的创造力、战斗力，最终导致保守颓废。各级领导干部只有具备了开拓创新能力，才能适应领导工作的需要，也才能开拓领导工作的新局面。领导干部的开拓创新意识和能力并非天生就有的，需要在实际工作中不断培养和增强。领导干部只有不断开阔自己的眼界、思路、胸襟，才能勇于开拓创新。

只有"眼界宽、思路宽、胸襟宽"，才能具有创新所必须的理论知识和科学方法。学习是创新的前提和基础，只有加强学习，提高自身的素质，才有创新的愿望和追求，才有创新的智慧和本领，创新才能达到一个比较自由的境界。领导干部能否创造性地开展工作，还取决于他的理论思维能力。理论思维能力强，视野就开阔，就善于从错综复杂的环境中作出正确的判断，开创工作的新局面。科学的认识方法，是主观与客观相统一、理论与实践相结合、正确处理改造主观世

---

① 《毛泽东文集》第 2 卷，人民出版社 1993 年版，第 408 页。

界同改造客观世界的关系，它要求不唯书、不唯上、不照抄、不照搬，从客观存在着的实际出发，从分析客观实际中找出解决实际问题的办法。各级领导干部应当努力提高运用这种科学认识方法的水平与能力，在吃透"上情"与摸清"下情"以及使"上情"与"下情"的有机结合中做到驾轻就熟、炉火纯青。

　　只有"眼界宽、思路宽、胸襟宽"，才能拥有创新意识和创新热情。创造的动机表现出来的意向和愿望，即所谓的创新意识。创新意识就其本质来说，是批判的、革命的，不迷信、崇拜任何偶像、教条和一切不适应现实情况变化的旧观点、老经验。创造性思维是以发现新思想、新观点、新理论为目标的，新颖性、独特性和求异性是它的显著特征。创新意识就是创造的激情，探索新领域的思想和观念。创新热情是热爱科学、迷恋事业、追求真理、力争贡献的强烈情感。创新热情具有巨大的推动力，是勤奋好学、勇于探索的内驱力。创新是挑战性的工作，是在新的观念指导下，运用新方法，开辟新途径，实现新目标的实践活动。面对这些"新"，困难肯定少不了。解决的办法只有一个：积极主动地创造条件。有些条件是创造出来的，不是"等、靠、要"得来的。而千方百计地创造条件，离不开宽广的眼界、思路和胸襟。

　　只有"眼界宽、思路宽、胸襟宽"，才能拥有创新所应有的高度自信和充足胆识。如果没有足够的自信，一遇事情就说"过去没做过"，碰了几个钉子就气馁，觉得自己这也不行那也不行，顾虑别人的评价与讥讽，惧怕犯错误而谨小慎微，缩手缩脚，就难以打破迷信，难以产生强烈的创新意识和创新精神，成就不了事业。创新是一种探索和尝试，离不开胆和识。胆，指勇气和胆量，既不屈服于外来的压力和长官意志，也不迷信任何权威和既有理论。识，指洞察事物、辨别事物的认识能力和远见卓识，包括能认准方向，驾驭条件，抓住关键。识是胆的基础，识明则胆张。要创新就得具有胆识和勇气，就得摒弃私心杂念。党员干部应该以党的事业为重，只要对工作有好处，就应该敢闯敢干、"敢为天下先"，哪怕个人利益受到一些损失，也在所不惜。在这个问题上，是不怕风险还是躲避风险，可以检验出一个领导干部的素质和境界的高低。面对新情况、新问题，战战兢兢，墨守陈规，像小脚女人，像老牛拉车，没有生气，缺少朝气，丧失锐气，怎么能跟上时代步伐、干出一番事业呢？

只有"眼界宽、思路宽、胸襟宽"，才能确保开拓创新的正确方向。创新意在探索新知、推动发展，其前提在于必须有正确的思想方法、科学求实的态度、变革求新的勇气。创新必须坚持一切从实际出发，遵循事物发展的客观规律，其目的必须是为了指导实践、促进实践、深化实践。我们所倡导的开拓创新，不是不顾条件的一味蛮干，也不是脱离实际的异想天开，更不是只图虚名、不务实效的形式主义。真正的开拓创新，是在科学理论的指导下，在遵循客观规律的基础上，不满足于已有的成绩，不自缚于陈旧的框框，不拘泥于过去的经验，解放思想，大胆探索，努力将工作提高一个新的层次，把事业推向一个新的水平，使思想进入一个新的境界。其检验的标准不在于过去有没有过、别人做过没做过，而在于符合不符合"三个有利于"标准和科学发展观，在于我们的工作是否取得了让群众满意的实际效果。这就要求各级领导干部具有宽广的眼界、思路和胸襟，必须在主客观相统一上下功夫，在用真功、求实效上下功夫。否则，开拓创新就会因为脱离实际而迷失方向，徒劳无益，甚至有害。

人类追求真理、改造世界的过程，是一个不断超越自我、不断创新、不断进步的过程。时代发展呼唤创新精神，创新反映时代进步要求。尤其是在新形势、新任务面前，新思想、新知识层出不穷，新情况、新问题纷至沓来，如果领导干部仍然在旧模式、旧观念中兜圈子、靠老办法、老经验对待新事物，甚至抱残守缺，墨守陈规，缺乏开拓新路的勇气和突破常规的胆略，就必然会落后于时代潮流，贻误事业发展的时机。领导干部只有具备宽广的眼界、思路和胸襟，自觉地把思想认识从那些不合时宜的观念、做法和体制中解放出来，从对马克思主义的错误的和教条式的理解中解放出来，从主观主义和形而上学的桎梏中解放出来，坚持求真务实和开拓创新相统一，使思想和行动更加符合客观实际，才能永远站在时代前列，不断把中国特色社会主义事业推向前进。

（三）只有"眼界宽、思路宽、胸襟宽"，才能立党为公、执政为民

在新世纪新阶段，各级领导干部肩负着神圣的使命，如果稍有懈怠，就会影响全面建设小康社会目标的胜利实现。要真正把最广大人民的根本利益实现好、维护好、发展好，就必须不断增强立党为公、执政为民的意识，始终做到体察民情、了解民意、集中民智、珍惜民力，真心诚意地为广大人民群众谋利益。

1. 坚持立党为公、执政为民，是中国共产党的性质和宗旨的集中体现

中国共产党是中国工人阶级的先锋队，同时是中国人民和中华民族的先锋队，是中国特色社会主义事业的领导核心，中国共产党的宗旨是全心全意为人民服务。中国共产党的全部工作的出发点和落脚点，是不断地实现好、维护好、发展好最广大人民的根本利益。中国共产党作为执政党，面临的根本课题是能不能始终代表最广大人民的根本利益，始终保持同人民群众的血肉联系。

中国共产党来自人民、根植于人民，服务于人民。中国共产党进行的一切奋斗，归根到底都是为了最广大人民的根本利益。从成立的那一天起，中国共产党就与人民紧紧连在了一起。人民是中国共产党的力量之源、胜利之本。只有不离开人民，中国共产党才能具有无穷的力量，才能所向披靡。成为执政党以后，中国共产党所处的环境和地位、所肩负的任务都发生了重大变化，必须认真回答好执政干什么和怎样执好政的问题。中国共产党执政干什么？就是更好地为人民谋利益。怎样才能执好政？就是必须始终紧紧依靠人民群众。

坚持立党为公、执政为民，是因为中国共产党执掌的权力来自人民。中国宪法明确规定："中华人民共和国的一切权力属于人民。"人民将执政的权力委托给中国共产党，就是希望中国共产党为他们谋取更大更多的利益。中国共产党代表人民行使权力，执政为民就是应尽

的责任和义务，中国共产党的干部是人民的公仆。对党而言，执政为民意味着执政是手段，为民是目的；对人民而言，中国共产党坚持执政为民则是对人民主人地位的确认与巩固。

坚持立党为公、执政为民，还因为马克思主义执政党最大的危险就是脱离群众。执政党的地位，一方面可以使中国共产党能够掌握更多的资源，更好地为人民服务；另一方面也容易使一些党员特别是领导干部脱离群众，由公仆变成老爷。无数历史教训表明，人心向背，是决定一个政党、一个政权兴衰存亡的根本性因素。不可否认，今天在中国共产党内还存在着一些消极腐败现象，损害党的形象，腐蚀中国共产党的执政基础。在这种情况下，更需要强调坚持执政为民，使广大党员干部始终牢记全心全意为人民服务的根本宗旨，始终牢固树立正确的权力观、利益观和地位观，真正为人民掌好权、用好权。

坚持立党为公、执政为民，是具体的而不是抽象的，它体现在中国共产党的理论、路线、纲领、方针、政策和各项工作之中，体现在中国共产党每一个党员、每个干部的具体行动之中。这就要求中国共产党坚持把人民的利益作为衡量一切工作的最高标准，始终抓住发展这一执政兴国的第一要务，在经济社会发展的基础上不断为人民谋取切实的经济、政治、文化利益，同时认真加强和改进党的建设，不断提高党的执政水平和领导水平，增强抵御风险和拒腐防变的能力；要求各级领导干部不断强化为人民服务的宗旨观念，始终保持同人民群众的血肉联系，永远做人民的公仆，永远保持艰苦奋斗的优良作风，坚决反对形式主义和官僚主义，与时俱进，开拓创新，扎扎实实地为人民群众办实事、办好事。

2. 领导干部必须将"立党为公、执政为民"的要求体现在实际工作中

对于各级领导干部来说，立党为公、执政为民的要求不能仅仅停留在口头上，必须落到实处，心中始终装着群众，切实把群众利益放在首位。

在实际生活中，各项工作的开展都会有先后主次的区别、轻重缓

急的选择;在不同的地方、部门和单位,也有不同的情况、不同的工作内容;即使是群众的要求和愿望,也是方方面面、千头万绪的。按照"立党为公、执政为民"的要求,就是要正确处理各种关系,集中精力办好那些最能体现最广大人民根本利益的大事、实事、好事,而不能为了图省心、怕费事,或出于别的什么考虑,避实就虚,舍本求末。应该看到,目前确实有一些领导干部忘记了党的宗旨和自己的职责,心里没有群众,更谈不上把群众的利益、要求、愿望放到万事之先的位置。有的只考虑小团体利益和个人得失,甚至用人民赋予的权力为自己捞好处;有的高高在上,脱离群众,不调查研究,不了解实情,对群众的安危冷暖漠不关心;有的热衷于搞"形象工程"、"政绩工程",弄虚作假,劳民伤财。这种种现象,与"立党为公、执政为民"的要求背道而驰,必须坚决予以反对。

领导干部要自觉将"立党为公、执政为民"的要求体现在实际工作中,需要在思想上解决这样几个问题:一是摆正自己的位置。人民群众是主人,领导干部是公仆。在人民群众的利益面前,领导干部没有任何条件可讲,更没有讨价还价的余地,只有全心全意服好务的责任和义务。"立党为公、执政为民",意味着不管何时、何地、何种情况下,领导干部都要把群众的利益和愿望放在头等位置,把群众的情绪和呼声作为第一信号,唯人民群众之"令"是从。二是不断增强责任感。领导干部手中的权力是人民赋予的,权力的本质是责任。这就要求领导干部想问题、做事情,必须站在人民群众的角度,对人民群众负责,不能站错立场;必须以人民群众的愿望和要求为出发点和落脚点,不能偏离方向;必须以人民拥护不拥护、赞成不赞成、高兴不高兴、答应不答应作为标准,不能失职失责。三是带着感情做工作。人们常把党群关系比做鱼水关系,这说明中国共产党同人民群众是不可分离的。只有在感情上与群众相融,在思想上与群众共鸣,在行动上与群众合拍,才能倾全身之力,尽公仆之责。如果各级领导干部在感情上厌烦、嫌弃、疏远群众,那是无论如何也不可能做到"万事民为先"的。当然,"立党为公、执政为民"最终要落实到具体行动和工作成效上，在想干事和干成事中体现出来。不断改进工作作风和工作方法，切实提高为人民服务的本领和水平，为群众办好事、干成事、多办事。

领导干部要将"立党为公、执政为民"的要求体现在实际工作中，必须坚持深入实际、深入基层、深入群众，切实做到顺民意、谋民利、得民心。顺民意，就是顺从人民的愿望和要求；谋民利，就是为人民谋取利益、带来实惠；得民心，就是赢得人民的拥护、支持和爱戴。顺民意是基础，谋民利是根本，得民心是目标。三者紧密联系，互相依存，相辅相成，都强调以民为根本、为民为目的。顺民意、谋民利、得民心，既是中国共产党全心全意为人民服务根本宗旨的体现，也是中国共产党人想问题、办事情的根本原则；既是科学的思想方法，也是重要的工作方法。顺民意，就要权为民所用，坚持从群众中来、到群众中去，倾听群众呼声，反映群众意愿，集中群众智慧，推进决策的科学化、民主化，使中国共产党的方针政策更好地体现人民群众的意见、愿望和利益。谋民利，就要利为民所谋，实现好、维护好、发展好最广大人民的根本利益。谋民利，是执政的本质和核心。古语曰：为政之道，以厚民生为本；治国之道，必先富民。如果不能让人民群众得到实实在在的利益，中国共产党的执政地位就不能从根本上得到人民群众的支持和拥护。得民心，就要情为民所系，始终与人民群众同呼吸、共命运、心连心，乐民之所乐、忧民之所忧，在思想感情上与人民群众真正融为一体。只有得民心，才能保证中国共产党在世界形势深刻变化的历史进程中始终走在时代前列，在应对国内外各种风险考验的历史进程中始终成为全国人民的主心骨，在建设中国特色社会主义的历史进程中始终成为坚强的领导核心，永远立于不败之地。

3. 只有"眼界宽、思路宽、胸襟宽"，才能自觉践行"立党为公、执政为民"

对于各级领导干部来说，能否坚持"立党为公、执政为民"是一个根本的立场问题。各级领导干部只有具备宽广的眼界、思路、胸

襟，才能把实现好、维护好、发展好最广大人民的根本利益作为作决策、办事情、做工作的依据，把人民拥护不拥护、赞成不赞成、高兴不高兴、答应不答应作为判断是非、衡量得失的标准，把立党为公、执政为民落实到思想和行动中去，落实到关心群众生产生活的工作中去。

只有"眼界宽、思路宽、胸襟宽"，才能对共产党执政的本质有正确的认识。民为邦本，本固邦宁。人民群众是历史的创造者。能否正确认识和自觉坚持人民群众的历史主体地位，是一个重大原则问题。其次要搞清楚党与人民群众的关系。中国共产党是中国工人阶级的先锋队，同时是中国人民和中华民族的先锋队，是人民群众的忠实代表和主心骨。但作为执政党，中国共产党与人民群众的关系又是公仆与主人的关系。中国共产党来自人民，根植于人民，服务于人民。离开了人民，就将一无所有、一事无成；背离了人民的利益，这个公仆就会被辞退，这个代表就会被罢免。作为人民的公仆和代表，各级领导干部的一切执政活动都必须把群众利益放在第一位。共产党执政，说到底，就是为了实现人民当家作主。具体说，中国共产党执政，就是党领导和支持人民当家作主，最广泛地动员和组织人民群众依法管理国家和社会事务，管理经济和文化事业，维护和实现人民群众的根本利益。应该强调的是，中国共产党执政的一项重要工作，就是教育人民群众充分认识其实现自身利益的主体角色，团结和带领他们不断实现和发展自己的利益。

只有"眼界宽、思路宽、胸襟宽"，才能坚持实事求是，量力而行，重实际、办实事、求实效。空谈误国，实干兴邦。唯有务实，才能更好地践行党的宗旨，使人民群众得到实实在在的利益。坚持务实，要求各级领导干部既勇于探索、敢于攻坚、善于创新，创造性地开展工作；又脚踏实地、埋头苦干、坚忍不拔，扎扎实实地落实中国共产党的方针政策和工作部署。条件好的地方要看到差距和不足，决不自满，决不懈怠，决不停滞，努力增创新优势、更上一层楼；条件比较差的地方要坚持从实际出发，尊重客观规律，不搞沽名钓誉的

"形象工程"，不提不切实际的口号，不干劳民伤财的事情。实践是个大舞台，人民群众是这个舞台上的主角；实践是个大课堂，人民群众是这个课堂上的老师。推进改革、促进发展、保持稳定，办法在实践中，点子在群众中。领导干部一定要注重并善于从人民群众生动的实践中汲取智慧和力量，寻求解决问题、推动工作的办法，把心思和精力用在工作上，扎扎实实地干事创业。

只有"眼界宽、思路宽、胸襟宽"，才能坚持以身作则，正确行使权力，保持清正廉洁。领导干部手中的权力是人民赋予的，只能用来为人民服务，廉政这根弦一刻也不能放松。权力是柄双刃剑，正确行使权力，可以施展才干，造福于民；滥用权力，必然祸害群众，殃及自己。保持清廉，要求领导干部不断加强党性修养，努力改造主观世界，牢固树立正确的世界观、人生观、价值观和权力观、地位观、利益观，从思想上筑牢拒腐防变的堤防。公者千古，私者一时。人的一生不过几十年，真正能为党和人民干事的时间更有限。领导干部一定要在思想上真正搞清楚这个问题，在为党和人民建功立业的奋斗中实现自身追求，自觉地为民尽责、为党分忧，为人民掌好权、用好权；树立正确的生活态度，追求高尚的生活情趣，经得住权力、金钱、美色的考验，时刻把人民的利益放在首位，严格遵守党纪国法，始终做到一尘不染、一身正气。

四、领导干部如何才能做到"三宽"

（一）思想上充分重视

"三宽"，科学概括了新时期新阶段各级领导干部应当具备的基本条件，既强调了领导干部的世界眼光、政治智慧，又突出了领导干部的战略思维、领导方略、博大胸襟。思想是行动的先导，做"三宽"型领导干部，必须首先从思想上认识到"三宽"的重要性和紧迫性，

坚持用"三宽"理念推动经济发展和社会全面进步，才能从行动上主动地加强学习，提高自己，才能在工作中解放思想、实事求是、与时俱进、勇于创新。

1. "三宽"是领导干部必须具备的素质要求

素质是判断一个人能否胜任某项工作的基本标准，是决定并区别能力差异的个体特征。领导素质是领导干部开展活动所应具备的基本条件，是领导干部在德、才、学、智等方面能力的综合体现。领导干部素质的高低，关系着领导活动的成败和执政水平的高低。现代领导干部要更好地发挥领导作用，开创性地搞好领导工作，始终走在时代的前列，就必须提高自己各方面的能力素质和树立现代观念，使自己在工作上体现时代性，把握规律性，富于创造性。否则，就不能把握时代的脉搏，不能适应领导工作，势将在现代社会竞争中被淘汰。当今世界范围内，无论是政府还是企业以及其他领域的领导者，都将能力与素质提高归结到领导力上。作为党的领导干部，领导力最直接的体现就是"三宽"，即眼界宽、思路宽、胸襟宽。眼界宽是成事之关键，思路宽是成事之保证，胸襟宽是成事之基础，三者有机统一、相辅相成，缺一不可，鼠目寸光只能做井底之蛙，人云亦云必定故步自封，心胸开阔才能成就大事。从这方面来讲，"三宽"是领导干部最主要的也是最基本的素质要求。

2. "三宽"是提升领导干部执政能力的需要

中国共产党的执政能力建设离不开广大领导干部能力的提高。当前，中国正处在全面建设小康社会的关键时期，以科学发展观统领经济社会发展全局，走科学发展、和谐发展之路，对各级领导干部的综合素质和执政能力提出了更高的要求，正如李源潮指出的，"面对新的工作要求，我们现在最缺的仍然是眼界宽、思路宽、胸襟宽的领导干部"。[①] 各级领导干部的眼界、思路和胸襟，不仅决定着领导干部的个人能力和水平，而且在很大程度上决定着整个执政团队的执政能力

---

① 转引自《领导科学》，2008 年第 10 期，第 4 页。

和水平，关系着党和国家事业的兴衰成败。可以这样看待"执政能力"与"三宽"的关系：第一，"执政能力"是党的整体能力，"三宽"则着重讲领导者个人的影响力和吸引力，群体的力量通过个体的能力来表现，而个体的能力又在群体中得以提升。第二，"执政能力"更多是指执掌政权的"能力"与"本领"，它需要结合具体实践，创设诸多条件，才能成为现实的力量，"三宽"则是实际执政能力的外在体现。第三，"执政能力"属于理性行为，"三宽"要求影响和吸引群众，在合乎"执政能力"要求的前提下，党员领导干部越能做到"三宽"，党的"执政能力"就越高。

3. 要认识到重视"三宽"理念是理解并践行科学发展观的内在要求

胡锦涛在中国共产党第十七次代表大会的报告中明确提出了"以人为本，全面、协调、可持续"的科学发展观，指出："其第一要义是发展，核心是以人为本，基本要求是全面协调可持续，根本方法是统筹兼顾。"在新的起点上，推动科学发展是各级领导干部面临的时代课题。完成这一课题，必须不为经验所累，不为形势所惑，不为模式所限，不断破除不符合、不适应科学发展要求的方面，以更加宽广的眼界、更加高远的目标、更加务实的举措来谋划发展、推动发展。因此，更要把"三宽"型干部队伍建设摆在更加突出的位置，牢固树立科学发展的观念，着力构建一种全员、全程、全方位的干部能力提升体系，打造一支"三宽"型干部队伍，为经济社会又好又快发展传承新理念，注入新活力，增添新动力，在学习实践科学发展观中发挥先锋模范作用，着力把科学发展观的要求转化为谋划发展的正确思路，促进发展的政策举措，领导发展的实际能力。

4. 要认识到重视"三宽"理念是适应领导与管理科学化大趋势的需要

当前，无论是政府、企业还是各种社会团体，都把具备"三宽"素质的领导者作为重要的人才资源，"三宽"已成为提高组织绩效的重要力量来源。各级领导干部必须吸取与运用一切有利于提升自身素

质的先进理念与科学理论,在实践中锻炼和提高自己的领导力。新形势下,领导干部必须把提高素质体现到"三宽"上,能力与素质的提升也必须以"三宽"为标准,体现"科学"的要求。领导干部实践"三宽"要求与领导力提升是相互影响、相互促进的过程。只有做到"眼界宽、思路宽、胸襟宽",才能更好地把握时代脉搏、顺应时代发展,才能更好地坚持解放思想、实事求是、与时俱进,才能勇于变革、勇于创新,永不僵化、永不停顿。

5. 要认识到重视"三宽"理念是实现党的新时期历史任务的现实需要

毛泽东曾经指出:"政治路线确定之后,干部就是决定的因素。"① 政治路线确定以后,能否被透彻地理解,能否正确地实施,能否得到彻底的贯彻和落实,主要取决于作为执行者的领导干部,可以说,领导干部素质能力之高下左右着政治路线的方向和成败。这就要求领导干部既志存高远,立足实际,又求真务实、勇于创新。放开眼量,改变思路,开阔心胸,根据新情况和新问题进行理论创新和实践创新,改变不合时宜的旧做法、旧观念,大胆进行科学探索,从多角度多方位思考新情况、解决新问题,时刻保持清醒的头脑和昂扬的斗志,增强忧患意识,坚持清正廉洁,经受住权利、金钱、美色的考验,坚定建设中国特色社会主义信念,为早日实现中国共产党在新时期的历史任务和奋斗目标开拓进取。

思想有多远,行动就有多远。领导干部必须随时随地保持清醒的头脑,观察现实,思考未来,不断充实、完善和提高自己,无论在生活还是工作中,都要努力做到眼界宽、思路宽、胸襟宽。坚持从我做起、从现在做起、从小事做起,克服狭隘的经验主义、事务主义和地方主义的倾向,破除封闭自满、故步自封、夜郎自大、不思进取的保守意识,用世界的眼光看待事物,用发展的眼光看待问题,放眼未来,开阔眼界。只有做到"三宽",才能一切从实际出发,培养自觉

① 《毛泽东选集》第 2 卷,人民出版社 1991 年版,第 526 页。

改造客观世界的进取精神，树立符合时代发展要求的新观念、新思想，才能做到开拓创新，继承前人又不因循守旧，借鉴别人又有所独创，努力做到观察形势有新视角，推进工作有新思路，解决问题有新办法，使各项工作体现时代性、把握规律性、富于创造性。才能心存浩然正气，才能培养大度容人的品格，才能养成大将风度，才能有一心为实现崇高理想信念而不懈奋斗的高尚品质。

当前，各级领导干部对"三宽"要求一定要有充分认识，要把它当做一个契机，当做一种机遇，当成反思自我与提高行政能力、提高自我与顾全发展大局、发展自我与结合领导实际的最好运动与活动，进一步改进和转变工作作风、提高道德修养，主动接受人民群众的监督，进而取得看得见、摸得着、感受得到的实实在在的成效，为人民群众树立良好的社会形象，促进和推动改革开放整体工作，实现社会建设的全面协调和可持续发展。

（二）加强学习，努力成为"三宽"型领导干部

古人云，学然后知不足。只有学多识广，才能知微识著，大局在胸。学习是领导干部不断提高修养、增强能力、做好工作的重要前提和基础。只有加强学习才能顺应时代潮流，拥有宽广的世界眼光、敏锐的战略思维、宽广无私的襟怀。

1. 端正学习态度，认识到学习的重要性

领导干部应当把学习放在重要位置，把学习贯穿于生活工作的全过程，做终身学习、全员学习、深入学习的表率。只有增强与时俱进的学习意识，坚持学中干、干中学，努力提升自己的领导能力，才能跟上日新月异的新时代，适应千变万化的新情况，应对错综复杂的新局面。

加强学习，在学习中提高领导干部的眼界、思路、胸襟，历来为中国共产党所重视。1939年，毛泽东在延安在职干部教育动员大会上的讲话中指出：共产党要领导革命，就要发起学习运动。抗日战争后，我们的同志要适应斗争的需要，要加强学习。20世纪40年代，

中国共产党在延安就开展了大规模的学习运动,毛泽东发表了《改造我们的学习》的光辉篇章,并多次说过,"以其昏昏,使人昭昭,是不行的"。邓小平着眼于中国改革开放和现代化建设新的实践,号召全党同志"一定要善于学习,善于重新学习",并告诫"不注意学习,忙于事务,思想就容易庸俗化。如果说变质,那么思想的庸俗化就是一个危险的起点"。江泽民指出:"领导干部加强学习,不仅可以开阔眼界,增长学识,增强为党和人民工作的本领,而且有利于陶冶情操,提高道德修养。"并且,以江泽民为核心的第三代领导集体把"讲学习"作为"三讲"教育活动的首要任务。党的十六大提出了建设全民学习、终身学习的学习型社会的重大任务。胡锦涛多次强调:"加强学习不仅是领导干部提高自身知识水平的重要途径,也是提高自身精神境界的重要途径。"进而在中国共产党第十七次代表大会上对建设学习型政党作出了战略部署,并强调:"要做合格的领导者和管理者,必须大力加强学习,努力用人类社会创造的丰富知识来充实自己。"这就说明,中国共产党早就对领导干部通过学习加强"三宽"有明确的认识,这实际上是党的领导人对各级领导干部在学习中拓宽眼界、思路和胸襟的殷切希望和明确要求。"开阔眼界,增长学识、提高自身精神境界"等,正是"三宽"的具体要求。

学习是时代的需要。随着新世纪的到来,新情况新问题层出不穷,对领导干部的领导能力要求也越来越高。有人形象比喻说工作能力像斧刃,学识和经验像斧背,斧背越厚,斧刃越锋利。面对层出不穷的新知识、新情况、新事物,许多干部遇到了老知识不管用、新知识不够用的问题,出现了程度不同的"知识恐慌"、"本领恐慌"。从提高领导能力上讲,这种恐慌其实是一种良好的进取心态,唯有恐慌,才会查找不足、明白现实与理想的差距,才会给自己施加压力,进而发愤图强、迎头赶上。反之,如果意识不到自身不足,对工作总是满足于应付敷衍、自以为是,吃知识和能力的老本,就没有提高领导能力的紧迫感和主动意识,就会落伍和掉队,迟早会被淘汰出局。只有加强学习,加强培养领导干部眼界宽、思路宽、胸襟宽的良好习

惯和卓越的领导能力,才能树立宏观意识、大局意识,在工作中避免"本领不强要被笑死,办法不多要被急死,品行不正要被骂死"的尴尬局面。

学习是一种态度。领导干部担负着一方重任,工作繁忙。有人以工作太多、时间太少为由逃避学习。百年学府哈佛大学的图书馆里有句朴实无华的训言:"学习这件事,不是缺少时间,而是缺乏努力。"许多领导干部特别是高级干部虽然工作繁忙,但越是繁忙越会挤时间抓紧学习;而个别领导时间是有的,只是都用在了无谓的消遣与应酬上。可见学习不学习,主要不是时间问题,而是态度问题。一个善于学习的社会,才是一个充满活力的社会;一个渴望学习的民族,才能成为一个不断发展的民族;一个勤于学习的干部,才能成为推进事业发展的栋梁。

2. 要善于学习各种知识,通过学习各种知识开阔眼界、开阔思路、开阔胸襟

领导干部意识到了学习的重要性,意识到了缺乏知识与领导能力的紧迫感之后,究竟应该学什么、应该怎么学,也是需要解决的一个重要问题。

(1) 领导干部加强学习,首先要加强理论学习

列宁有句名言:"只有以先进理论为指南的党,才能实现先进战士的作用。"理论和知识,不仅可以使领导干部获得观察和认识事物的世界观,还可以获得分析和解决问题的方法论;不仅可以使领导干部获得做事的知识和本领,还能使领导干部获得做人的道德和诀窍。一个合格的领导干部,必须要有足够的理论储备作为能力支撑。理论知识,是开阔眼界、思路和胸襟的首要选择。

理论上的成熟是政治上成熟的基础和前提。马克思主义是与时俱进的科学理论,每个领导干部都要有计划、有重点地精读一些马克思主义的经典著作,要加深对党的基本理论、基本路线、基本纲领和基本经验的理解,把握其基本观点,领会其精髓和本质,始终保持理论上的清醒和政治上的坚定,真正做到学有所悟、研有所得,始终保持

为推进党的事业而不懈奋斗的热情，不断提高分析问题、解决问题的能力，努力做持久学、深入学的表率。改革开放以来，中国共产党先后形成了邓小平理论、"三个代表"重要思想，实现了党的指导思想的两次与时俱进，党的十六大以后又提出了科学发展观等重大战略思想，形成了中国特色社会主义理论体系这一马克思主义中国化的最新成果，各级领导干部要始终把学习和掌握这一成果作为学习的中心任务，确实做到不仅进课堂，还能进头脑，把这一最新的理论成果作为改造主观世界的强大武器，作为提高思想素质和理论水平的灵魂，作为提高领导水平和执政水平的根本途径，牢固树立正确的世界观、人生观、价值观、利益观。世界观、人生观、价值观、利益观决定着人生追求和人生道路，支配着人们的思想境界、道德情操和行为准则，只有树立了正确的世界观、人生观、价值观、利益观，人才会变得精神高尚、眼界开阔、胸怀坦荡、生活充实。才能始终保持政治上的清醒和坚定，坚持正确的政治方向，科学地观察事物、判断形势、分析问题，始终保持和发展共产党人的先进性。才能开阔心胸，拿得起，放得下，顺境时不骄不躁，挫折时不屈不挠，迎着艰难险阻胜利地到达人生的彼岸。

（2）其次是要加强对新知识的学习

时代在飞速发展，社会发展一日千里，信息化、数字化已融入我们生活的每一个角落，新知识层出不穷。在知识经济超速发展的时代，没有永恒的强者，一个人固有的知识永远满足不了时代发展的需要。不论任何人，不论有多高深的学问和过人的本领，都面临一个不断学习更新提高的问题。专家指出，到2050年，现在的知识将仅占其知识总量的百分之一。面对瞬息万变的知识型社会，要想跟上时代步伐，就要不断学习新知识。领导干部必须明白，现在社会各个方面的发展日新月异，不坚持学习就会落伍，就难以跟上时代的步伐。

学习新知识，就要学习经济、政治、文化、法律、科技、管理、历史、军事等方面的新知识，用这些新知识来丰富和充实自己，并把这方面的学习同加深领会和灵活运用马克思主义理论紧密结合起来。

建立学习型组织理论的创始人彼得·圣吉教授说过："未来在激烈的竞争中的唯一优势是比别人学得更快一些，一个国家、一个社会、一个组织是这样，一个领导者也是这样。"只有在学习上比别人更快一步，才能胜任肩负的重大职责，不被时代所淘汰，才能应对复杂多变的新形势，担当光荣而艰巨的历史任务。

学习新知识，还包括要学好与主管工作密切相关的知识。这就要求领导干部系统学习和掌握全面建设小康社会所需的各种新理论、新知识、新技术、新规则、新技能，及时更新知识体系，完善知识结构，提高科学文化素养，努力成为本行业本部门的行家里手，以宽广的眼界认识世界，把握时代脉搏，以宽广的思路谋划发展，增强驾驭市场经济的能力、社会管理的能力，提高领导工作的系统性、预见性和创造性，以宽广的胸襟造福于民，建立和谐社会。只有做新知识的接受者和传播者，才能成为一个合格的领导者和管理者。

（3）善于借鉴，充实提高

人们获得知识的途径不外乎两种，即直接经验和间接经验。人的精力有限，通过各种途径获取间接经验就非常必须而且必要。要善于借鉴别人的观点、经验、做法，点燃自己头脑中的智慧火花，从而促进知识、能力和水平的提高，真正成为适应全面建设小康社会需要的优秀的领导者和管理者。

要坚持群众路线，向群众学习。历史周期率早已作了注脚：不向群众学习，最终会被群众所抛弃。是否善于向群众学习，是检验领导干部成熟与否的重要标准。人民群众是中国共产党的智慧和力量的源泉。作为领导干部，必须敏于感受，精于识微，善于向群众学习，在生动丰富的群众实践中汲取"营养"，增长才智。毛泽东说过："群众是真正的英雄，而我们自己则往往是幼稚可笑的，不了解这一点就不能得到起码的知识。"邓小平说得好："主观主义者不懂得，只有首先做群众的学生的人，才有可能做群众的先生，并且只有继续做学生，才能继续做先生。"所以各级领导干部必须要在真心真意向群众学习的过程中丰富知识，在诚心诚意为人民服务的过程中不断提高执政为

民的本领。当前，有的领导干部不深入基层，不贴近群众，当官做老爷；有的遇事不向群众学习，不集思广益；有的轻视群众的经验，不把群众的智慧放在眼里；有的虽然会下到寻常百姓家，但只是浮光掠影、蜻蜓点水。有一些领导干部之所以被称为"拍脑袋领导"，就是因为他们所下达的某些计划或决定，不是经过详细的调查研究，不是从总结群众实践斗争的经验产生的，常常是只凭主观，只凭感想，只凭书本去决定政策，"拍拍脑袋计划就决定了"。还有的领导干部，在执行上级决定时，不善于根据当地情况去研究具体实现的办法，而是简单地用强迫命令的官僚主义办法去完成。只有善于向群众学习，才能一切从实际出发，增长知识，开阔视野，集思广益，襟怀坦荡。

要学会回味，向历史取经。现代领导干部的眼光，不仅应具有现实的广度，而且应具有历史的深度。现代世界是从历史上的世界发展而来的，是世界历史在现时代的继续，要认识今天的世界，就不能不知道它的过去。一个民族，只有重视历史，她才具有高度的自我发展意识，才能胸怀宽广，视野开阔，才能屹立于世界民族之林。历史是一面镜子，可以指导人们更好地把握今天、开辟未来。通过对世界历史的深入了解，通过对历史发展的客观规律的深入认识和正确把握，鉴古知今，从历史和现实来认真研究和思考世界发展的总趋势，才能够更深入地认识今天的世界。"总结历史是为了开辟未来"，李大钊以唯物史观为指导讲述史学理论，曾指出："横着看人类，便是社会；纵着去看人类，便是历史。历史就是社会的变动。"尊重历史、珍视历史经验是我们民族的优良传统，学习历史，有利于汲取历史上安邦治国的经验教训，有利于培养和弘扬高度的爱国主义精神，有利于提高我们的科学文化素质，认识和把握社会发展的客观事实，洞悉系列事件的发展规律，知晓和推论事物的发展趋势，开阔视野。"以人为镜，可以明得失；以史为镜，可以知兴衰。"以史为鉴，避免我们犯类似的错误，避免走弯路，借鉴其经验，可以使我们多一些思路应对当前发展中的问题。向历史学习，还可以陶冶情操，提高修养，"先天下之忧而忧，后天下之乐而乐"的胸怀无疑古今通用。

还要不间断地、有目标地学习。具体内容可以按照中央最新的干部教育培训要求："干部教育培训应当根据经济社会发展需要，按照加强党的执政能力建设和先进性建设的要求，结合岗位职责要求和不同层次、不同类别干部的特点，以政治理论、政策法规、业务知识、文化素养和技能训练等为基本内容，并以政治理论培训为重点，综合运用组织调训与自主选学、脱产培训与在职自学、境内培训与境外培训相结合等方式，促进干部素质和能力的全面提高。"

（三）多加锤炼，在实践中提升"三宽"的境界

实践的观点是马克思主义认识论的首要和基本的观点。在马克思主义哲学中，实践这个概念是指主体与客体的相互接触、相互作用。既包括人对客观事物能动的改造，又包括客观事物对人感官的刺激，是主观与客观、物质与精神相互联系、相互转化的桥梁、中介。无论任何人要形成正确的认识，就必须积极投身于现实的社会实践。

在实践中锻炼干部，是中国共产党培养干部的一条根本途径。要建设高素质的干部队伍，必须注重实践锻炼，这既是中国共产党的优良传统，也是广大干部锻炼成长的现实需要。只有深入实践，才能密切联系群众，汲取政治营养。人民群众的创造性实践，既是推动建设中国特色社会主义事业前进的根本动力，也是广大干部锻炼成长的最好课堂。积极投身到人民群众的实践中去，就能汲取丰富的政治营养，加深对马克思主义的理解和对国情的认识，"任凭风浪起，稳坐钓鱼船"，坚持正确的方向不动摇。

只有深入实践，才能创造性地开展工作。在新的形势下，新情况新问题不断涌现，不深入基层，不从人民群众的实践中汲取营养，就会陷入"老办法不灵，新办法不会"的困境，更何谈创造性地开展工作？反之，深入实践，不断总结基层的新经验，就有"办法总比困难多"的体会，就能产生全新的工作思路、科学的决策方案、灵活的工作方法，就会出政绩，收实效，不断开创新局面。

只有深入实践，才能提高综合素质。干部的综合素质内涵较广，

其主要内容如品质、意志、能力、水平等都不是先天固有的，而是在长期实践锻炼中形成的。广大干部只有在各种各样的环境中接受锻炼——在艰苦环境中磨炼不畏艰苦的意志和百折不挠的毅力，在复杂环境中锤炼驾驭全局的本领和协调各方的能力，在特殊环境中培养大无畏的牺牲精神和处理突发问题的应变能力，才能迅速地积累经验，快速地成长。

坚持在实践中开阔眼界、思路、胸襟，是领导干部提升领导能力的内在要求。马克思主义哲学有句名言：实践是检验真理的唯一标准。大浪淘沙，领导干部的眼界、思路、胸襟，也只有经过实践的磨砺，才能在实际工作中不断调整，不断提高，提高决策的能力和水平。陈云曾说："干部是从实践工作中锻炼出来的。领导工作的能力，要在下一层的实际工作中生长起来。"这就说明，"三宽"型领导干部，是在实践中不断成长和成熟的。一个人当了领导，不是自然就具备了领导活动所需要的眼界、思路、胸襟，这需要不断实践和锻炼。列宁说过，一个行动胜过一打纲领。领导活动是一项实践活动，其领导能力归根结底要靠在实践当中总结、提升、磨砺，锻炼提高。同时，按照马克思主义认识论的观点，认识和实践的相互转化又是一个无限反复的过程，一定阶段上形成的认识要向前发展，必须奠定在新的实践的基础上，并以此为新的起点，丰富和刷新原来的认识，以指导原来的认识。与此同理，这就是说，领导者的眼界、思路、胸襟，也需要在实践中不断开阔提升。只有经过实践的检验，才能切合实际需要，自觉地解决好眼界、思路、胸襟不适应形势发展要求的问题，与时俱进。因此，领导干部要重视实践，勇于实践，并且通过大胆的实践，进一步拓宽眼界、拓宽思路、开阔胸襟。

1. 要增强实践意识，坚持学以致用

"一语不能践，万卷徒空虚。"理论的意义在于实践，学习的目的全在于应用。有了知识还不等于有了本领，知识变成本领，还需经一个实践的过程。我们的开国领袖们，无论是在戎马倥偬的战争年代，还是在日理万机的建设时期，都是把读书学习与工作实践有机结合起

来，才做到能在革命建设中具有真知灼见，走在时代前面，取得事业成功。

江泽民指出："学风问题是关系党的兴衰和事业成败的重大政治问题，是理论和政治上是否成熟的重要标志。"改进学风，就是要把学与思、知与行结合起来，做到学用相长、融会贯通；就是要坚持理论联系实际，学以致用，提高实际工作水平、具体操作能力；就是要把学到的新理论、新知识、新技能充分运用到工作中，把理论与当地的具体实际联系起来，与当前的各项工作联系起来，与当前的社会矛盾联系起来，找出它们的共性，获得对事物发展规律的统一认识。只有这样，才能找到解决问题的有效办法和最佳途径，从而提高分析问题、解决问题的能力，增强工作的原则性、系统性、预见性和创造性，加快"精神变物质"的进程，使学习转化成领导力和创造力，转化成改造客观世界的巨大推动力。

2. 要大胆实践，用丰富的实践锻炼自己

实践是认识的基础，没有实践就不会有认识，只有通过实践锻炼，才能推动领导干部提高科学发展的能力，服务人民群众的能力，驾驭复杂局面的能力。

毛泽东等老一辈无产阶级革命家在"三宽"方面的表率和典范取之不绝、学之不尽，而且具有原创性。比如大革命失败后，中国共产党何去何从，历史走到紧要关头。此时的毛泽东把马克思主义的普遍真理与中国革命的具体实际有机结合起来，不走俄国城市暴动夺取政权的路子，用战略家的眼界，在秋收起义失利后，毅然率部来到井冈山，建立起第一块农村革命根据地，开辟了农村包围城市，最后夺取政权的井冈山道路，这条道路用胡锦涛的话说是马克思主义中国化的伟大开篇。

再如根据井冈山已经失守的客观实际，毛泽东以非凡的思维高瞻远瞩地确立了一个新的战略方针：即以"赣南闽西二十余县的范围"，建立一块新的根据地，使之与湘赣根据地相连接。毛泽东向中央力陈这一计划时一再强调"无论如何不能放弃"。在此基础上创建了中国共产党领导的最大的一块农村革命根据地——中央革命根据地，成立了中华苏维埃共和国，开始了中国共产党局部执政的伟大实践。历史前进的轨迹充分证明了毛泽东这一战略思路的正确与英明。

实践是个大课堂。各级领导干部要注重从加快发展、全面建设小康社会的伟大实践中磨炼意志，精心谋事、潜心干事、专心做事，在想干事、会干事、干成事中提高执政能力。

一要把心思集中在"想干事"上。各级领导干部要把心思用在工作上，用在为人民群众谋利益上，这不仅是对各级领导干部转变作风的明确要求，也是提高领导干部执政能力的有效途径。全面建设小康社会是一项前无古人的伟大事业，是一项光荣而艰巨的长期任务。领导干部无论是想问题、办事情，还是作决策、做工作，都要少琢磨上面知道不知道，多考虑群众需要不需要；少琢磨对自己有利还是无利，多考虑对地方发展有益还是无益。只有把心思集中在"想干事"上，少一些浮躁，多一些思考，才能突破难点，开拓创新；少一些应酬，多一些实干，才能干出实绩，造福百姓；少琢磨些私事，多琢磨些公事，才能不断提高发展兴政的本领，为全面建设小康社会注入源源不断的活力和持续长久的动力。

二要把本领体现在"会干事"上。实践是最好的舞台。一个领导干部的思想水平、工作能力和领导才能需要在工作实践中逐步形成，需要在"会干事"上得以体现。把本领体现在"会干事"上，要求领导干部不光会谋划，而且要会操作。要紧紧围绕加快发展这个主题，开辟广阔的实践锻炼领域，到干事创业的第一线去，从实践锻炼中吸取营养，经受考验和磨炼，在实践中掌握新知识、积累新经验、增长新本领，提高干事创业的能力和水平。如果做"空谈的巨人、行动的矮子"，只"想干事"而不"会干事"，只有"唱功"而不练"做功"，是出不了业绩的。领导干部只有积极投身到全面建设小康社会这一伟大的实践中去，在这个大熔炉中修养党性、磨炼意志，在这个大课堂中了解国情、增长知识，在这个主阵地上熟悉社会、积累经验，才能提高"三宽"的能力，不断锤炼从政本领，提高执政能力，

做破解难题的高手、市场运作的能手、实际操作的强手。

三要把目标锁定在"干成事"上。想干事、会干事，是成就一番事业必不可少的前提条件，而干成事才真正是领导干部应追求的终极目标。因此，领导干部不仅要有想干事的愿望，会干事的能力，更要有干成事的本领。如果思想家的特长是会说，那么领导者的特长应是会做；如果思想家的品格是深刻，那么领导者的品格是务实。创实绩、留业绩，是干部从政的落脚点，是群众评价干部的重点，也是一个干部各方面素质的综合体现。一个干部光是洁身自好，却不干工作，或整天忙忙碌碌，却没有业绩，群众充其量说你是"好人"，决不会说你是"好官"。作为领导者，一定要明白为政首要的在于少说空话、多办实事，在位一届、实干一届。要真正把精力集中在抓落实上，把目标锁定在干成事上，凡认准的事情，要千方百计去办，切不可议而不决，决而不行，疲沓拖拉，坐失良机，结果不仅使工作落空，也会失去干部群众的信任。领导干部一定要把握全局谋大事，集中全力抓实事，调动力量干成事，在干成事中努力提高驾驭全局的能力、解决疑难问题的能力、打开工作局面的能力。

四要有良好的务实作风。作风是一面镜子。作风问题关系到党的形象，影响到党的凝聚力和战斗力。作风建设贵在抓实，要从四个方面入手。一是发扬扎实深入的作风，切实解决少数领导干部存在的形式主义和官僚主义问题，领导干部必须深入下去，到问题多、矛盾多、困难多的地方去，了解民情，解决实际问题，保证党的方针政策和各项工作落到实处。二是发扬开拓进取的作风，没有开拓进取精神，就不能把上级指示和本地实际结合起来，工作也不会有起色。三是发扬求真务实的作风，克服不说实话、不干实事、不求实效的不良现象，倡导在实干中树立权威，在实效中赢得民心。四是发扬善于开展批评和自我批评的作风，加强思想政治工作，正确运用民主的、经济的、法律的办法妥善处理新时期人民内部矛盾，营造"心往一处想、劲往一处使"的良好氛围。

（四）弘扬传统，在继承中丰富"三宽"的内涵

"三宽"是新时期中国共产党对领导干部的新要求，是领导干部适应新形势必须努力的新方向。"三宽"要求不是凭空产生，而是在继承和发扬党的历史的优良传统中，依据新时期经济社会发展的新特征而提出的，既体现了中国共产党对干部的一贯要求，也体现了鲜明的时代特征。理解"三宽"，不能与过去党对干部的要求割裂开来；做到"三宽"，更要在弘扬传统中丰富实践。

优良传统，是指在长期的历史发展进程中形成的先进思想和文化。中华民族优良传统源远流长，薪火相传，凝结着伟大而朴素的民族精神和民族情感，承载着纯粹而深厚的文化血脉和思想精华。在八十多年的光辉奋斗历程中，中国共产党形成了许多优良传统和作风，除人们耳熟能详的理论联系实际、密切联系群众、批评与自我批评这三大优良传统和作风外，还有谦虚谨慎、艰苦奋斗、求真务实、开拓创新等。这些优良传统和作风体现了马克思主义政党的性质、宗旨、纲领和路线，是中国共产党区别于其他政党的显著标志，是中国共产党的先进性的具体体现，是中国共产党的传家宝和政治优势，是凝聚党心民心的力量源泉和精神支柱。继承这一份宝贵的精神财富并使之发扬光大，对各级领导干部成为"眼界宽、思路宽、胸襟宽"的"三宽"型人才有着举足轻重的作用，对于建设中国特色社会主义、夺取全面建设小康社会新胜利，更具有十分重要的现实意义。

不可否认，当前有极少数领导干部淡忘甚至丢弃了党的优良传统，出现了退化甚至蜕变的现象，变成目光短浅、胸襟狭窄、消极应付。有的习惯于老经验、老办法，对新事物、新办法没有兴趣，不思创新、不敢突破；有的习惯于做应景文章，满足于表面热闹，对老百姓的疾苦麻木不仁，对困难群众避之唯恐不及；有的革命意志衰退，工作精神萎靡，生活情趣低俗，热衷于灯红酒绿，沉湎于声色犬马；还有的甚至以权谋私，违法乱纪，充当黑恶势力"保护伞"，滑向了犯罪的深渊。他们不但忘记了入党誓言的庄重承诺，背离了党的优良

传统，更重要的是破坏了党和人民群众的血肉联系，损害了党在人民群众中的崇高形象，必须引起高度重视，坚决予以纠正。领导干部应该清醒地认识到，能否继承和发扬党的优良传统，已经直接关系到领导干部能否做到"三宽"，关系到中国共产党的党风和党在人民群众中的形象，关系到党的性质和前途。领导干部无论职位高低，只有牢记优良传统，发扬优良传统，自觉成为继承优良传统的模范，才能切实做到"眼界宽、思路宽、胸襟宽"，赢得人民群众的信任，才能称得上合格的人民公仆。要发扬党的优良传统，努力做到"眼界宽、思路宽、胸襟宽"，就要做到以下五个"必须"。

1. 必须始终坚持与时俱进

所谓与时俱进，就是要求领导干部在思想上、理论上与时代同进步，站在时代的前列，不断推进理论创新；要求领导干部既坚持马克思主义的立场、观点和方法，又要在实践发展中不断检验和丰富这一伟大学说，不断推向新的发展境界，而不是因循某些原理、结论、章句，教条主义地生搬硬套，削足适履。因此，要继承优良传统，坚持继承党的优良传统与弘扬时代精神相统一；做到坚持与发展、继承与创新的辩证统一，在坚持中发展，在发展中坚持，不断为党的优良传统增添新的时代内涵、时代特征和时代意义。只有坚持与时俱进的领导干部，其领导工作才能有宽度、有高度、有深度、有厚度、多维度。

2. 必须努力改进思想作风

要继承优良传统，打造"三宽"型领导干部，就必须把解放思想、实事求是的思想作风贯穿到各项工作的全过程。解放思想、实事求是，这既是实行正确决策的前提，也是贯彻落实党的路线方针政策的基本保证。有的领导把单位企业搞得一团糟，就是观念僵化，思想保守，目光短浅的结果，他们不能根据单位和企业实际情况及时调整工作思路和工作方法，致使工作举步维艰、进退两难，从而导致只顾眼前利益而不顾长远利益，只顾部门利益而不顾整体利益的现象。要打造"眼界宽、思路宽、胸襟宽"的"三宽"型领导干部，必须从新形势的现实需要出发,善于接受新思想,善于抛弃旧框框的束缚,开阔新思路,多角度多方面寻找解决问题的办法和思路,能容得下不同意见,着眼于新的实践和新的发展,不断研究新情况、形成新认识、开辟新境界,努力使主观认识符合客观实际。"上清而无欲,则下正而民朴",作为管理国家和社会事务的领导干部(特别是党员干部)的道德修养,对一良好社会风气的形成是至关重要的,这样才可能带出充满生机与活力的高素质干部队伍,才能最大限度地团结和凝聚干部队伍,团结和凝聚各方面力量,调动一切积极因素,整合各种资源,开辟工作新局面。

3. 必须保持艰苦奋斗的政治本色

艰苦奋斗是中国共产党的立业之本、取胜之道和传家之宝。江泽民讲过:"艰苦奋斗,是中国共产党的光荣传统,是我们党保持同人民联系的一个法宝,也是一个干部,特别是领导干部必须具备的基本政治素质。"艰苦奋斗是中国共产党特别是领导干部应有的政治品质,党员特别是党员干部,必须通过艰苦奋斗去密切联系群众,用艰苦奋斗精神凝聚民心,形成合力。各级领导干部,要自觉把艰苦奋斗的精神和勤俭节约的意识融入到自己的世界观、人生观、价值观中,融入到权力观、政绩观、金钱观之中,以身作则,崇尚俭朴,厉行节约,励精图治,知难而进。无论作计划、办事情,都要注意精打细算,能不花钱坚决不花,能少花钱尽量少花,把有限的财力、物力和人力用在加快经济社会发展和为人民群众谋福利上,坚决摒弃那种讲排场、比阔气、奢侈浪费、追求享乐等不良风气,使有限的财力、物力发挥最大的效益,使勤俭持家、勤俭办一切事情在全社会蔚然成风。当然,现在我们所说的艰苦奋斗,并不是要求领导干部节衣缩食,省吃俭用,而是要倡导一种勤俭节约、物尽其用、量力而行的物质观;倡导一种精神,即:一种对理想信念的执著追求、求真务实的精神;一种敢于面对困难险阻,知难而进,迎难而上的精神;一种与时俱进,不断创新的精神;一种淡泊名利,无私奉献、不骄不奢的精神。只有具有这种物质观和精神的领导干部,才是符合"三宽"要求的好干部。

4. 必须不断增强宗旨意识

始终代表最广大人民的根本利益是中国共产党人的庄严承诺和光荣使命。为了完成这个使命，一代又一代中国共产党人前赴后继，无数革命先烈献出了宝贵生命。当代中国共产党人必须继续承担好这个历史使命，不负人民的期待和厚望。承担好历史使命，需要一支高素质的干部队伍，尤其需要具有"三宽型"的现代领导干部走在前列，进行引领。中国共产党提出的科学发展观，其本质就是以人为本，可以说，中国共产党奋斗的一切目的都是为了把人民群众的利益维护好、实现好、发展好。所以，各级领导干部在想问题、办事情、作决策时，都应把人民拥护不拥护、赞成不赞成、高兴不高兴、答应不答应作为自己的行为准则。凡重大决策出台前，一定要广泛征求群众意见，集中民智，求得群众的理解和支持。要成为一个合格的"三宽"干部，就要认真从思想上、行动上解决与群众的感情问题，坚持深入实际，贴近群众，接受群众批评，从群众那里寻求解决各种矛盾问题的有效办法。密切党与群众的联系，关键要为群众办事，使人民群众得到更多的实际利益，只有这样才能受到人民群众的真心拥护和爱戴。在各个不同的历史时期，人民群众的期盼是不一样的。从盼温饱到盼小康，从注重物质享受到更加注意精神享受，从注重生存权到更加注意发展权，都表明了随着时代的进步，为人民谋利益的工作重点、工作方法都要随之而改变。适应这一新变化，尤其需要"三宽"型的领导干部，能够敏锐地体察群众要求的新变化，能够正确地运用满足群众要求的新办法，能够迅速地取得满足群众要求的新成效，不断推动社会和谐稳定、人民安居乐业。

5. 必须提倡埋头苦干的工作作风

实干兴邦，空谈误国。事业是干出来的，口号提得再多，不如干成一件实事。"一步实际行动胜过一打纲领"，这是被大量事实和历史经验证明了的道理。实干，不仅是中国共产党的优良传统，而且是党员干部特别是领导干部的基本功。只有实干，党的路线方针政策才能落到实处；只有实干，宏伟的蓝图才能变为现实；只有实干，人民群众才能信任和拥护我们，才能赢得民心。当前，不能把"三宽"仅仅当做一句口号，而是必须切实转变工作作风，改进工作方式，讲实话，办实事，求实效，摆脱文山会海，摆脱不必要的应酬，把主要精力用在实施决策、解决问题、抓具体工作的落实上。树立"务实、求实、扎实"的工作作风，在方式方法上求严求实，不马虎，不应付，一步一个脚印，以认真的态度把每一项工作都做得扎扎实实，真正做出经得起实践和历史检验的政绩和事业，才能成为一名"三宽"型领导干部。

后　记

　　开阔眼界、开阔思路、开阔胸襟是中共中央政治局委员、书记处书记，中央组织部部长，中国浦东、井冈山、延安干部学院院长李源潮同志对新时期领导干部提出的新要求，是对干部教育培训工作提出的新任务。2008 年 3 月 21 日，李源潮同志在中国浦东、井冈山、延安干部学院春季开学典礼上发表以"领导干部要不断开阔眼界、开阔思路、开阔胸襟"为主题的重要讲话后，中国井冈山干部学院院务委员会立即组织学习研究，大家一致认为：做好培养"三宽"型干部工作，是干部培训教育机构义不容辞的责任；要着眼于新形势新任务，提高对培养"三宽"型干部重大意义的认识；要用马克思主义中国化的最新成果教育干部、武装头脑；要着力提高干部的知识素养和实践能力，帮助广大干部学习和掌握新知识；要进一步丰富教学内容，不断创新教学方法。要树立办学的新理念，使教育培训达到新水平，使教育培训工作更好地为科学发展服务、为干部健康成长服务。为此，学院决定成立课题组进行深入的研究。本书正是这一课题的最终成果。

　　在编撰本书的过程中，我们力求以开阔的眼界、开阔的思路、开阔的胸襟，充分挖掘中外历史上、特别是中国历史上、尤其是中共党史上领导干部眼界宽、思路宽、胸襟宽的宝贵资源，全面总结眼界宽、思路宽、胸襟宽对领导干部及其领导工作的重要作用与经验启示，以达到为教学科研服务、为科学发展服务、为干部健康成长服务的目的。同时，也希望为社会上有志于不断拓宽眼界、思路、胸襟的朋友提供一点资料。但由于掌握的资料有限，更主要的还是限于我们

自身的眼界、思路、胸襟及学识水平，本书肯定还有一些不当之处，恳请广大读者批评指正。

本书由中国井冈山干部学院常务副院长李小三主编，教学科研部主任、教授匡胜，办公厅主任、编审黄样兴为副主编。李小三提出创意，全书构想、课题立项、审定书稿；匡胜、黄样兴共同设计框架、写作纲目、统稿审稿。参加全书的撰稿人员为：第一章，中国井冈山干部学院教务部副主任、教学规划处处长柯华；第二章，肖华孝（办公厅副主任、秘书处处长）、肖扬伟（教务部干部、硕士）；第三章，陆元兵（办公厅干部、硕士）、黄样兴；第四章，李建良（教学科研部干部、硕士）、匡胜；第五章，朱文鸿（人力资源部干部）、王敏（办公厅干部、硕士）。

在本书出版的过程中，得到了中央编译出版社社长和龑，副社长韩继海，助理谭洁，编辑战歌等人地大力帮助与支持，在此一并表示感谢。

编 者

2009 年 12 月

主要参考书目

1. 《马克思恩格斯选集》第 1 卷，人民出版社 1995 版。

2. 《毛泽东选集》第 1—4 卷，人民出版社 1991 年版。

3. 《毛泽东文集》第 1—12 卷，人民出版社 1999 年版。

4. 《邓小平文选》第 1—3 卷，人民出版社 1994 年版。

5. 江泽民：《论"三个代表"》，中央文献出版社 2001 年版。

6. 胡锦涛：《在"三个代表"重要思想理论研讨会上的讲话》，人民出版社 2003 年版。

7. 胡锦涛：《在中国共产党第十七次全国代表大会上的报告》，人民出版社 2007 年版。

8. 《全面建设小康社会，开创中国特色社会主义事业新局面》，人民出版社 2007 年版。

9. 周振林、杨元中：《领导与思维》，中国经济出版社 1999 年版。

10. 屠友春：《邓小平战略思维》，中共中央党校出版社 2002 年版。

11. 王经伦：《现代化建设的思维方式》，广东人民出版社 2004 年版。

12. 赵岱：《决策型领导》，中国时代经济出版社 2003 年版。

13. 袁贵仁：《领导者科学思维观》，中共中央党校出版社 2005 年版。

14. 程美东：《透视当代中国重大突发事件》，中共党史出版社 2008 年版。

15. 王永生：《决策方论论》，人民出版社 1999 年版。

16. 人民日报理论部：《思想纵横（1997—2006 年卷）》，中国方正出版社 2006 年版。

17. 郭建华等：《领导素养（1—4 卷）》，中国言实出版社 2004 年版。

18. 杨信礼、屠春友：《现代领导战略思维》，中央党校出版社 2003 年版。

19. 崔晓麟、张海荣：《毛泽东的领导艺术》，军事科学出版社 2004 年版。

20. ［美］保罗·肯尼迪：《大国的兴衰》（陈景彪等译），国际文化出版社 2006 年版。

21. 梁启超：《李鸿章传》，百花文艺出版社 2005 年版。

22. ［美］W. 博特金等：《回答未来的挑战》，上海人民出版社 1984 版。

23. 许剑波、王海军：《江泽民的领导艺术》，军事科学出版社 2004 年版。

24. 曹普、屠春友：《邓小平的领导艺术》，军事科学出版社 2004 年版。